《营运货车安全技术条件
第2部分：牵引车辆与挂车》
(JT/T 1178.2—2019) 释义

交通运输部公路科学研究院　编著

人民交通出版社股份有限公司
China Communications Press Co.,Ltd.

内 容 提 要

本书详细说明了《营运货车安全技术条件 第2部分:牵引车辆与挂车》(JT/T 1178.2—2019)标准制定的背景、目的及原则;阐述了标准条文的具体内涵、技术依据、与相关标准的关系以及标准实施规定等;统计分析了近年来营运货车重大交通事故与典型故障;配套提供了《中置轴挂车通用技术条件》(GB/T 37245—2018)释义。

本书可供交通安全、道路运输、车辆生产等各级管理部门,以及货车生产企业、道路运输企业、汽车检测机构、零部件制造企业和社会各界人士参考使用,可指导相关人员全面、准确理解相关标准内容,并正确、规范、有效地贯彻执行标准。

图书在版编目(CIP)数据

《营运货车安全技术条件 第2部分:牵引车辆与挂车》(JT/T 1178.2—2019)释义 / 交通运输部公路科学研究院编著. — 北京:人民交通出版社股份有限公司,2019.6

ISBN 978-7-114-15556-7

Ⅰ.①营… Ⅱ.①交… Ⅲ.①营运汽车—牵引汽车—安全技术—技术条件—研究②营运汽车—挂车—安全技术—技术条件—研究 Ⅳ.①U469.6

中国版本图书馆 CIP 数据核字(2019)第 097480 号

Yingyun Huoche Anquan Jishu Tiaojian Di 2 Bufen:Qianyin Cheliang yu Guache(JT/T 1178.2—2019)Shiyi

书　　名:	《营运货车安全技术条件 第2部分:牵引车辆与挂车》(JT/T 1178.2—2019)释义
著　作　者:	交通运输部公路科学研究院
责任编辑:	刘　博
责任校对:	张　贺
责任印制:	张　凯
出版发行:	人民交通出版社股份有限公司
地　　址:	(100011)北京市朝阳区安定门外外馆斜街3号
网　　址:	http://www.ccpress.com.cn
销售电话:	(010)59757973
总　经　销:	人民交通出版社股份有限公司发行部
经　　销:	各地新华书店
印　　刷:	中国电影出版社印刷厂
开　　本:	720×960　1/16
印　　张:	15
字　　数:	245 千
版　　次:	2019年6月　第1版
印　　次:	2019年6月　第1次印刷
书　　号:	ISBN 978-7-114-15556-7
定　　价:	88.00 元

(有印刷、装订质量问题的图书由本公司负责调换)

主　　编：张红卫　高　博

成　　员：张　浩　宗成强　区传金　张学礼　董金松
　　　　　宋尚斌　李　强　李　月　黎　浩　何江李

前言

安全生产是道路运输行业持续健康发展的底线和红线,但长期以来,我国营运车辆装备技术的安全短板比较突出。车辆结构与配置的安全防护性和行驶稳定性水平较低,主动安全防御能力不足,是造成重特大道路交通事故的重要原因之一。

近年来,交通运输部高度重视交通运输安全管理工作,认真履行营运车辆安全标准制定和实施职责,持续加强营运车辆安全技术管理,2016年以来先后发布实施了《营运客车安全技术条件》(JT/T 1094—2016)、《营运货车安全技术条件 第1部分:载货汽车》(JT/T 1178.1—2018)两项标准,对营运客车和载货汽车的基本安全功能和技术条件提出了更严格要求,这两项标准已成为各级交通运输主管部门实施营运客车、载货汽车车型达标和运输市场准入管理的主要技术依据。为进一步加强营运货车安全技术管理,根据交通运输部运输服务司和科技司工作部署,交通运输部公路科学研究院组织完成《营运货车安全技术条件 第2部分:牵引车辆与挂车》(JT/T 1178.2—2019)标准研究制定工作。JT/T 1178.2—2019已于2019年3月15日发布,将于2019年7月1日正式实施。

JT/T 1178.2—2019对牵引车辆、挂车以及汽车列车提出了与当前道路运输行业安全发展、高质量发展相适应的安全技术要求,与JT/T 1094—2016和JT/T 1178.1—2018两项标准共同构建了我国营运车辆安全技术管理的基础性标准体系,为从源头提高营运车辆本质安全性能、筑牢道路运输安全基础提供了系统、有效的技术支撑。

为使标准使用者更好地理解JT/T 1178.2—2019,交通运输部公路科学研究院组织编写了《〈营运货车安全技术条件 第2部分:牵引车辆与挂车〉(JT/T 1178.2—2019)释义》一书。本书是在标准研究制定过程中大量市场调研、理论研究、技术开发、试验验证、实际操作的基础上,对JT/T 1178.2—2019标准条文的具体内涵、标准条款制定的技术依据、相关标准之间的差异及关系以及标准实施要求等进行了全面论述。本书统计分析了营运货车重大交通事故与典型故障，提出营运货车本质安全水平提升的技术措施。为了便于 JT/T 1178.2—2019 的实施，结合新型挂车产品及标准研究应用进展，专门编写了《中置轴挂车通用技术条件》(GB/T 37245—2018)释义。本书可为交通安全、道路运输、车辆生产等相关管理部门，以及货运车辆生产企业、道路运输企业、汽车检测机构、零部件制造企业、相关科研和教学单位以及社会各界人士，全面系统了解我国营运货车安全技术要求提供帮助。

本书共分 4 章，由张红卫、高博担任主编，进行全文策划、技术指导、编著通稿。第一章介绍了 JT/T 1178.2—2019 标准制定的目的意义、编制原则及主要技术内容等总体情况，主要由张红卫、区传金参与编写；第二章是 JT/T 1178.2—2019 标准释义，对标准条款的内涵、制定依据和应用要求等进行了详细说明，主要由张浩、董金松、区传金、宗成强、张学礼、宋尚斌、李强、黎浩、李月等参与相关章节的编写；第三章统计分析了营运货车重大交通事故与典型故障，主要由张浩、区传金、何江李等参与编写；第四章是《中置轴挂车通用技术条件》(GB/T 37245—2018)标准释义，主要由张学礼、张红卫参与编写。

交通运输部公路科学研究院、国家汽车质量监督检验中心(北京通州)、中国汽车工程研究院股份有限公司、国家汽车质量监督检验中心(襄阳)、长春汽车检测中心有限责任公司、重庆车辆检测研究院有限公司、济南汽车检测中心有限公司、中汽研汽车检验中心(天津)有限公司、一汽解放汽车有限公司、东风商用车有限公司、中国重汽集团有限公司、陕西重型汽车有限公司、北京福田戴姆勒汽车有限公司、上汽依维柯红岩商用车有限公司、安徽江淮汽车股份有限公司、东风柳州汽车有限公司、广汽日野汽车有限公司、中集车辆(集团)有限公司、安徽开乐专用车辆股份有限公司、汉阳专用汽车研究所、西安正昌电子股份有限公司、约斯特(中国)汽车部件有限公司、泰斯福德(北京)科技发展有限公司、上海保隆汽车科技股份有限公司等单位的有关同志参加了 JT/T 1178.2—2019 的研究制定工作，交通运输部科技司、运输服务司以及全国道路运输标准化技术委员会秘书处人员对 JT/T 1178.2—2019 的制定工作提供了全方位的技术指导和服务，在此对所有参与相关技术研究，为本书编写提供支持、指导和帮助的领导、专家、工作人员一并表示衷心感谢！

由于作者水平有限，书中难免有疏漏与不足之处，敬请读者批评指正。

编写组
2019 年 6 月

目录

第一章 标准制定总体情况 … 1
- 第一节 标准的制定目的 … 1
- 第二节 标准的编制原则 … 2
- 第三节 标准的主要技术内容 … 4

第二章 《营运货车安全技术条件 第2部分：牵引车辆与挂车》（JT/T 1178.2—2019）释义 … 7
- 第一节 范围 … 7
- 第二节 规范性引用文件 … 9
- 第三节 术语和定义 … 13
- 第四节 整车 … 19
- 第五节 制动系统 … 40
- 第六节 安全防护 … 55
- 第七节 机械连接 … 68
- 第八节 气电连接 … 77
- 第九节 载荷布置标识与系固点 … 84
- 第十节 报警与提示 … 92
- 第十一节 标准实施的过渡期 … 99
- 第十二节 附录A《车辆互换性信息铭牌示例》 … 100
- 第十三节 附录B《轮胎气压监测系统技术要求和试验方法》 … 101
- 第十四节 附录C《中置轴挂车列车牵引杆连接器安装支架和牵引杆挂环刚性连接杆的强度试验方法》 … 115

  第十五节 附录D《载荷布置标识曲线绘制及示例》…………………… 118

第三章 营运货车交通事故统计与典型故障分析 ……………………… 133
  第一节 营运车辆道路交通安全现状 …………………………………… 133
  第二节 营运货车道路交通事故统计分析 …………………………… 137
  第三节 营运货车典型故障分析 ……………………………………… 145
  第四节 提高营运货车本质安全的技术措施 ………………………… 146

第四章 《中置轴挂车通用技术条件》(GB/T 37245—2018)释义 …… 151
  第一节 标准制定情况 …………………………………………………… 151
  第二节 制定原则及制定过程 …………………………………………… 152
  第三节 标准主要内容 …………………………………………………… 154
  第四节 标准条款释义 …………………………………………………… 157

附件 《营运货车安全技术条件 第2部分:牵引车辆与挂车》
   （JT/T 1178.2—2019）……………………………………………… 202

参考文献 …………………………………………………………………………… 232

第一章 标准制定总体情况

第一节 标准的制定目的

多年来,我国道路货物运输在综合交通运输体系中一直占据着十分重要的位置,在给全社会生产与生活带来极大便利的同时,也带来了诸多问题,尤其是频发的交通安全事故导致了大量人员伤亡与财产损失。依据《中华人民共和国道路交通事故统计年报》的相关数据,2011~2018 年间共发生死亡 3~9 人道路交通事故 729 起,导致死亡 3120 人、受伤 3648 人。其中营运货车肇事产生的交通事故 506 起,导致死亡 2161 人、受伤 1543 人,分别占对应事故次数与人员死、伤总量的 69.41%、69.26% 和 42.30%。按照营运货车车辆类型进行统计,普通货车是肇事车辆的主要车型;按照事故车辆最终呈现形态统计,碰撞、追尾、侧翻是营运货车主要的交通事故形态。

为贯彻落实国务院赋予交通运输部拟订经营性机动车营运安全标准的工作职责,进一步提高营运车辆本质安全性能与质量,有效遏制和减少因车辆本质安全性能不足导致的道路运输安全事故,促进道路运输安全形势持续稳定好转,交通运输部对营运车辆本质安全标准的制定与实施高度重视,在 2017 年初发布实施《营运客车安全技术条件》(JT/T 1094—2016)的基础上,结合前期已开展的一系列相关技术研究成果,2017 年 6 月下达了《营运货车安全技术条件》标准制定计划(交科技函〔2017〕412 号),计划编号为 JT 2017—2,由交通运输部公路科学研究院(以下简称:公路院)主持该标准的制定工作。

为适应当前车辆认证管理制度,应对载货汽车(半挂牵引车和牵引货车除外)、牵引车辆(半挂牵引车和牵引货车)和挂车等三个车辆单元单独实施安全准入管理,其中牵引车辆和挂车在满足牵引货车、挂车各自安全技术要求的基础上,还应满足汽车列车的相关匹配要求和行车安全技术要求。考虑到汽车列车的横向稳定性、操纵稳定性以及结构安全匹配等方面的评价与测试技术需要更多的试验验证工作,为保证标准质量,并为营运货车安全达标技术管理的开展提供有效的技术支撑,经充分的研究讨论,决定根据车辆类型采用分别制定标准、分步实施的策略,将标准分为两个部分,第 1 部分针对载货汽车,第 2 部分针对牵引车辆与挂车,首先制定实施载货汽车安全技术标准,然后在此基础上制定实施牵引车辆与挂车安全技术标准。

《营运货车安全技术条件　第 1 部分:载货汽车》(JT/T 1178.1—2018)已于 2018 年 2 月 26 日发布,2018 年 5 月 1 日实施。为确保标准有效落实,2018 年 4 月 4 日交通运输部办公厅印发了《关于做好交通运输行业标准〈营运货车安全技术条件〉(JT/T 1178.1—2018)实施工作的通知》(交办运〔2018〕44 号),制定了相关配套文件,组织了系列宣贯培训活动。截至 2019 年 5 月底,已发布营运载货汽车安全达标车型 2300 余个,涉及 130 多个车辆生产企业,满足了车辆生产企业的生产销售和道路货运企业车型选购的需求。为进一步加强营运货车安全技术管理,根据交通运输部运输服务司科技司工作部署,公路院同步组织开展《营运货车安全技术条件　第 2 部分:牵引车辆与挂车》(JT/T 1178.2—2019)标准研究制定工作。

第二节　标准的编制原则

在标准编制过程中,项目组以国内外相关技术法规与标准为基础,系统梳理、对比分析货运车辆本质安全相关的标准法规,同时进行了道路运输安全事故与典型故障统计分析,并在国内主要汽车试验场地开展了大量的实车验证试验,对目前车辆安全技术水平有了更加充分准确的认知与把控,并依据试验结果明确了标准中的相关限值、试验方法等,确保了标准的适用性以及可实施性;借鉴客车安全标准制定与实施经验,结合营运货车生产、使用与管理的现状及发展需要,确定标准制定的基本原则为立足行业、吸收先进、切实可行、敢于创新和分步实施。

一、立足行业

以广泛调研为基础,通过对营运货车道路交通安全事故与典型故障的统计分析,掌握营运货车运行安全所暴露出的主要问题,注重深层次原因分析,从行业管理与引导发展角度,有针对性地提出我国营运货车安全技术要求,切实提高营运货车的本质安全性,进一步降低营运货车典型故障及交通事故发生率、减少事故造成的生命及财产损失。

二、吸收先进

对于所提出的评价指标、限值要求、测试方法以及安全装置要求，既要立足于国内货运车辆技术发展与需求现状，又要积极与国际标准和车辆先进技术水平接轨，最大程度上对标国际先进技术，显著提升营运货车安全技术水平，满足现代交通运输发展新形势、新需求。

三、切实可行

营运货车安全技术评价项目与指标既要体现行业管理的现实需求与发展方向，又要与当前我国营运货车设计生产能力、用户购买能力、关键技术装备成熟度、测试评价技术能力和道路设施条件等方面相适应，并通过充分的验证评估，确保标准技术内容的科学性与合理性，确保标准能够保质保量地实施，真正发挥标准引领与规范行业发展的作用。

四、敢于创新

对于没有参照系但又是当务之急且必须要解决的营运货车安全问题，以及对于虽有参照系但受限于技术条件与测试场地条件的问题，要敢于创新、先行先试。以科学的态度，在不降低安全要求的基础上，通过采取替代手段或变通、调整测试方式予以实现，同时要更加注重收集、掌握实际试验检测信息，及时进行分析总结，必要时进行修正和改进。

五、分步实施

营运货车不仅包括载货汽车、挂车，实际运行中更多的是由牵引车辆与挂车组成的汽车列车，构成形式多样、车型配置复杂。因此，根据实际情况，要先易后难，制定成系列标准，针对营运货车车辆类型与技术要求的复杂性采取分步实施的策略，结合标准制定的难度与实施的风险，在非牵引类载货汽车安全标准先行实施的基础上，再实施牵引车辆与挂车安全达标车型管理工作，确保营运货车安全管理工作有序、有效、稳步推进。与此同时，根据产品技术成熟度和车辆生产企业工艺调整时间等因素，在标准具体条款实施时间上，部分标准条款设置了相应的实施过渡期。

第三节　标准的主要技术内容

本标准结构上包括前言、标准正文共计11个章节和4个附录。其中第4章~第10章为技术要求，包括整车要求15个条款、制动系统要求13个条款、安全防护要求11个条款、机械连接要求10个条款、气电连接要求4个条款、载荷布置标识与系固点要求3个条款、报警与提示要求8个条款，共计64个技术条款。64个技术条款中，属于现行强制性检验要求内容强调引用的15.5个条款，加严要求的12个条款，新增要求的36.5个条款。

第1章"范围"规定了牵引车辆与挂车的整车、制动系统、安全防护、机械连接、气电连接、载荷布置标识与系固点、报警与提示等安全技术要求和试验方法，适用于N_2类和N_3类的牵引车辆、O_3类和O_4类的挂车及其组成的汽车列车。

第2章"规范性引用文件"列举出标准中引用的61项技术标准，包括强制性国标12项、推荐性国标34项、推荐性交通运输行标12项、推荐性汽车行标2项、ISO标准1项。其中有9项为注明年代号引用标准。

第3章"术语和定义"有8个术语和定义。除"牵引车辆"为新提出术语外，"牵引货车""中置轴挂车""牵引杆挂车/全挂车""铰接列车/半挂汽车列车""中置轴挂车列车""牵引杆挂车列车""轮胎气压监测系统/胎压监测系统"均为其他标准中术语和定义的修改。

第4章"整车"主要包括车辆的比功率、侧倾和行驶稳定性、弯道行驶通过性等性能要求，牵引车辆的电子稳定性控制系统（ESC）、转向轮爆胎应急安全装置、卫星定位系统车载终端等安装及性能要求，以及冷藏车专用装置及功能、牵引车视镜安装及视野性能、挂车车轴选用、相关机械连接及标识要求等15项条款。按技术要求的性质和相关性划分，与现有强制性检验要求一致、属于重点强调的条款1.5项；与现有强制性检验要求相关，但应用范围、技术要求加严的条款5项；新增加技术要求8.5项。其中适用于牵引车辆的条款14项（1.5强调、5加严、7.5新增）、适用于挂车的条款7项（3加严、4新增）。

第5章"制动系统"主要包括有关气压制动系统中压缩空气干燥、油水分离相关装置和转向车轮盘式制动器的安装要求，以及行车制动器间隙自动调整功能、制动器制动摩擦片性能要求；包括压力测试连接器、防抱死制动装置、电子制动系统、自动紧急制动系统、缓速控制装置等安装与性能要求；包括气压制动储气筒额定压力及标示、制动系统各响应时间测量要求，以及弯道制动性能要求等涉及整车及部件总成的制动性能技术要求共13项条款。按技术要求的性质和相关性划分，与现有强制性检验要求一致、属于重点强调的条款4项；与现有强制性检验要求相关，但应用范围、技术要求加严的条款3项；新增加技术要求6项。其中适用于牵引车辆的条款12项（4强调、3加严、5新增）、适用于挂车的条款10项（4强调、2加严、4新增）。

第6章"安全防护"主要包括有关车辆的前下部、侧面、后下部防护装置的安装与性能要求；包括起重尾板机械锁紧装置的安装要求和驾驶室的乘员保护性能要求；包括有关牵引车辆单胎车轮气压监测功能要求和安装电涡流缓速器的安全技术要求；包括汽油牵引车辆油箱阻隔防爆技术、气体燃料车辆有关导静电拖地带和气瓶安装使用、牵引车辆燃料系统保护等相关要求；以及挂车厢体的刚度、强度等涉及整车和相关部件总成的安全防护技术要求共11项条款。按技术要求的性质和相关性划分，与现有强制性检验要求一致、属于重点强调的条款4项；与现有强制性检验要求相关，但应用范围、技术要求加严的条款4项；新增加技术要求3项。其中适用于牵引车辆的条款10项（4强调、4加严、2新增）、适用于挂车的条款3项（2强调、1新增）。

第7章"机械连接"主要包括半挂牵引车与半挂车之间、牵引货车与中置轴挂车之间的机械连接装置技术要求以及互换性要求，共10个条款。按技术要求的性质和相关性划分，全部为新增技术要求，其中适用于牵引车辆的条款8项（8新增）、适用于挂车的条款9项（9新增）。

第8章"气电连接"主要包括气电连接器布置顺序、防抱死制动系统控制线接口要求、气制动连接器要求、电连接器类型及要求等4个条款。按技术要求的性质和相关性划分，全部为新增技术要求，其中适用于牵引车辆的条款4项（4新增）、适用于挂车的条款4项（4新增）。

第9章"载荷布置标识与系固点"主要包括常规货运车辆上载荷布置标识；系固点的数量、安装位置与强度；车辆运输车货物布置装载与栓固等3个条款。按技术要求的性质和相关性划分，全部为新增技术要求，其中适用于牵引车辆的条款3项（3新增）、适用于挂车适用的条款3项（3新增）。

第10章"报警与提示"主要包括车道偏离报警功能和车辆前向碰撞预警功能要求、气体泄漏报警装置要求、"长车"标志牌要求、右转弯提示音装置安装要求、制动器衬片更换报警装置要求、起重尾板警示旗要求,以及外部照明和光信号装置、车身反光标识和车辆尾部标志板等要求共 8 个条款。按技术要求的性质和相关性划分,与现有强制性检验要求一致、属于重点强调的条款 6 项;新增加技术要求 2 项。其中适用于牵引车辆的条款 7 项(6 强调、1 新增)、适用于挂车的条款 5 项(4 强调、1 新增)。

第 11 章"标准实施的过渡期"规定有 10 项条款 2020 年 5 月 1 日实施,2 项条款于 2021 年 5 月 1 日实施。

附录 A"车辆互换性信息铭牌示例"为资料性附录,给出了 2 种牵引车辆、3 种挂车有关互换性信息铭牌示例。

附录 B"轮胎气压监测系统技术要求和试验方法"为规范性附录,规定了轮胎气压监测系统 6 项技术要求和 6 项具体试验方法。

附录 C"中置轴挂车列车牵引杆连接器安装支架和牵引杆挂环刚性连接杆的强度试验方法"为规范性附录,规定了试验要求,水平纵向力 D 和垂直力 V 的确定和试验过程 3 项具体内容。

附录 D"载荷布置标识曲线绘制及示例"为资料性附录,明确了载荷布置标识曲线构成、曲线计算方法,以及牵引车辆与挂车的载荷布置标识曲线的计算和绘制示例。

另外,本标准 4.2 b)条款中为了保证车辆实际满载运输工况下的行驶安全,又考虑到车辆生产企业和检测机构测试工作的难度与安全,特别作出了可用模拟计算替代实际测试的规定,同时给出了相应参考方法,即《N 类和 O 类罐式车辆侧倾稳定性》(GB 28373—2012),并作为参考文献在标准最后部分予以呈现。

第二章 《营运货车安全技术条件 第2部分:牵引车辆与挂车》(JT/T 1178.2—2019)释义

第一节 范　围

本节对本部分标准的主要内容和适用车型予以规定,明确了标准应用范围。

1 范围

JT/T 1178 的本部分规定了牵引车辆与挂车的整车、制动系统、安全防护、机械连接、气电连接、载荷布置标识与系固点、报警与提示等安全技术要求和试验方法。

本部分适用于 N_2 类和 N_3 类的牵引车辆、O_3 类和 O_4 类的挂车及其组成的汽车列车。

条文释义

"范围"是标准的规范性一般要素,同时也是一个必备要素。每一项标准都应该有范围部分,同时应位于每项标准正文的起始位置,是标准的第 1 章。由于标准的相关规定都会有一定的局限性,只在规定的范围和特定的领域内才具有适用性。

按照国内外道路车辆的标准法规对道路货运车辆进行分类,可分为载货汽车、货运挂车。而从道路运输行业车辆实际运行的状态来看,营运货车可以分为单体货车(载货汽车)和汽车列车两大类,汽车列车根据组成方式不同,可以分为牵引杆挂车列车、中置轴挂车列车和铰接列车,具体如图 2-1 所示。

目前,我国道路运输车辆准入管理针对的还是具体车型,对组成汽车列车的牵引车辆和挂车车型执行单独检测认证。因此,应对载货汽车(非牵引货车)、牵引车辆(半挂牵引车和牵引货车)和挂车等 3 类车辆单元进行独立的营运车辆安全达标准入管理,其中牵引车辆和挂车的技术要求包括单体车辆和汽车列车两部分内容。

对比分析我国的车辆管理模式与内容,与欧洲车辆管理环节基本相同,采取新产品型式认证管理,但依据的标准内容还是有一定的差距,尤其是针对汽车挂车、列车的主要零部件检测认证和匹配评价方面存在许多不足,而这些恰是影响货运挂车列车安全、高效运行的关键。在当前我国车辆管理体系改革还未完全到位的情况下,应负责任地提出相关零部件质量性能与列车安全匹配要求,以确保进入运输市场货运车辆的安全运行。

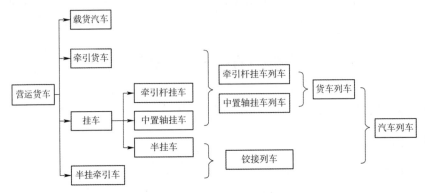

图 2-1　营运货车类型划分

根据标准起草规定,一般应将标准中的规范性要求,按照出现的顺序将章的标题恰当、有机地编写到范围中。因此根据标准所确定的整车、制动系统、安全防护、机械连接、气电连接、载荷布置标识与系固点、报警与提示等方面的牵引车辆与挂车安全技术要求与试验方法,确定标准范围的内容为"JT/T 1178 的本部分规定了牵引车辆与挂车的整车、制动系统、安全防护、机械连接、气电连接、载荷布置标识与系固点、报警与提示等安全技术要求和试验方法"。

根据《机动车辆及挂车分类》(GB/T 15089—2001)的规定,N_2 类为最大设计总质量超过3.5t,但不超过12t 的载货车辆,N_3 类为最大设计总质量超过12t 的载货车辆,O_3 类挂车为最大设计总质量超过3.5t,但不超过10t 的挂车,O_4 类挂车为最大设计总质量超过10t 的挂车。《货运挂车系列型谱》(GB/T 6420—2017),则对各类货运挂车的结构、尺寸、质量参数给出了具体要求。综合考量当前及今后我国道路货运业车辆装备发展需要,本部分适用范围定为"用于 N_2 类和 N_3 类的牵引车辆、O_3 类和 O_4 类的挂车及其组成的汽车列车"。需要注意的是,根据《交通运输部办公厅关于取消总质量4.5 吨及以下普通货运车辆道路运输证和驾驶员从业资格证的通知》(交办运函[2018]2052 号)要求,总质量4.5t 及以下普通货运车辆无须办理道路运输证。

本标准是道路运输管理机构核发载货汽车道路运输证的安全技术评价主要依据,相关车辆生产企业和检测机构应充分理解并正确应用到产品设计生产与质量检测工作中;本标准也可用于指导道路货运企业的车辆选型与安全技术管理工作。

第二节 规范性引用文件

本节主要是对在本部分标准中引用的相关国家、行业标准及其他法规、标准等文件进行说明。

2 规范性引用文件

下列文件对于本文件的应用是必不可少的。凡是注日期的引用文件,仅注日期的版本适用于本文件。凡是不注日期的引用文件,其最新版本(包括所有的修改单)适用于本文件。

GB 1589	汽车、挂车及汽车列车外廓尺寸、轴荷及质量限值
GB/T 3730.1	汽车和挂车类型的术语和定义
GB/T 3730.2	道路车辆　质量　词汇和代码
GB 4094	汽车操纵件、指示器及信号装置的标志
GB/T 4606	道路车辆　半挂车牵引座50号牵引销的基本尺寸和安装、互换性尺寸
GB/T 4781	道路车辆　50毫米牵引杆挂环的互换性
GB 4785	汽车及挂车外部照明和光信号装置的安装规定
GB/T 5053.1—2006	道路车辆　牵引车与挂车之间电连接器　7芯24V标准型(24N)
GB/T 5922	汽车和挂车　气压制动装置压力测试连接器技术要求
GB/T 6323—2014	汽车操纵稳定性试验方法
GB 7258—2017	机动车运行安全技术条件
GB 11567	汽车及挂车侧面和后下部防护要求
GB/T 12534	汽车道路试验方法通则
GB 12676	商用车辆和挂车制动系统技术要求及试验方法

GB/T 13594	机动车和挂车防抱制动性能和试验方法
GB/T 13880	道路车辆　牵引座互换性
GB/T 13881	牵引车与挂车之间气制动管连接器
GB/T 14172	汽车静侧翻稳定性台架试验方法
GB 15084	机动车辆　间接视野装置　性能和安装要求
GB/T 15087	道路车辆　牵引车与牵引杆挂车机械连接装置　强度试验
GB/T 15088	道路车辆　牵引销　强度试验
GB/T 15089	机动车辆及挂车分类
GB/T 17619	机动车电子电器组件的电磁辐射抗扰性限值和测量方法
GB/T 18655	车辆、船和内燃机　无线电骚扰特性用于保护车载接收机的限值和测量方法
GB 19239	燃气汽车专用装置的安装要求
GB/T 20069	道路车辆　牵引座强度试验
GB/T 20716.1	道路车辆　牵引车和挂车之间的电连接器　第1部分：24V标称电压车辆的制动系统和行走系的连接
GB/T 20717	道路车辆　牵引车和挂车之间的电连接器　24V15芯型
GB/T 22309	道路车辆　制动衬片　盘式制动块总成和鼓式制动蹄总成剪切强度试验方法
GB/T 22311	道路车辆　制动衬片　压缩应变试验方法
GB/T 25088	道路车辆　牵引车和挂车之间的电连接器　24V7芯辅助型(24S)
GB/T 25979	道路车辆　重型商用汽车列车和铰接客车　横向稳定性试验方法
GB 25990	车辆尾部标志板
GB 26149	乘用车轮胎气压监测系统的性能要求和试验方法
GB 26511	商用车前下部防护要求
GB/T 26774	车辆运输车通用技术条件
GB/T 26777	挂车支撑装置
GB 29753	道路运输　食品与生物制品冷藏车　安全要求及试验

方法

标准号	名称
GB/T 31083	乘用车公路运输栓紧带式固定技术要求
GB/T 31879	道路车辆 牵引座通用技术条件
GB/T 32692	商用车辆缓速制动系统性能试验方法
GB/T 32860	道路车辆 牵引杆连接器的互换性
GB/T 32861	道路车辆 牵引车与挂车之间的电气和气动连接位置
GB/T 33577	智能运输系统 车辆前向碰撞预警系统 性能要求和测试规程
GB/T 35782—2017	道路甩挂运输车辆技术条件
GB/T 36883—2018	液化天然气汽车技术条件
JT/T 230	汽车导静电橡胶拖地带
JT/T 389	厢式挂车技术条件
JT/T 475	挂车车轴
JT/T 719	营运货车燃料消耗量限值及测试方法
JT/T 794	道路运输车辆卫星定位系统 车载终端技术要求
JT/T 882—2014	道路甩挂运输货物装载与栓固技术要求
JT/T 883	营运车辆行驶危险预警系统 技术要求和试验方法
JT/T 884	营运车辆抗侧翻稳定性试验方法 稳态圆周试验
JT/T 1046	道路运输车辆油箱及液体燃料运输罐体阻隔防爆安全技术要求
JT/T 1094—2016	营运客车安全技术条件
JT/T 1178.1—2018	营运货车安全技术条件 第1部分:载货汽车
JT/T 1242—2019	营运车辆自动紧急制动系统性能要求和测试规程
QC/T 200	汽车和挂车气压制动装置用储气筒性能要求及试验方法
QC/T 480	汽车操纵稳定性指标限值与评价方法
ISO 12357-1	商用道路车辆 刚性牵引杆的连接器和挂环 第1部分：普通货物中置轴挂车强度试验(Commercial road vehicles-Drawbar couplings and eyes for rigid drawbars-Part 1: Strength tests for general cargo centre-axle trailers)

条文释义

"规范性引用文件"是规范性一般要素,同时也是一个可选要素。在标准编写过程中,经常需要在条文中重复标准的内容,有时需要编写的内容在现行其他标准中已经做了规定,并且这些规定也是适用于本标准,因此可以重复其他标准中的内容,即不再抄录需要重复的具体内容,而是采用引用的方法进行。如果标准中有规范性引用的文件,则应以"规范性引用文件"为标题单独设为一章。

采用引用而非直接抄录的方法,可以避免标准间的不协调、避免标准篇幅过大以及避免抄录错误。根据引用性质的不同,可以分为规范性引用和资料性引用。根据引用的方式,可以分为注日期引用和不注日期引用。注日期引用就是在引用时注明所引用文件的年号和版本号。凡是使用注日期引用的方式就是指明了所引用文件的版本,也就是所注日期版本的内容适用于本标准,该版本以后的修订版以及修改单都不适用于本标准。对于提及了标准内容的具体条款号和不能确定是否能够接受引用文件将来的所有变化的,应该使用注日期引用。

不注日期引用就是指在引用文件时不提及所引用文件的年号或版本号。凡是使用不注日期引用方式的,以后所引用文件无论如何更新,均是其最新版本。在标准中引用其他文件时,一般不推荐采用不注日期引用的方式,在以下两种情况下才可使用:

(1)规范引用时,可接受所引用文件将来所有的变化。
(2)资料引用时,不提及备用文件中的具体章条、附录、图表的编号。

根据标准编写要求,引用文件应按照下列顺序以及编号由小到大进行排列:

①国家标准(含国家标准化指导性技术文件)。
②行业标准。
③地方标准(仅适用地方标准的编写)。
④国内有关文件。
⑤国际标准(含 ISO 标准、ISO/IEC 标准、IEC 标准)。
⑥ISO、IEC 相关文件。
⑦其他国际标准以及其他国际有关文件。

按标准研究编制工作的需要,根据以上原则将所有在标准中引用到的文件统一按照顺序排列而形成规范性引用文件。

本部分标准引用了46项国家标准、12项交通运输行业标准、2项汽车行业标准、1项ISO国际标准。这些标准的条文通过引用标准成为本标准的技术内容。考虑到所有标准都会被修订，因此标准使用者要特别注意需使用本标准未标注日期/年代号的最新有效版本内容。对于注明日期/年代号的引用文件，则应及时关注最新有效版本的相关内容变化情况，以及本标准的修订情况和实施要求。

第三节　术语和定义

本节对标准涉及的营运货车名词术语进行定义，共8条内容。

3　术语和定义

GB/T 3730.1、GB/T 3730.2、GB 4094、GB/T 6323、GB/T 15089、GB/T 26774 和 JT/T 1178.1 界定的以及下列术语和定义适用于本文件。

条文释义

"术语和定义"在非术语标准中属于可选要素，且以"术语和定义"为标题单独设立一章，它在标准中是规范性技术要素。在标准中单独列出一章"术语和定义"，其目的就是必要时给标准使用者提供方便，如果没有这一章，就需要在标准正文中随着相关术语和定义的出现进行解释。这些内容混在内容之中不易找到，如果将他们集中起来单独设为一章，并对每个"术语和定义"赋予条目和编号，则方便查找和标准的引用。术语和定义的表达形式和内容是相对固定的，形式就是"引导语＋清单"，清单的内容只表达每条术语及其定义。"术语和定义"一章在表述时需要引导语，如果只有标准中界定的术语和定义适用时，应表述为"下列术语和定义适用于本文件"；如果除了标准中界定的术语和定义外，其他文件中界定的术语和定义也适用时，应表述为"……界定的以及下列术语和定义适用于本文件"。

为便于对本部分标准内容的理解，本标准对目前已经广泛适用的基础性定义和术语涉及的7个标准进行了引用；对于本部分标准适用频次较高、有一些特定含义、较易产生误解的牵引货车、中置轴挂车、牵引杆挂车、铰接列车、中置轴挂车列车、牵引杆挂车列车和轮胎气压监测系统7个重要术语和定义进行了改写，并注明了标准出处。本标准主要是在相应国家/行业标准相关术语和定义基础上，根据本标准的具体内容与适用范围,明确该术语和定义的具体内涵,以便于用户的使用。本标准创新性提出了"牵引车辆"的定义,使货车分类更加清晰,车辆的名称与其功能、结构特征之间的关系更加明确。

标准条文

3.1

牵引车辆 towing vehicle

用于牵引挂车的汽车,包括半挂牵引车和牵引货车。

条文释义

牵引车辆是指装备有特殊装置用于牵引挂车的汽车。根据牵引装置受力状态的不同,牵引车辆有两种:第一种是挂车前端搭在牵引车辆后部的牵引座上,牵引车辆承受挂车的一部分垂直载荷,这样的牵引车辆称为半挂牵引车,根据驾驶室结构形式的不同,可分为平头半挂牵引车和长头半挂牵引车,如图2-2所示;第二种是挂车的前端连在牵引车辆的后端,牵引车辆提供向前的拉力,但不承受或只支承小部分的挂车垂直载荷,这样的牵引车辆称为牵引货车,牵引杆连接器可前下置或后置,如图2-3所示。

a) 平头半挂牵引车

b) 长头半挂牵引车

图2-2 半挂牵引车示意图

a) 牵引杆连接器前下置的牵引货车

b) 牵引杆连接器后置的牵引货车

图2-3 牵引货车示意图

3.2

牵引货车　towing truck

具有特殊装置用于牵引牵引杆挂车、中置轴挂车的货车。

注:改写 JT/T 719—2016,定义 3.2。

条文释义

本条款只改写了牵引货车的英文名称,由"tractor truck"修改为"towing truck"。根据所牵引的挂车种类不同,牵引货车的牵引装置的结构形式、性能要求和试验方法均有不同技术要求。相关标准包括《道路车辆　50 毫米牵引杆挂环的互换性》(GB/T 4781—2006)、《机动车辆及挂车分类》(GB/T 15087—2009)、《道路车辆　牵引连接件、牵引杆孔、牵引座、牵引销、连接钩及环形孔　机械连接件使用磨损极限》(GB/T 31883—2015)、《道路车辆　牵引杆连接器的互换性》(GB/T 32860—2016)等。

3.3

中置轴挂车　centre-axle trailer

牵引装置不能垂直移动(相对于挂车),车轴位于紧靠挂车重心(当均匀载荷时)的挂车,其作用于牵引货车的垂直静载荷,不超过挂车最大设计总质量的 10% 或 10000N(两者取较小者)。

注:改写 GB/T 3730.1—2001,定义 2.2.3。

条文释义

《汽车和挂车类型的术语和定义》(GB/T 3730.1—2001)的定义 2.2.3 表述为"中置轴挂车　centre axle trailer

牵引装置不能垂直移动(相对于挂车),车轴位于紧靠挂车的重心(当均匀载荷时)的挂车,这种车辆只有较小的垂直静载荷作用于牵引车,不超过相当于挂车最大质量的 10% 或 10000N 的载荷(两者取较小者)。其中一轴或多轴可由牵引车来驱动。"

"其中一轴或多轴可由牵引车来驱动",并不是中置轴挂车区别于其他挂车的特征,因此,本标准将其删除。同时,为了使内容更加精炼,本标准做了其他编辑性修改。《中置轴挂车通用技术条件》(GB/T 37245—2018)已于2018年12月28日发布,将于2019年7月1日实施。中置轴挂车示意图如图2-4所示。

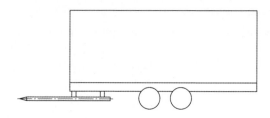

图2-4 中置轴挂车示意图

3.4

牵引杆挂车 draw bar trailer

全挂车

至少有两根轴的挂车,其中一根轴可转向,并通过角向移动的牵引杆与牵引货车连接;牵引杆可垂直移动,连接到车辆上不承受任何垂直力。

注:改写 GB/T 3730.1—2001,定义2.2.1。

GB/T 3730.1—2001的定义2.2.1表述为

"牵引杆挂车 draw bar trailer

至少有两根轴的挂车,具有:

——一轴可转向;

——通过角向移动的牵引杆与牵引车连接;

——牵引杆可垂直移动,连接到底盘上,因此不能承受任何垂直力。

具有隐藏支地架的半挂车也作为牵引杆挂车。"

牵引杆挂车,又称为全挂车,为了便于标准使用者的理解,本标准增加"全挂车"的表述。牵引车辆分为半挂牵引车和牵引货车,分别牵引半挂车和牵引杆挂车/中置轴挂车,因此,本标准将"牵引车"修改为"牵引货车"。目前,我国暂未有"具有隐藏支地架的半挂车",因此,本标准删除该部分表述。同时,为了使内容更加精炼,本标准做了其他编辑性修改。《货运全挂车通用技术条件》(GB/T 17275—2019)已发布,将于 2019 年 12 月 1 日实施。牵引杆挂车示意图如图 2-5 所示。

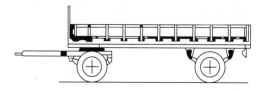

图 2-5 牵引杆挂车示意图

3.5

铰接列车　articulated vehicle

半挂汽车列车

半挂牵引车和半挂车的组合。

注:改写 GB 7258—2017,定义 3.4.3。

《机动车运行安全技术条件》(GB 7258—2017)的定义 3.4.3 表述为

"铰接列车　articulated vehicle

半挂汽车列车

半挂牵引车和半挂车的组合,也包括带有连接板的货车和旅居半挂车的组合。"

由于旅居车不属于营运车辆范畴,因此本标准删除"也包括带有连接板的货车和旅居半挂车的组合"的表述。

3.6

中置轴挂车列车　centre-axle trailer combination

牵引货车和中置轴挂车的组合。

注:改写 GB 7258—2017,定义 3.4.2.2。

GB 7258 的定义 3.4.2.2 表述为

"中置轴挂车列车　centre axle trailer combination

货车和中置轴挂车的组合。"

货车可分为不带牵引装置和带牵引装置两类,在结构、配置、性能质量方面有很大差异。牵引中置轴挂车的货车为牵引货车的一类,牵引杆连接器布置在货车后端下部靠近车轴位置,如图 2-6 所示,因此,本标准将"货车"修改为"牵引货车",表述上更为明确。

图 2-6　中置轴挂车列车示意图

标准条文

3.7

牵引杆挂车列车　draw bar trailer combination

牵引货车和牵引杆挂车的组合。

注:改写 GB 7258—2017,定义 3.4.2.1。

条文释义

GB 7258 的定义 3.4.2.1 表述为

"牵引杆挂车列车　draw-bar trailer combination

全挂拖斗车

全挂汽车列车

货车和牵引杆挂车的组合。"

货车可分为不带牵引装置和带牵引装置两类,在结构、配置、性能质量方面有很大差异。牵引全挂车/牵引杆挂车的货车为牵引货车的一类,牵引杆连接器布置在货车后端,如图 2-7 所示,因此,本标准将"货车"修改为"牵引货车",表述上更为明确。

图 2-7　牵引杆挂车列车示意图

3.8

轮胎气压监测系统　tire pressure monitoring system（TPMS）

胎压监测系统

由胎压监测模块、接收器模块及显示模块等组成,安装在车辆上能实时监测轮胎气压和温度等参数,并以视觉和听觉信号进行显示和报警的系统。

注：改写 GB 26149—2017,定义 3.1。

《乘用车轮胎气压监测系统的性能要求和试验方法》(GB 26149—2017)的定义 3.1 表述为

"轮胎气压监测系统/胎压监测系统　tire pressure monitoring system；TPMS 安装在车辆上、以某种方式监测轮胎气压并在一个或多个轮胎欠压时报警的系统。"

乘用车对于轮胎气压的监测主要是考虑欠压的影响。营运车辆在监测轮胎气压时,要综合考虑欠压、过压、高温的影响,因此本条款对该系统的组成和功能进行了说明,增加了要求的具体功能,并明确要求了以视觉和听觉两种方式进行显示和报警,更加具体、实用。

第四节　整　车

营运货车尤其是汽车列车是道路货物运输企业的重要生产工具,本节针对当前牵引车辆、挂车及汽车列车生产和运输过程中的主要安全问题,以现行相关标准与管理要求为基础,从整车配置、技术性能等方面提出 15 项具体要求,以解决营运货车在动力储备不足、行驶稳定性不良、转弯通过性差、爆胎后方向失控以及车辆运行监管和冷链运输车辆性能质量等方面的短板问题。

4 整车

4.1　牵引车辆与挂车在汽车列车状态下(纯电动汽车除外)的比功率应符合表 2-1 的要求。

比功率限值 表2-1

最大允许总质量 G(kg)	$G \leq 18000$	$18000 < G \leq 43000$	$43000 < G \leq 49000$
比功率(kW/t)	≥ 6.9	$\geq (4.3 + 46000/G)$	≥ 5.4

条文释义

本条款属于加严型性能类条款,是对牵引车辆及汽车列车比功率的规定,主要考核牵引车辆的性能。

比功率定义为发动机最大净功率(或0.9倍的发动机额定功率或0.9倍的发动机标定功率)与机动车最大允许总质量之比。牵引车辆的比功率计算方法为发动机最大净功率/(牵引车辆整备质量+准拖挂车总质量+乘员数×65kg)。

比功率是车辆的动力性指标之一,与车辆的最大总质量直接相关,比功率越大,车辆的动力性越好。由于中国地域广阔,具有较为复杂的地形与道路条件,车辆根据需要不仅要在平原地区行驶,也需要在高速道路和山区道路行驶。而常见满载车辆在上坡时行驶缓慢,就是车辆动力性不足所致,不仅降低了道路整体通行效率,而且也增加了超车会车的危险性。因此 GB 7258—2017 中规定的比功率最小限值 5.0kW/t 已不能满足道路运输行业发展需求,尤其是汽车列车车体长、总质量大、安全风险性大,更需要在现有标准基础上提升车辆的比功率要求,以有效改善车辆动力性。

该条款中的限值参考了《道路运输车辆综合性能要求和检验方法》(GB 18565—2016)中汽车列车比功率要求,只是将原有的最大设计总质量小于18t 的车型,比功率保留一位小数取值为 6.9kW/t,其他设计质量的车型与 GB 18565 的规定保持一致。因此,牵引车辆与挂车在汽车列车状态下(纯电动汽车除外)的比功率应符合表2-1(本标准表1)的要求。比功率需要进行计算时,限值和计算值均应符合数值修约的规定。

对 2019 年初道路运输油耗达标的半挂牵引车组成的列车(2808 辆)以及牵引货车组成的列车(409 辆)相关技术参数数据进行统计分析,将 18000~43000kg 范围内的列车总质量归为 43000kg 质量段,将 43001~49000kg 范围内的列车总质量归为 49000kg 质量段。可以看出半挂牵引车组成的列车中,总质量 18000~43000kg 的车型和 43001~49000kg 的车型,分别占比为 24.82% 和 75.18%,如图 2-8 所示。牵引货车组成的列车中,总质量 18000~43000kg 的车型和 43001~49000kg 的车型,分别占比为 91.93% 和 8.07%,如图 2-9 所示。

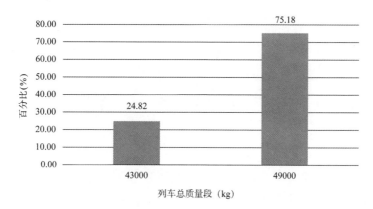

图 2-8　半挂牵引车组成的列车总质量段占比

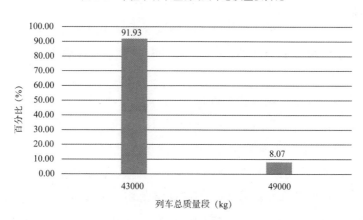

图 2-9　牵引货车组成的列车的总质量段占比

在 697 辆半挂牵引车组成的 43000kg 列车中,有 400 辆车型符合标准比功率限值的要求,不达标率为 42.61%;在 2111 个半挂牵引车组成的 49000kg 列车中,有 1704 个车型符合标准比功率的限值要求,不达标率为 19.28%。

在 376 辆牵引货车组成的总质量 43000kg 列车中,有 242 辆车型符合标准比功率限值的要求,不达标率为 35.64%;在 33 辆牵引货车组成的总质量 49000kg 列车中,有 29 辆车型数据符合标准比功率的限值要求,不达标率为 12.12%。

从标准引领行业发展的角度,以及行业自身发展趋势看,提升车辆的动力性,优化车辆的动力传动系统匹配,势在必行。本条款兼顾了目前车辆行业技术发展现状,因此确定了列车的相应比功率值。

标准条文

4.2 牵引车辆与挂车(罐式车辆、车辆运输车除外)在汽车列车状态下(可利用模拟装置替代挂车或牵引车辆),按照 GB/T 14172 规定的试验方法进行侧倾稳定性台架试验,侧倾稳定角应符合以下要求:

a) 在空载、静态条件下,向左侧和右侧倾斜的侧倾稳定角均应大于或等于 35°;

b) 在满载、静态条件下,向左侧和右侧倾斜的侧倾稳定角均应大于或等于 23°,也可在企业规定的装载情况下参照 GB 28373—2012 第 6 章规定进行模拟计算。

条文释义

本条款针对空载的汽车列车状态下的侧倾要求属于强调型性能类条款,针对满载的要求属于新增型性能类条款,是对汽车列车的侧倾稳定性的规定,主要考核牵引车辆、挂车的性能。

静态侧倾稳定性是车辆的稳定性指标之一,主要考核车辆空、满载状态下车辆质心位置对车辆稳定性的影响,是影响营运货车运行安全性的重要指标之一。空载侧倾试验是按照《汽车静侧翻稳定性台架试验方法》(GB/T 14172—2009)规定的方法进行的。GB 7258—2017 中的 4.6.1 条款规定"除设有乘客站立区的客车外,在空载、静态条件下,向左侧和右侧倾斜的侧倾稳定角均应大于或等于 35°"。本条款与 GB 7258—2017 的空载指标相比增加了满载要求,也更好体现营运车辆的实际运行状态。

由于绝大部分牵引车辆和挂车分属不同车辆生产企业设计制造,为了满足企业单独开展认证试验的需求,考虑到实车试验的科学性、方便性,本标准提出可利用模拟装置替代挂车或牵引车辆,即牵引车辆单独做试验的时候,可利用模拟装置来替代挂车;挂车单独做试验的时候,可利用模拟装置替代牵引车辆的支承作用。试验过程中的载荷种类分布与固定、模拟装置的设计、选用与安装等均应符合企业技术文件以及检测认证标准的要求。

本标准相关限值部分参考了本系列标准的第一部分要求,并经过了典型车型的试验验证。由于满载侧倾时,挂车上的载荷可能会随着侧倾角的增大而发生侧向滑移,对挂车侧壁产生较大的作用力,因此按标准规定的试验方法进行试验时,要求车辆一侧所有轮胎离开试验台时停止试验。在实际试验验证过程中,因经验不足和防护措施不足无法达到极限,在有一轴轮胎与试验台面接触力为零时即停止试验;同时为了确保安全,在汽车列车满载试验过程中,一旦挂车载荷发生滑移,试验就需要终止,因此实际侧倾稳定性要优于现有测试结果。为了确保车辆具有良好的侧倾稳定性,建议车辆生产企业从设计与仿真的角度首先对侧倾稳定性进行分析,提供相应分析报告。

由于装载平台具备举升功能,车辆运输车在不同载荷(商品车)、不同布置、不同高度时,其质心位置存在一定差异,对测量结果影响较大,且由于装载、固定条件限制,难以进行统一规定,因此,其侧倾角满足 GB 7258—2017 和企业设计要求即可。

同样,由于罐式车辆的载荷具有流动性,试验中质心位置易发生改变,影响安全,也未提出要求。试验开始前,应按车辆设计要求合理选用、装载、栓固载荷,既要保证质心位置处于设计规定范围内,又要防止出现滑移、倾斜等不安全现象。试验中要做好车辆必要安全防护,严格按设备操作规程和试验细则规定有序进行,认真记录,发现异常及时按要求处置。

此外,由于试验载荷原因,检测机构测试时可能出现不能完全满足车辆生产企业设计要求的情况。因此,标准提出了可利用企业规定的装载条件进行仿真验证,方法可参照《N 类和 O 类罐式车辆侧倾稳定性》(GB 28373—2012)第 6 章的规定执行。原则上,需要保证货物质心高度符合企业最恶劣装载情况时的设计值。

标准条文

4.3 牵引车辆在汽车列车(满足企业产品设计且不超过 GB 1589 规定的最大外廓尺寸,罐式车辆除外)状态下,按照 GB/T 6323—2014 第 10 章规定进行满载状态下的稳态回转试验,牵引车辆不足转向度应大于 $0°/(m/s^2)$ 且小于或等于 $1°/(m/s^2)$。

条文释义

本条款属于新增型性能类条款,是对汽车列车不足转向特性的规定,主要考核牵引车辆的性能。

汽车行驶过程中开始转向时,因受向前行驶的惯性力作用,汽车会对转向产生瞬时抵抗,产生轮胎侧偏角,即汽车行驶方向与车轮朝向所成的夹角。车轮的侧偏角除了由轮胎的侧偏特性造成外,还受悬架的刚度和几何特性等因素影响。如果前后轮侧偏角相等,则汽车实际转弯半径等于转向盘转角对应的理论转弯半径,称为中性转向;如果前轮侧偏角比后轮大,汽车实际转弯半径大于转向盘转角对应的理论转弯半径,称为不足转向;如果后轮侧偏角比前轮大,汽车实际转弯半径小于转向盘转角对应的理论转弯半径,称为过度转向。中性转向虽然能较好地利用侧向力(与车轮前进方向垂直的分量),达到最大的转向速度,但却削弱了驾驶者对汽车稳定的主观感觉,无法预计汽车的制动甩尾。而过度转向情况下,当车速达到某一极限时,转向半径会急剧减少,汽车会发生激转,致使操纵困难或失去操纵能力,甚至导致事故。不足转向产生相对较大的转向半径,侧向力减弱,汽车具有自动恢复直线行驶的良好稳定性,操纵容易。

GB 7258—2017 要求汽车应具有适度的不足转向特性,但仅从定性的角度对转向特性提出要求,没有明确具体的评价方法及限值,可操作性不足。本条款提出了营运货车不足转向特性的具体评价方法及限值。

需要注意的是,稳态回转试验、蛇形试验、抗侧翻稳定性试验并不适用于单车状态下的半挂牵引车,主要原因是通常情况下,半挂牵引车与半挂车匹配使用。条款中"汽车列车"包括铰接列车、中置轴挂车列车和牵引杆挂车列车。由于牵引车辆和挂车单独做试验,为了规范主挂匹配要求,要求组成的汽车列车外廓尺寸达到《汽车、挂车及汽车列车外廓尺寸、轴荷及质量限值》(GB 1589—2016)规定的最大限值,即牵引车辆和挂车挂接可能形成挂车或牵引车辆的最大外廓尺寸。此时,汽车列车的运输能力最大、效率最高,满足运输企业的经营需求,也极可能是汽车列车实际运行处于的最恶劣状态,理应对牵引车辆和挂车的安全性能进行测试评价,以确保更高水平的运行安全。

按照《汽车操纵稳定性试验方法》(GB/T 6323—2014)第 10 章的规定进行稳态回转试验,稳态回转圆周半径应大于 15m,建议使用 20m 或 25m 的圆周开展试验,当牵引车辆质心处侧向加速度达到 $6.5m/s^2$、受发动机功率限制所能达到的最大侧向加速度以及车辆出现不稳定状态时,试验应停止。

单车状态下的牵引车辆较列车状态下更容易满足不足转向要求。综合考虑现有车辆的技术情况,以及货运安全的引导方向,参照《汽车操纵稳定性指标限值与评价方法》(QC/T 480—1999)限值要求,本条款提出牵引车辆在汽车列车状态下的不足转向度应大于 $0°/(m/s^2)$ 且小于或等于 $1°/(m/s^2)$。由于挂车只有在牵引车辆的牵引下才能运动,并无转向特性,因此,只对汽车列车状态下的牵引车辆进行评测。项目组对 10 余品牌的典型车辆进行了试验验证,均能满足该项要求,且 80% 的车辆不足转向度在 0.5°/(m/s²)以下。

标准条文

4.4 牵引货车和汽车列车(满足企业产品设计且不超过 GB 1589 规定的最大外廓尺寸,罐式车辆除外)分别按照 GB/T 6323—2014 第 5 章的规定进行满载状态下的蛇行试验,牵引货车(单车状态)、牵引车辆(列车状态)平均横摆角速度峰值均应小于 QC/T 480 对应标桩间距和基准车速的下限值。

条文释义

本条款属于新增型性能类条款,是对牵引货车和汽车列车蛇行试验的规定,主要考核牵引货车、牵引车辆组合成汽车列车的性能。

蛇形试验的目的是考察车辆的频域响应行驶稳定性,对于评价车辆变道、超车工况的行驶稳定性能意义重大。目前乘用车新车定型试验规程对此项目有要求,乘用车生产企业在车型研发时也将蛇形试验作为操纵稳定性的基础测试项目,但以往货车生产行业对货车产品操纵稳定性不够重视,不仅新车定型试验规程中未要求蛇形试验项目,且货车生产企业在产品开发、工程验证时也大多未开展相关试验。考虑到营运货车日常运营时行驶速度较快、路况及环境较为复杂,变道超车等驾驶行为也较频繁,因此需引入相应的试验项目来考核营运货车瞬态行驶稳定性的优劣。

GB/T 6323—2014 对货车的试验条件及方法进行了规定:N_1 类车型对应的标桩间距为 30m,基准车速为 65km/h;N_2 类车型对应的标桩间距为 30m,基准车速为 50km/h;总质量≤15t 的 N_3 类车型对应的标桩间距为 50m,基准车速为 60km/h;总质量≥15t 的 N_3 类车型对应的标桩间距为 50m,基准车速为 50km/h。首次试验时,试验车速以基准车速的 1/2 并四舍五入为 10 的整数倍,以该车速稳定直线行驶,在进入试验区段之前,记录各测量变量的零线,然后按图 2-10 所示路线蛇形通过试验路段,同时记录各测量变量的时间历程曲线和通过有效标桩间距的时间。逐步提高试验车速(车速间隔自行选择),重复上述试验过程,共进行 10 次(撞到标桩的次数不计在内),最高车速不超过 80km/h。

本标准的蛇形试验中要求参照 QC/T 480—1999 相关要求对单车状态下的牵引货车、汽车列车状态下的牵引车辆进行评价,通过典型车辆验证试验发现,约有 2/3 的车辆能满足 QC/T 480 中规定的平均横摆角速度峰值小于 10°/s 的要求。

由于平均转向盘转角峰值主要由转向盘速比决定,故对平均转向盘转角峰值暂不提出要求。

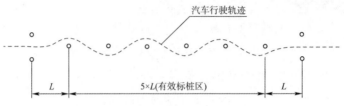

图2-10 蛇形试验桩距与行驶轨迹示意图

标准条文

4.5 牵引货车和汽车列车(满足企业产品设计且不超过 GB 1589 规定的最大外廓尺寸,罐式车辆除外)分别按照 JT/T 884 规定的试验方法进行满载状态下的抗侧翻稳定性试验,牵引货车(单车状态)、牵引车辆(列车状态)质心处的向心加速度达到 0.4g 时牵引车辆与挂车均不发生侧翻或侧滑。

条文释义

本条款属于加严型性能类条款,是对牵引货车和汽车列车抗侧翻稳定性的规定,主要考核牵引货车、牵引车辆与挂车组合成汽车列车的性能。

《道路运输车辆综合性能要求和检验方法》(GB 18565—2016)第 4.4.5.2.1 条款规定:N_2、N_3 类货车满载条件下沿特定曲线匀速行驶,车辆质心处的向心加速度达到 0.35g 时,车辆不发生侧翻或侧滑,危险货物运输专用车辆以及罐式车辆应达到 0.4g。按《营运车辆抗侧翻稳定性试验方法稳态圆周试验》(JT/T 884—2014)规定的方法进行试验。相比于 GB 18565—2016,本条款将载货汽车的向心加速度要求由 0.35g 提高到了 0.4g,主要是为了提高车辆的抗侧翻稳定性要求。通过典型车辆验证试验结果数据分析,绝大多数车辆向心加速度在 0.4~0.6g 之间时,不发生侧翻或侧滑,均能达到限值要求,并与 GB 18565 中罐式车、危险货物运输车的要求保持一致。JT/T 884 规定了两种可选工况:

(1)定半径变车速试验:试验车辆以稳定的车速沿固定转弯半径的路线行驶,测量车辆转向时的稳态响应参数。在同一转弯半径路线条件下,由低到高选取不同车速进行试验,然后改变转弯半径重复试验,从而测得试验车辆的全部稳态转向响应特性。试验路线可以选取圆形路线或适当曲率的曲线段。试验路线应包含转弯半径为 100m 的标准路线,其他试验路线应包含转弯半径尽可能大的路线。完整的试验应包括至少 3 种不同转弯半径的试验路线。对于任一转弯半径的试验路线,应保证试验车辆第一车辆单元的行驶轨迹与目标路线的偏差在 0.5m 以内。对于任一转弯半径的试验路线,应以多个试验车速进行试验。试验以较低车速开始,逐渐提高车速进行试验。试验车速的增量应保证向心加速度的增量不超过 $0.5m/s^2$。

(2)定车速变转角试验:试验车辆以稳定的车速和固定的转向盘转角行驶,测量车辆转向时的稳态响应参数。在同一车速条件下,由小到大选取不同转向盘转角进行试验,然后改变车速重复试验,从而测得试验车辆的全部稳态转向响应特性。试验应包括速度为 50km/h 的车速,其他试验车速宜采用尽可能高的车速。完整的试验应包括至少三种不同的车速。试验应以较低车速开始。对于每次试验,平均车速与目标车速的误差范围为 ±2km/h,瞬时车速与目标车速的误差范围为 ±3km/h。对于每一试验车速,应以不同转向盘转角进行试验。试验以较小转向盘转角开始,逐渐增大转向盘转角进行试验。转向盘转角的增量应满足向心加速度的增量不超过 $0.5m/s^2$。

采集数据时应尽可能保持转向盘位置和车速稳定。当车辆的向心加速度稳定后,开始采集数据,数据采集时间至少为 3s。在采集数据过程中,向心加速度的标准偏差应不超过 $0.25m/s^2$。左转和右转都应进行试验数据采集。

试验中,一是要根据车辆设计要求加载后核查轴荷质量及其他技术参数,满足要求后,才可开展后续试验准备和具体测试;二是要保证车辆质心位置的测量准确性;三是要根据车辆结构设计和装载情况,合理选择传感器的安装位置并有效、安全地固定,确保测量有效性;四是要正确选用试验场地设施,科学使用侧翻防护装置,为规范、有效、安全地开展试验提供条件和保障。

标准条文

4.6 牵引车辆与挂车在汽车列车(满足企业产品设计且不超过 GB 1589 规定的最大外廓尺寸)空载状态下,在平坦、干燥的路面上以 30km/h 的速度直线行驶 500m 时,挂车后轴中心相对于牵引车辆前轴中心的最大摆动幅度,铰接列车、中置轴挂车列车应小于或等于 100mm,牵引杆挂车列车应小于或等于 150mm。

条文释义

本条款属于加严型性能类条款,是对汽车列车直线行驶稳定性的规定,主要考核牵引车辆、挂车的结构设计和生产装配质量及行驶性能。

由于牵引车辆转向盘的操作、路面不平和外部侧风等干扰的影响，以及牵引车辆与挂车机械连接部分不同结构形式的配合间隙，挂车的行驶轨迹往往会偏移牵引车辆的行驶轨迹，出现左右偏离现象（或称为摆动现象）。

挂车直线跟随能力是描述汽车列车在预定的直线轨迹上运动时，最后一个挂车运动轨迹与牵引车辆运动轨迹的重合程度。我国评价挂车直线跟随能力的指标是挂车后轴中心相对于牵引车辆前轴中心的最大摆动幅度，GB 7258—2017 的第 4.12 条款规定"汽车列车和轮式拖拉机运输机组在平坦、干燥的路面上以 30km/h 的速度直线行驶时，挂车后轴中心相对于牵引车前轴中心的最大摆动幅度，铰接列车、乘用车列车和中置轴挂车列车应小于或等于 110mm，牵引杆挂车列车和轮式拖拉机运输机组应小于或等于 220mm"。本标准在参照 GB 7258 要求的基础上，结合《汽车列车性能要求及试验方法》（GB/T 26778—2011）的规定，完善了相应的试验方法，规定了"牵引车辆与挂车在列车空载状态下，在平坦、干燥的路面上以 30km/h 的速度直线行驶 500m 时，挂车后轴中心相对于牵引车辆前轴中心的最大摆动幅度，铰接列车、中置轴挂车列车应小于或等于 100mm，牵引杆挂车列车应小于或等于 150mm"。由于结构和生产工艺、制造质量的差异，实际上铰接列车和中置轴挂车列车与牵引杆挂车列车直线行驶稳定性不同，限值要求有变化，但为进一步提高行驶安全性，均较以往限值有加严。对于牵引杆挂车列车的要求，则是依据最新的《牵引杆挂车通用技术条件》（GB/T 17275—2019），摆动幅度限值应为 150mm，防止列车在高速运行时摆动量大，造成行驶不平稳或出现运行安全问题。项目组对部分牵引车辆及列车道路试验结果表明，约 60% 试验车辆可达到 100mm 摆动限值要求，意味着该方面需予以重视，加强改进。

标准条文

4.7 牵引车辆与挂车在汽车列车（满足企业产品设计且不超过 GB 1589 规定的最大外廓尺寸）满载状态下，按照 GB/T 25979 规定的单车道变换试验方法，以 80km/h 的试验车速进行横向稳定性测试，其侧向加速度后部放大系数应小于或等于 1.5。

条文释义

本条款属于新增型性能类条款，是对汽车列车直线行驶横向稳定性的规定，主要考核牵引车辆、挂车的结构设计和生产装配质量及行驶性能。

汽车横向稳定性是指汽车抵抗横向翻车和横向侧滑的能力,是汽车安全性能的重要指标之一。牵引车辆与挂车在铰接点处存在力的相互作用,若牵引车辆与挂车的结构参数和性能参数匹配不合理,汽车列车在制动和转弯时容易发生折叠、甩尾以及跑偏等失稳现象,严重威胁了行车安全。《道路车辆 重型商用汽车列车和铰接客车 横向稳定性试验方法》(GB/T 25979—2010)给出了评价重型商用汽车列车和铰接客车横向稳定性的3个试验方法:伪随机输入、单车道变换和脉冲输入道路试验,侧向加速度后部放大系数是汽车横向稳定性重要的指标之一。GB/T 25979—2010 中单车道变换试验方法有单一正弦转角输入和单一正弦侧向加速度输入两种方法,使用单一正弦侧向加速度输入时,实际轨迹与目标轨迹的偏差可能导致试验结果与理想值有很大偏差,尤其是在高频条件下偏差更大。因此,建议使用单一正弦转角输入进行试验。

GB/T 25979—2010 中单一正弦转角输入的试验方法如下:以预先确定的转向盘转角幅值,对试验车辆施加一个完整的转向盘转角正弦输入,然后保持转向盘在中间位置5s。允许幅值误差为标准正弦波第一波峰值的5%。为了得到准确和重复性好的试验结果,推荐使用转向机器人,并应高度注意试验安全。其中,转向盘转角幅值按以下原则确定:推荐牵引车辆侧向加速度的最大值为2 m/s^2,但为了防止最后车辆单元的响应超过估计倾翻极限的75%,或超过轮胎摩擦极限的75%,可以适当降低该侧向加速度值。

GB/T 25979—2010 虽然规定了试验方法,但未给出评价指标的限值要求。本标准参照了《A Test for Evaluating the Rearward Amplification of Multi—Articulated Vehicles》(SAE J2179—2000)的规定,在试验车速80 km/h 时,提出了其侧向加速度后部放大系数应小于或等于1.5 的要求。试验验证结果表明现有多种典型车辆均可满足规定。根据 GB/T 25979—2010 的7.3 规定,推荐第一车辆单元侧向加速度的最大值为2 m/s^2,可根据牵引车辆具体情况,调整正弦频率和幅值。该项试验需要测量牵引车辆、挂车两个单元质心位置的侧向加速度,相应的试验准备、试验控制更加复杂,对试验人员、仪器、场地的要求更高,相关单位应加强资源配置与管理,确保试验安全与试验质量,具体的试验操作方法需要在实践中针对具体车辆进行摸索和练习。

4.8 牵引车辆应安装电子稳定性控制系统(ESC)。ESC 的性能符合 JT/T

1094—2016 附录 A 及相关标准的规定,电磁兼容性应符合 GB/T 18655 第 3 级及 GB/T 17619 的规定。

条文释义

本条款属于新增型装置类条款,是对牵引车辆安装电子稳定性控制系统的规定,主要考核牵引车辆对电子稳定性控制系统的安装要求与性能。

ESC 装置的基本组成及原理:ESC 系统应用了先进的传感器技术、执行器技术、车载网络技术和现代控制技术。为了识别驾驶员对汽车的期望和感知汽车的实际运动状态,ESC 系统需要安装轮速传感器来测量车轮的转速、转向盘转角传感器来测量转向盘转角以及角速度、汽车横摆角速度传感器和横向加速度传感器来评定汽车的实际运动状态、制动主缸的压力传感器来判断驾驶员是否在进行制动操纵。ESC 控制的基本原理通过传感器和运算逻辑来识别驾驶员对汽车的期望运动状态,同时测量和估算出汽车的实际运动状态,当两者之间的控制误差大于给定的限值时,系统按一定的控制逻辑对车轮的纵向驱动力大小进行相应的控制和调节,使作用在汽车上的横摆力矩发生变化。附加的横摆力矩迫使汽车做相应的横摆运动以便让汽车的实际运动状态更接近驾驶员对汽车的期望运动状态。

车辆装备符合要求的 ESC 系统后,可大幅降低弯道侧滑、转向不足情况下引发的交通事故,ESC 系统是截至目前最为有效的主动安全装备,综合考虑产品技术成熟度、重点监管车型以及成本问题后,本条款要求牵引车辆应安装 ESC 在牵引车辆单车满载状态下进行试验。

目前我国仅有《轻型汽车电子稳定性控制系统性能要求及试验方法》(GB/T 30677—2014),适用于最大设计总质量不大于 3500kg 的 M 类、N 类车辆;适用于重型车辆的 ESC 标准还在制定中。国际上,联合国欧洲经济委员会法规《就制动方面批准 M 类、N 类和 O 类车辆的统一规定(附录 21 装备电子稳定系统车辆的特殊要求)》(ECE R13)对方向控制和防侧翻控制的试验方法提供了可选项,但对具体试验过程并没有要求,未提出符合性判据。美国联邦机动车安全法规《重型车辆电子稳定性控制系统》(FMVSS 136)对 ECE R13 进行了完善,提出了轨迹保持能力、发动机转矩减小试验和侧倾稳定性控制试验三种测试程序及相关要求,比 ECE R13 在测试方法和限值上更明确具体。鉴于目前国家标准、行业标准都还未制定出重型车辆的 ESC 性能试验标准,国外标准中 FMVSS 136 最具科学性及可操作性,且营运客车中已经按照该要求执行,为推动 ESC 装置在重型货运车辆上的应用,执行《营运客车安全技术条件》(JT/T 1094—2016)附录 A 的规定,该要求等效采用了 FMVSS 136。

JT/T 1094—2016 规定了 ESC 的 J-转向试验方法,试验车道如图 2-11 所示。分别进行发动机转矩减小量试验和防侧翻控制能力试验。

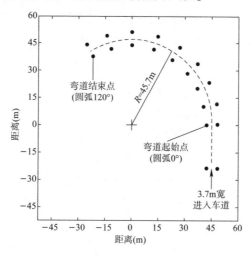

图 2-11　J-转向试验车道(逆时针方向)示意

发动机转矩减小量试验方法如下:

①采用确定的参考车速(偏差为 ±1.6km/h),进行顺时针和逆时针两个方向的 J-转向试验,每个方向连续进行 4 次。每次试验过程中,一旦车辆进入弯道,驾驶员将全油门加速直至车辆经过整个弯道。

②每次试验过程中,判断发动机转矩和驾驶员需求转矩信号是否满足要求。发动机输出转矩和驾驶员需求转矩均从车载通信网络或车辆控制器局部网(CAN)总线中读取。

防侧翻控制能力试验方法如下:

①每次试验前,测量最热制动器的温度,确保温度位于 66 ~ 204℃之间。

②最高试验车速为 1.3 倍参考车速和 48km/h 中的较大值。顺时针和逆时针应分别确定最高试验车速。

③每次试验过程中,当车辆进入弯道时车速低于 4.8km/h 时,驾驶员松开加速踏板。

④车辆以同样的车速连续进行 8 次试验。

此外,考虑到牵引车辆的产量规模以及企业的设计生产能力,车辆生产企业匹配验证周期较长,且国内车辆企业生产准备也需要较长的时间,故设置了实施过渡期,规定自2021年5月1日开始对新生产车型实施。

ESC系统是车辆主动安全性能控制的核心组成,必须保证在各种工况、环境下的高可靠性、稳定性及鲁棒性。而其作为电子控制单元,其性能最易受车辆自身及周围电磁环境的影响,因此本条款对其电磁兼容性能做出了要求,参照工信部新车准入对制动防抱系统(ABS)的电磁兼容性能要求,本条款提出了ESC系统电磁辐射、抗扰度性能应符合《车辆、船和内燃机 无线电骚扰特性 用于保护车载接收机的限值和测量方法》(GB/T 18655—2018)及《机动车电子电器组件的电磁辐射抗扰性限值和测量方法》(GB/T 17619—1998)的规定。

标准条文

4.9 最高车速大于或等于90km/h的非双转向轴牵引车辆,所有转向轮应安装爆胎应急安全装置,并在驾驶室易见位置标示。在汽车列车状态下,爆胎应急安全装置的性能要求和试验方法应符合JT/T 1178.1—2018附录A的规定。

条文释义

本条款属于新增型装置类条款,是对牵引车辆爆胎应急安全装置的安装、使用规定和技术要求,主要考核牵引车辆的应急安全防护性能。

已安装

未安装

图2-12 国产某爆胎应急安全装置示意图

爆胎应急安全装置是一种安装在汽车轮胎内部,当车辆轮胎发生爆胎或严重失压时,能够在一定行驶距离内使车辆行驶方向可控、制动有效且方向稳定的机械装置。该装置可有效降低爆胎后车辆事故发生率和事故发生后的损失,国产某爆胎应急装置示意图如图2-12所示。

爆胎应急安全装置工作原理如下:

(1)支撑。爆胎应急安全装置安装于车轮轮辋槽部位,能有效填补轮辋内径差,避免了轮胎失压后卷入槽底或脱离轮辋的可能,并利用失压轮胎有效支撑形成橡胶垫,避免金属轮毂直接触地打滑。

(2)咬合。装置上的凸起机构使轮辋内部形成可靠的齿轮结构,与失压轮胎紧紧咬合。

爆胎应急装置主要是为了保证车辆在转向轮轮胎爆胎时不偏离车辆行驶方向,

且能够持续直线行驶一段距离,可缓慢行驶至安全地带。GB 7258—2017 第 9.2.4 条款规定"专用校车、车长大于 9m 的未设置乘客站立区的客车及总质量大于 3500kg 的危险货物运输货车的转向轮应装备轮胎爆胎应急防护装置",并要求自 2020 年 5 月 1 日开始实施。目前关于爆胎应急安全装置的标准仅有《营运客车爆胎应急安全装置技术要求》(JT/T 782—2010),但该标准仅适用于营运客车。虽然 JT/T 782—2010 已经在修订,但尚处在试验验证阶段,相关技术条款有较大变动并进行了加严,为了保证标准能及时实施,因此将 JT/T 1178.1—2018 中的附录 A 与爆胎应急装置标准中的整车性能相关要求保持同步,以便可以在标准发布后及时发布标准修改单,直接引用最新标准。

  本标准要求最高车速大于或等于 90km/h 的非双转向轴牵引车辆,所有转向轮应安装爆胎应急安全装置,并在驾驶室易见位置标示。由于本标准中涉及的牵引车辆与挂车以及由其组合而成的汽车列车满载质量更大、车体更长,一旦转向轮爆胎,方向失控,安全风险也更大,因此需要对其提出更严的要求,所以本标准将时速等于 90km/h 的最高车速车辆包含在内,在列车状态下,爆胎应急安全装置的性能要求和试验方法应符合 JT/T 1178.1—2018 附录 A 的规定。一般来讲,多轴重载汽车列车大多行驶在高速公路及高等级公路,运行车速较高,应对其行驶安全加强控制。通过查询道路运输车型燃料消耗量达标车型数据库可知,最高车速 80km/h 以上的牵引车辆中,90km/h 及以上的约占 80%;汽车列车吨位一般均大于普通载货汽车,发生事故容易造成更大的损失。考虑到部分车辆运行速度较低,综合考虑技术成熟度和社会成本,本条款参照 JT/T 1178.1—2018 的要求,设置车速阈值为 90km/h。爆胎应急装置在驾驶室易见位置进行标识主要是为了向用户告知本车的转向轴已安装了爆胎应急安全装置,车辆正常驾驶及使用维护中应予以了解和关注。该条款也考虑到车辆生产企业的实际情况,规定自 2020 年 5 月 1 日开始对新生产车型实施。

  标准 JT/T 1178.1—2018 附录 A 中提及的性能要求,主要参照了《商用车辆和挂车制动系统技术要求及试验方法》(GB 12676—2014),GB 12676—2014 中对 D 型制动试验的初速度规定为 60km/h,而弯道制动的制动初速度则是依据车辆实际行驶状态的速度情况进行了适当调减,改为 50km/h;制动距离的要求主要参考了 GB 12676—2014 的计算方法,同时对条款内容进行了加严,在试验验证过程中,各车均能达到规定的制动距离。

  试验通道宽度主要是根据车辆外摆值推导而来,在直线制动时,通道宽度不超过3.0m,而在弯道制动过程中,车辆的转向轮对通道宽度有着更大的影响,在综合考虑以及试验结果的基础上,确定使用车宽的1.5倍作为通道试验宽度。

JT/T 1178.1—2018 附录 A 规定了转向性能试验方法和制动性能试验方法。转向性能试验方法如下:

试验车辆沿直线以60km/h 的车速匀速行驶,模拟转向轴一侧轮胎发生爆胎,保持试验车辆继续维持直线行驶,用转向盘测力计测量车辆爆胎前、后维持直线行驶过程中施加于转向盘外缘的最大切向力值,并计算爆胎后最大切向力的增量。

试验车辆沿半径为150m 的弯道以50km/h 的车速等速行驶,模拟转向轴一侧轮胎发生爆胎,用转向盘测力计测量车辆爆胎前、后维持弯道行驶过程中施加于转向盘外缘的最大切向力值,并计算爆胎后最大切向力的增量。

爆胎前、后分别驾驶试验车辆以50km/h 的车速绕桩行驶,测量行驶过程中转向盘左转及右转时施加于转向盘外缘的切向力。试验过程中车辆不得碰倒标桩,标桩按图2-13 布置,标桩间距应符合表2-2 的要求。分别计算爆胎前、后两次转向盘转向力峰值的平均值,并分别计算爆胎后转向盘左转及右转时转向力平均值的增量。

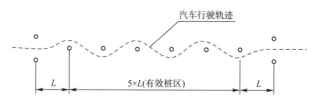

图 2-13 标桩布置

标桩间距　　　　　　　　　　　　　　　表 2-2

汽车类型	标桩间距 $L(m)$
N_2 类	30
N_3 类	50

标准条文

4.10 牵引车辆与挂车在汽车列车(满足企业产品设计且不超过 GB 1589 规定的最大外廓尺寸)空载状态下按照 JT/T 1178.1—2018 附录 B 规定的试验方法进行试验,所测得的转弯通道最大宽度应小于或等于5900mm。

条文释义

本条款属于新增型性能类条款,是对汽车列车弯道通过性的规定,主要考核的是汽车列车的转弯行驶安全性能。

在货车所引发的众多交通事故中,在十字路口货车右转弯行驶所引发的"右转弯事故"占比较大。在右转弯过程中,因货车刮擦、碰撞、碾压直行或左转弯非机动车或行人,而导致车毁人亡的事故屡屡发生,由于其危害和影响极其严重,因此该类事故往往被称为"致命一拐"。

货车在右转弯时,因其车身较长、驾驶室较高、货箱较宽,右侧后视镜存在较大视野盲区,驾驶员在驾驶室看不到车辆右侧车尾之前的部分。而货车(尤其是汽车列车)在右转弯时前轮与后轮之间存在较大的"轮迹差"。这个"轮迹差"一般都在0.6~2.0m之间,也就是说当货车前轮拐过去之后,其后轮与前轮的行驶轮迹不是在一条弧线上,而这正是导致货车右转弯事故的根源。如果当非机动车或行人处于大型货车车身前半部附近位置时,那么大型货车在右转弯时就极易将其撞倒,其右后轮从中碾压而过,如图2-14所示。

目前我国对汽车道路通过性的测试主要是从几何通过性的角度去考核,即通过最小离地间隙、纵向通过角、接近角、离去角、最小转弯直径等几何参数去判断汽车通过性的好坏。GB 1589—2016 规定了汽车通道圆的试验方法及其限值要求,为破解右转弯事故难题,降低交通事故率,提高货车的通行能力,在充分借鉴了《半挂牵引车与半挂车匹配技术要求》(QC/T 912—2013)要求基础上,结合 GB 1589—2016 通道圆的测试方法,本系列标准提出了汽车列车弯道通过性的测试方法。按照 JT/T 1178.1—2018 附录 B 规定的试验方法进行试验,通过大量试验的摸索发现,汽车列车最大通道宽度基本在其行驶至45°~60°的圆周范围之间。为便于测量、提高测试效率,可对45°和60°的圆周两个点进行测量,用于分析汽车列车的最大通道宽度(图2-15)。

该方法与 GB 1589—2016 通道圆测试方法保持了协调一致性,是通过圆心测量其弯道最大宽度,相关限值也是在多种典型车辆试验验证的基础上提出的,约86%的试验验证车辆能满足≤5900mm 的要求。需要注意的是,在实际试验过程中,牵引车辆与挂车应在列车(企业产品设计适配的最大外廓尺寸挂车或牵引车辆)空载状态下进行试验。

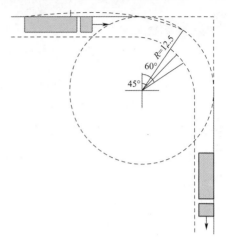

图 2-14 货车右转弯事故示意图　　　图 2-15 弯道通过性示意图

标准条文

4.11 牵引车辆应安装具有行驶定位功能的道路运输车辆卫星定位系统车载终端,道路运输车辆卫星定位系统车载终端的性能应符合 JT/T 794 的规定。

条文释义

本条款属于加严型装置类条款,是对牵引车辆安装道路运输车辆卫星定位系统车载终端的规定,主要考核道路运输车辆卫星定位系统车载终端的性能。

《交通运输部 公安部 国家安全生产监督管理总局关于修改〈道路运输车辆动态监督管理办法〉的决定》(中华人民共和国交通运输部令 2016 年第 55 号)第十二条规定:"旅游客车、包车客车、三类以上班线客车和危险货物运输车辆在出厂前应当安装符合标准的卫星定位装置。重型载货汽车和半挂牵引车在出厂前应当安装符合标准的卫星定位装置,并接入全国道路货运车辆公共监管与服务平台"。

GB 7258—2017 第 8.6.5 条款规定:所有客车、危险货物运输货车、半挂牵引车和总质量大于或等于 12000kg 的货车应装备具有记录、存储、显示、打印或输出车辆行驶速度、时间、里程等车辆行驶状态信息的行驶记录仪;校车、公路客车、旅游客车、危险货物运输货车装备具有行驶记录功能的卫星定位装置。

GB 18565—2016 第 4.2.9 条款规定:旅游客车、包车客车、三类及以上班线客车、危险货物运输车辆、N_3 类载货汽车和半挂牵引车应装备具有行驶记录功能并符合《汽车行驶记录仪》(GB/T 19056—2012)和《道路运输车辆卫星定位系统 车载终端技术要求》(JT/T 794—2019)规定的卫星定位系统车载终端。

本部分标准对上述规定进行了加严,要求 N_2、N_3 类牵引车辆都应安装具有行驶定位功能的道路运输车辆卫星定位系统车载终端,相关性能要求符合 JT/T 794 的规定。需要关注的是,与 JT/T 794—2019 配套实施的标准还有 5 项,除 2018 年 7 月 1 日实施的《道路运输车辆卫星定位系统 平台技术要求》(GB/T 35658—2017)外,还有 2017 年 8 月 1 日实施的《道路运输车辆卫星定位系统 平台检测方法》(JT/T 1120—2017),和 2019 年 7 月 1 日实施的《道路运输车辆卫星定位系统 终端通讯协议及数据格式》(JT/T 808—2019)、《道路运输车辆卫星定位系统平台数据交换》(JT/T 809—2019)、《道路运输车辆卫星定位系统 车载终端检测方法》(JT/T 1253—2019)。

标准条文

4.12 用于冷藏运输的牵引货车与挂车均应安装温度监控装置,车辆及其温度监控装置、制冷设备的性能应满足 GB 29753 及相关标准要求。

条文释义

本条款属于加严型装置类条款,是对用于冷藏运输的牵引货车与挂车安装温度监控装置的规定,主要考核的是相关牵引货车、挂车配备的温度监控装置、制冷设备的性能。

我国冷藏运输车的专业化生产水平和使用率较低,运输市场上采用改装轻型客车(俗称面包车)、厢式车以及海运淘汰冷藏集装箱进行冷链运输的现象比较普遍。据了解,目前我国冷藏车和保温车的产销量总计每年为 3 万多辆,但生产企业却多达近百家。诸多小型企业的存在大大弱化了市场集中度,而企业规模小势必会导致研发能力弱、质控水平低、抗风险能力差等一系列问题。由于车辆技术水平低、使用不规范、监管不到位,造成了车辆运行中冷藏效果较差,影响了冷链运输质量。据中国冷链产业网数据统计,由于保鲜技术落后,我国每年约有 20% ~25% 的果品和 30% 的蔬菜在中转运输及存放过程中腐烂损坏,损坏总量每年高达上亿吨,价值高达 750 亿元。

为推动冷链物流行业健康规范发展,保障生鲜农产品和食品消费安全,根据《中华人民共和国食品安全法》等相关法律法规,国务院办公厅 2017 年印发了《国务院办公厅关于加快发展冷链物流保障食品安全促进消费升级的意见》(国办发〔2017〕

29 号),交通运输部印发了《交通运输部关于加快发展冷链物流保障食品安全促进消费升级的实施意见》(交运发〔2017〕127 号),要求严格冷藏保温车辆的市场准入和退出、严格冷藏保温在用车辆的使用过程管理等。交通运输部办公厅印发了《交通运输行业加快推动冷链物流发展的重点任务安排》(交办运函〔2017〕1813 号),专项部署和安排相关技术与管理工作的落实。冷藏车温度控制装置是加强冷藏车冷链运输监控管理的基础,也是实现冷链运输全过程有效温度监控的关键设备。

《道路运输 食品与生物制品冷藏车 安全要求及试验方法》(GB 29753—2013)规定了冷藏车的术语和定义、分类、要求及试验方法,适用于采用已定型汽车整车或二类、三类底盘上改装的装备机械制冷机组的道路运输易腐食品与生物制品的冷藏车和冷藏半挂车。冷藏车性能应该符合该标准要求,其中要求冷藏车配备行驶温度记录仪,行驶温度记录仪应固定牢靠,应能真实反映运输过程中的货物温度,行驶温度记录仪记录时间间隔应小于或等于 10min。而装置的其他要求,如通信方式等则需要依据正在制定的相关标准要求,待新的标准发布后,再予以明确。《行驶温度记录仪技术要求和检验方法》交通运输行业标准已完成审查,即将批准、发布,该标准规定了行驶温度记录仪的基本要求,以及功能、性能、通信协议与数据格式、安装、检验方法等要求。此外,国家标准《冷藏保温车辆选型技术要求》已立项,正在制定过程中,本标准的使用者应积极跟踪标准制定进展和发布实施情况。

标准条文

4.13 牵引车辆所装视镜的数量、位置及视野要求应符合 GB 15084 的规定。

条文释义

本条款属于强调型性能类条款,是对牵引车辆视镜的规定,主要考核汽车列车的安全性能。

2016 年 7 月 26 日实施的《汽车、挂车及汽车列车外廓尺寸、轴荷及质量限值》(GB 1589—2016)增加了货车列车的术语,并规定货车列车的最大长度为 20.00m,中置轴车辆运输列车的最大长度为 22.00m;和《道路车辆外廓尺寸、轴荷及质量限值》(GB 1589—2004)相比,列车的长度明显增长。由于牵引车辆和挂车组成汽车列车后,车辆较长,挂车宽度也更大,车辆行驶尤其是转弯试验中驾驶员难以发现侧面、后面的车辆和行人。GB 7258—2017 第 12.2.2 条款规定:汽车、车身部分或全部封闭驾驶人的摩托车内视镜和外视镜(或其他间接视野装置)的安装位置和角度,应保证驾驶人能借助内视镜和外视镜（或其他间接视野装置）在水平路面上看见符合 GB 15084 规定区域的交通情况。对于汽车列车，当所牵引挂车的宽度超过牵引车宽度时，牵引车应加装后视镜加长架（延长支架）以保证其后视镜的视野仍满足要求。因此，为确保汽车列车的视野性能要求，本标准重点强调了牵引车辆所装视镜数量、位置及视野要求需要符合《机动车辆 间接视野装置性能和安装要求》（GB 15084—2013）的规定。

标准条文

4.14 挂车应使用额定轴荷小于或等于 10 t 的车轴，车轴性能应符合 JT/T 475 的规定。

条文释义

本条款属于新增型装置类条款，是对挂车设计选用车轴的规定，主要考核挂车设计与车轴的性能。

车轴是挂车的重要组成部件，直接关系到挂车产品质量和行车安全。由于目前部分挂车生产企业自行设计生产车轴，车轴的产品质量得不到有效控制。目前市场常用货运挂车车轴有 10t 级和 13t 级，对照标准要求和理论计算，10t 级车轴已能满足 GB 1589—2016 规定的挂车最大允许总质量和轴荷的要求，为了降低车辆整备质量，避免挂车超载情况的发生，本标准要求挂车需要使用厂定最大轴载质量小于或等于 10t 的车轴。同时为了提高挂车车轴的产品质量，本条款规定了车轴的性能需要符合《挂车车轴》（JT/T 475—2002）的规定，即车轴需要进行相关的试验验证，方可定型生产。该标准已完成修订、报批，不久将要发布实施，主要内容包括挂车车轴的主要技术参数、技术要求、试验方法、检验规则、标志和随行文件等内容。下一步将严格贯彻落实新修订的标准，严格管理车轴产品质量，推广应用达标产品。

标准条文

4.15 牵引车辆和挂车机械连接装置的安装位置及尺寸参数，以及与其适配的车辆相关连接尺寸，应在产品标牌（或车辆易见部位上设置的其他能永久保持的标识）上清晰标示，示例参见附录 A。

条文释义

本条款属于新增型性能类条款，是对牵引车辆、挂车匹配连接合规性、匹配性的规定,主要针对牵引车辆、挂车连接适用范围及标识的要求。

由于牵引车和挂车分属不同生产企业设计生产,相关技术要求也不一致,为保证牵引车辆和挂车的匹配合理、连接可靠,并提高车辆装载效率,车辆运输牵引车辆和挂车生产安全应进行联合设计,保证相关机械连接、电连接、气连接及其控制系统使用可靠安全。为了使牵引车和挂车在连接后,不出现列车超长、行驶不稳等现象,需要明确牵引车辆和挂车机械连接装置的安装位置及尺寸参数,以及与其适配的挂车和牵引车辆相关连接尺寸,且应在产品标牌(或车辆易见部位上设置的其他能永久保持的标识)上清晰标示,标牌材质需为金属材质,且能永久保持。附录 A 给出了标识的示例,企业在车辆生产过程中,可参照进行布置,标识的相关内容可与其他标准要求的标识设置在同一标牌内,但建议分类标示。

第五节 制动系统

制动性能是评价车辆安全性的关键。与普通车辆相比,汽车列车具有更大的总质量,一旦与其他交通参与者发生碰撞事故,将造成严重的人员伤亡和重大经济损失,因此制动性能对汽车列车来说更加重要。牵引车辆与挂车通过机械连接组成汽车列车,运行过程中铰接点受力复杂,牵引车辆与挂车制动不协调易导致制动折叠、制动甩尾以及制动跑偏等失稳现象,容易诱发严重的交通事故。据《中华人民共和国道路交通事故统计年报》数据统计分析,除人为因素外,车辆制动性能差也是导致碰撞交通事故的主要原因。因此,提高汽车列车的制动性能是降低营运货车交通事故发生率的重要举措。本节主要从汽车列车制动性能与配置方面提出具体要求,以显著提升营运货车的制动安全性。

5 制动系统

5.1 牵引车辆与挂车的气压制动系统应安装具备保持压缩空气干燥、油水分离功能的装置。

该条款属于强调型装置类条款,是对采用气压制动的牵引车辆与挂车提出的功能性要求。

该条款引用了 GB 7258—2017 第 7.7.4 条(原条款为:气压制动系应安装保持压缩空气干燥、油水分离的装置),为避免管理部门在实际车辆核查时将"压缩空气干燥、油水分离的装置"理解为"压缩空气干燥装置"和"油水分离装置"两个装置,人为导致产品不能满足标准要求,因此在本标准中对该表述进行了调整,表述为"具备保持压缩空气干燥、油水分离功能的装置",强调的是"压缩空气干燥"和"油水分离"两个功能,既可以是两个装置,也可以是一个装置。目前行业内多为一个装置集成两种功能,如图 2-16 所示。通过修改完善描述,避免管理部

图 2-16　具备压缩空气干燥、油水分离功能的装置

门在车辆核查过程中的理解歧义,确保标准条款理解的准确性、执行的统一性。该条款制定的主要目的就是避免因寒冷条件下制动管路由于水汽和油滴的存在出现管路结冰等导致制动失效的情形发生,提升车辆在寒冷地区使用时的安全性。

标准条文

5.2　牵引车辆与挂车所有的行车制动器应具备制动间隙自动调整功能。

条文释义

该条款属于强调型装置类条款,是对牵引车辆与挂车提出的功能性要求。

制动间隙自动调整装置可以实时地、自动地调整制动器摩擦副之间因使用过程中磨损量增大导致的间隙,始终保持制动间隙处于一个合适的范围,以确保制动功能和性能及时、可靠,对于行车安全十分重要。装备 ABS 的车辆如果没有装配间隙自动调整装置就不能保证实现最佳的控制效果,因为手动调整间隙会引起个别制动分泵的力臂、制动力等情况的不同。制动间隙自动调整装置产品主要包括鼓式(图 2-17)、液压盘式和气压盘式三大类。鼓式制动器的制动间隙自动调整装置在制动气室和制动鼓之间,通过目视即可方便地检查车辆是否安装了制动间隙自动调整装置。

目前在国内市场应用广泛的制动间隙手动调整臂存在着一定的弊端。首先,手动调整有一定的适用周期,在这个周期的后段,也就是下一次对制动间隙进行调整前的时间内,制动间隙已经处于一个较大的数值,这可能会导致制动行程变长,制动不及时,严重的话还会引起制动力疲软,存在行车安全隐患。其次,手动调整难以保证各个车轮制动间隙的一致性,易导致车辆制动跑偏、甩尾等问题的出现。

欧洲、美洲等地区的载货汽车、客车及挂车制造商均已将制动间隙自动调整装置作为鼓式制动的标准配件。而国内则是客车上使用较为普遍，货车上的装配率很低，不到百分之十，某型号制动间隙自动调整装置如图 2-18 所示。

图 2-17　制动间隙自动调整装置产品　　　　图 2-18　某型号制动间隙自动调整装置

制动间隙自动调整装置在国内货车领域没有得到普及，主要原因如下：一是手动调整臂更便宜，若改为自动调整装置，算下来鼓式制动器的每轴成本增加 200 元左右；二是国家政策对货车强制安装自动调整装置的要求实施较晚，在现行的国家标准体系中，GB 7258—2017 第 7.2.7 条款规定：客车、总质量大于 3500kg 的货车和专项作业车（具有全轮驱动功能的货车和专项作业车除外）、总质量大于 3500kg 的半挂车，以及所有危险货物运输车辆的所有行车制动器应装备制动间隙自动调整装置。在以前没有强制性要求的情况下车辆生产企业增加该项配置的积极性不高，应用较少；三是人们对于安装使用的重要性及安全认知度不够，应通过宣传推广使用户理解行车安全才是最大的效益；四是用户对自动调整装置的正确使用缺乏应有的认知，有些用户在未正确使用了自动调整装置后出现了匹配不良现象，加上成本又高，很容易回到选择手动调整臂的老路上去。图 2-19 和图 2-20 是安装自动调整装置的实际图示。

图 2-19　装有制动间隙自动调整装置的货车　　　图 2-20　某车桥上的制动间隙自动调整装置

另外，国内较为普遍使用的液压盘式制动器本身结构设计上具有制动间隙自动调整功能，它是利用矩形密封圈的塑性变形来实现的。而在大型客货车产品上正在推广应用的气压盘式制动器间隙自动调整机构也是一个闭环的机械自动控制系统，多是在制动钳体内侧增加一套一次调整式制动间隙自调机构。因此，对于盘式制动器，其制动间隙自动调整装置已经与制动器融合为一体，无法从外观上直接进行检查，在车辆核查时默认盘式制动器已经具备了制动间隙自动调整装置。

该要求仅要求安装该类装置，但未对该类装置提出性能方面的要求。标准发布与实施将极大地促进我国制动间隙自动调整装置的普及和发展，为提升我国交通运输安全性做出贡献。

5.3 牵引车辆与挂车的制动系统储气筒和制动气室应安装气压制动装置压力测试连接器。压力测试连接器的性能应符合 GB/T 5922 的规定。

【条文释义】

该条款属于强调型装置类条款，是对采用气压制动的牵引车辆与挂车提出的要求。

该连接器主要用于测量制动系统气压的变化，为制动系统响应时间的测试提供标准接口，用于车辆出厂时的检测以及在用车辆性能的检测。GB 7258—2017 第 7.2.15 条款规定：采用气压制动的汽车、挂车，在设计和制造上每个储气筒（有压力表等压力显示装置的除外）和制动气室都应具有可用于测试制动管路压力的连接器。该要求与 GB 7258—2017 安装要求相同，仅用于制动系统的储气筒和制动气室，对于其他气压装置可不作要求；同时，该要求还增加了连接器的性能要求。

《汽车和挂车气压制动装置压力测试连接器》（GB/T 5922—2008）是我国关于气压制动装置压力测试连接器的专业技术标准，该标准修改采用了《道路车辆 气压制动装置的压力测试连接器》（ISO 3583:1984），规定了对应的尺寸、自由空间和防腐要求，其技术内容与国际标准基本一致。该项要求能够确保不同车辆安装了符合该标准的装置，能够与标准化的测试设备进行快速连接，从而实现制动系统压力参数的测试。另外，为应对复杂使用环境对该装置的影响，该标准还提出了防腐要求，以提高产品的可靠性。为方便测试仪器的安装与调试，该标准还提出了该装置周围留有一定自由空间的要求。此外，该处的储气筒/制动气室特指行车制动系统的储气筒/制动气室，不含空气悬架、驻车制动等非行车制动储气筒/制动气室；若行车制动系统中存在多个储气筒且为串联的,可共用一个气压制动装置压力测试连接器。实车安装示意图如图 2-21 所示。

图 2-21　气压制动装置压力测试连接器实车安装示意图

标准条文

5.4　牵引车辆应安装符合 GB/T 13594 规定的 1 类防抱制动系统,挂车应安装符合 GB/T 13594 规定的 A 类防抱制动系统。牵引车辆应安装防抱制动系统失效时(含挂车防抱制动系统失效)用于报警的信号装置。牵引车辆和挂车的防抱制动装置的电磁兼容性应符合 GB/T 18655 第 3 级及 GB/T 17619 的规定。

条文释义

该条款属于加严型装置类条款,是对牵引车辆与挂车提出的要求。其中牵引车辆可在单车或列车状态下进行检验,挂车应在列车状态下进行检验。

车辆防抱制动系统(Antilock Braking System,简称 ABS)作为汽车主动安全系统的重要组成部分,在乘用车、大客车和重型载货汽车中得到广泛的应用。由车辆试验与使用经验可知,汽车车轮的滑移率在 10%~20% 时,轮胎与地面之间有最大的纵向附着系数,同时其侧向附着系数也较大。如果车轮在制动时保持这种最佳滑移率,即车轮不处于抱死滑移而是边滚边滑的状态,那么车辆就能够保证最短制动距离而且在制动过程中转向轮可以保持转向能力、不易发生甩尾现象。ABS 就是基于上述原理而设计的,以便充分发挥车轮和路面间这种潜在的附着能力。从 ABS 理论的提出至今,经过近 80 年的发展,ABS 产品技术逐步成熟,并在车辆上得到广泛的应用。在此基础上,ABS 与驱动防滑控制系统(Acceleration Slip Regulation,简称 ASR)结合,发展为防抱制动和驱动防滑控制系统(ABS/ASR)。

GB 7258—2017 第 7.2.12 条款规定:所有汽车(三轮汽车、五轴及五轴以上专项作业车除外)及总质量大于 3500kg 的挂车应装备符合规定的防抱制动装置。第 7.9.4 条款规定:安装具有防抱制动装置的汽车,当防抱制动装置失效时,报警装置应能连续向驾驶人发出容易听到或看到的报警信号。该要求与 GB 7258—2017 要求内容基本相同,但明确了挂车安装 A 类防抱制动系统要求。目前防抱死制动装置已强制要求安装,但在货车尤其是挂车领域实施效果并不理想,因此在本标准中重点强调,所有车辆均需配置。随着车辆电子设备的不断增加,为确保技术性能不受影响,标准提出了电磁兼容性应符合 GB/T 18655—2018 第 3 级及 GB/T 17619—1998 的规定。

鉴于当前我国牵引车辆、挂车仍处于独立生产、分段式管理的状态,主挂车 ABS 的型号规格与安装调试对汽车列车制动性能的影响很大,必须在设计、生产、出厂及使用等环节严格控制。产品使用说明书等文件中必须明确标注相关信息及使用要求,主挂车连接匹配时必须进行专业调试和技术评价,满足安全要求后方可上路行驶。

标准条文

5.5 最高车速大于或等于 90km/h 的牵引车辆与挂车均应安装电子制动系统(EBS),EBS 的性能应符合 GB 12676 和 GB/T 13594 的规定。

条文释义

本条款属于新增型装置类条款,是对牵引车辆与挂车提出的要求。其中牵引车辆可在单车或列车状态下进行检验,挂车应在列车状态下进行检验。

从汽车诞生时起,车辆制动系统在车辆的安全方面就扮演着至关重要的角色。尤其是近年来,随着汽车行驶速度的提高和交通状况日趋复杂,这种重要性表现得越来越明显。与常规制动系统相比,电子控制制动系统(Electronically Controlled Brake System,简称 EBS)完全采用电控制动,可消除机械制动响应时间长、制动舒适性差等缺点。EBS 除了具有 ABS 及其附加功能外,还增加了与其他控制系统关联协同的制动管理功能。在 EBS 电控回路失效的情况下,EBS 的气压控制回路作为备用控制回路工作,保证制动系统的制动性能。而且在有些 EBS 上可以拓展许多全球先进的制动辅助系统,如 ESC、自适应巡航控制(Adaptive Cruise Control,简称 ACC)、防撞警告系统(Collision Warning System,简称 CWS)及自动紧急制动系统(Autonomous Emergency Braking System,简称 AEBS)。

EBS 主要有下列优点:

(1)较短的制动响应时间,大大提高了车辆制动时的反应速度,缩短了制动距离。

(2)更好的制动稳定性和制动舒适性。

(3)全程的制动系统监测。

(4)系统零部件标准化和高度集成化,便于维护。

GB 7258—2017 第 7.2.12 条款规定:总质量大于或等于12000kg 的危险货物运输货车安装电子控制制动系统(EBS)。标准要求的实施日期为2021年1月1日。为有效提升营运货车本质安全水平,减少道路交通安全事故和财产损失,该条款针对本标准的适用范围,要求最高车速大于或等于90km/h 的牵引车辆和挂车均应安装,为将来 ESC 的推广应用提供条件。考虑到 EBS 产品与车辆现有系统集成需要一定的时间,因此规定自2020年5月1日开始实施。

标准条文

5.6 最高车速大于或等于90km/h 的牵引车辆应安装自动紧急制动系统(AEBS),AEBS 的性能应符合 JT/T 1242—2019 的规定。

条文释义

本条款属于新增型装置类条款,是对牵引车辆提出的要求,要求牵引车辆在列车状态下进行检验。

随着汽车智能化技术的快速发展,高级驾驶辅助系统(Advanced Driver Assistance System,简称 ADAS)技术已趋于成熟并已部分运用于乘用车和商用车辆,为提升车辆安全性能、减少由驾驶员操作不当引发的交通事故发挥了重要的作用。在 ADAS 中最具代表性的一项技术装备就是 AEBS,装备这项技术对于减少或避免由于驾驶员精神不集中、疲劳驾驶导致车辆追尾事故的发生效果显著。

AEBS 是一个自主、自动的道路车辆安全系统,系统依靠传感器来监测前面车辆和目标车辆之间的相对速度和距离,从而预测即将发生的危险情况,使得车辆能够在危险发生之前自动紧急制动,可以避免碰撞或减轻其影响。联合国欧洲经济委员会已经将该系统作为新设计车辆的标准配置,并于2013年开始强制实施。近日联合国提出的一份草案,建议从2020年起新款乘用车及轻型商务车强制安装 AEBS。研究指出,AEBS 技术能够减少38%的追尾碰撞,且在城市道路(限速60km/h)与郊区道路行驶的情况下,也能达到此效果。

GB 7258—2017 第 4.17.3 条款规定:车长大于 11m 的公路客车和旅游客车应装备符合标准规定的车道保持辅助系统和自动紧急制动系统。标准要求的实施日期为 2021 年 1 月 1 日。GB 7258—2017 虽然提出了安装要求,但是没有提出性能要求。

AEBS 的国标已经制定但尚未发布,交通行业标准《营运车辆自动紧急制动系统性能要求和测试规程》(JT/ 1242—2019)已于 2019 年 4 月 1 日实施,且相对于国际标准和国家标准提出了包括行人监测与车辆协同在内的更加严格的技术要求。为有效提升营运货车本质安全水平,减少道路交通安全事故和财产损失,本标准按照最高车速大于或等于 90km/h 的牵引车辆作为道路安全重点车型先行先试的原则,同时考虑到 AEBS 产品与车辆现有系统集成需要一定的时间,因此规定自 2021 年 5 月 1 日开始实施。

标准条文

5.7 牵引车辆采用气压制动时,制动系统储气筒的额定工作气压应大于或等于 1000kPa。牵引车辆与挂车的储气筒均应符合 QC/T 200 的规定。制动系统储气筒额定工作气压数值应在产品标牌(或车辆易见部位上设置的其他能永久保持的标识)上清晰标示。

条文释义

本条款属于加严型性能类条款,是对采用气压制动的牵引车辆提出的功能性技术要求。

营运货车在高附着系数的干燥路面上高速、全力状态下紧急制动时,有很大部分车辆出现 ABS 未循环的状态(即车辆制动器制动力不足以抱死车轮,ABS 未达到调节状态),此时路面的附着力还没有达到极限最佳状态,车辆的制动性能还有增加的可能性。出现这种情况有两种原因,第一是制动器摩擦力不足;第二是制动管路压力不够。因此,这两种状态下还应适当增加制动系统压力,有利于提高车辆在良好路面的制动效能。此外,在长下坡工况和交通复杂、频繁制动工况以及其他用能装置的工作中,压缩空气用量大,需要储气筒有足够的压力储备,以确保制动系统的正常工作。

GB 7258—2017 第 7.8.1 条款规定:车长大于 9m 的客车、总质量大于或等于 12000kg 的货车和货车底盘改装的专项作业车,采用气压制动时,储气筒的额定工作气压应大于或等于 850kPa,且装备有空气悬架或盘式制动器时还应大于或等于

1000kPa。标准要求的实施日期为2021年1月1日。本条款要求牵引车辆采用气压制动时,制动系统储气筒的额定工作气压应大于或等于1000kPa,较 GB 7258—2017 要求扩大了车型范围。制动气压的提升对车辆提出了更高的要求和技术保障,一是对牵引车辆制动系统相关零部件、质量要求加严,使制动性能进一步提升;二是确保传送到挂车的气压值满足规定的使用要求;三是为相关的空气悬架以及其他用气装备提供充分动能。为确保主挂车制动系统匹配、安全,方便生产、使用及管理,强调 GB 7258—2017 第 7.8.5 条款规定,要求产品标牌(或车辆易见部位上设置的其他能永久保持的标识)上明示该额定气压值,防止出现实际使用时不合理误接,引发故障。目前国内挂车的储气筒气压基本为 850kPa。需要注意的是,制动系统储气筒1000kPa 的要求不适用于驻车制动系统。在测量制动系统储气筒气压时,允许具有一定测量公差。

GB 7258—2017 第 7.8.5 条款规定:采用气压制动的、汽车和具有储气筒的挂车,应在产品标牌(或车辆易见部位上设置的其他能永久保持的标识)上清晰标示储气筒额定工作气压的数值。由于牵引车辆和挂车的储气筒是制动系统关键组成部件,但目前仍有部分小型企业自行设计生产储气筒,储气筒的强度和密封性达不到安全与质量要求,为了提高储气筒的安全性能,本标准要求牵引车辆与挂车的储气筒均应符合《汽车和挂车气压制动装置用储气筒性能要求及试验方法》(QC/T 200—2015)的规定,该标准规定了储气筒的耐压强度、密封性和耐腐蚀性等性能要求,并给出了相应的性能测试方法。本条款自 2020 年 5 月 1 日开始实施。

标准条文

5.8 采用气压制动的牵引车辆,按照 GB 12676 规定的方法进行测试时,从踩下制动踏板到最不利的制动气室响应时间(A)应小于或等于 0.6s,且牵引车辆从踩下制动踏板到牵引车辆和挂车之间气压控制管路接头延长管路末端的响应时间(B)还应小于或等于 0.4s;采用气压制动的挂车,按照 GB 12676 规定的方法进行测试时,从牵引车辆和挂车之间气压控制管路接头处到最不利的制动气室响应时间(C)应小于或等于 0.4s。A、B、C 的数值(取值到 0.01s,精确到 0.05s)应在产品标牌(或车辆易见部位上设置的其他能永久保持的标识)上清晰标示。

条文释义

本条款属于强调型性能类条款,是对采用气压制动的牵引车辆与挂车提出的要求。

GB 7258—2017 第 7.2.10 条款规定:采用气压制动的汽车,按照 GB12676 规定的方法进行测试时,从踩下制动踏板到最不利的制动气室响应时间(A)应小于或等于 0.6s,且对具有牵引功能的汽车从踩下制动踏板到主挂间气压控制管路接头延长管路末端的响应时间(B)还应小于或等于 0.4s;采用气压制动的挂车,按照 GB 12676 规定的方法进行测试时,从主挂间气压控制管路接头处到最不利的制动气室响应时间(C)应小于或等于 0.4s。A、B、C 的数值(取值到 0.01s,精确到 0.05s)应在产品标牌(或车辆易见部位上设置的其他能永久保持的标识)上清晰标示。

该要求是对 GB 7258—2017 第 7.2.10 条款和 GB 12676—2016 标准技术要求的重申,由于制动系统性能直接影响行车安全,因此作为重要的安全要求,在此处将气压制动系统响应时间进行了重点强调。GB 12676—2016 规定的牵引车辆与挂车制动气室响应时间及对应关系示意图如图 2-22 所示。

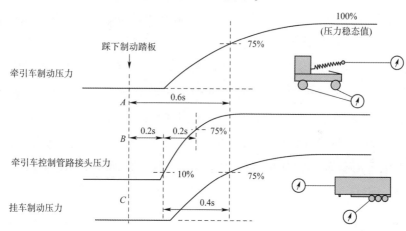

图 2-22 牵引车辆与挂车制动气室响应时间及对应关系示意图

为了便于指导货运企业合理地进行列车匹配选型,需要在产品标牌上对车辆的实测响应时间进行标识,即牵引车辆需要标识 A、B 的数值(取值到 0.01s,精确到 0.05s),挂车需要标识 C 的数值(取值到 0.01s,精确到 0.05s),同批次同型号的车型,其制动响应时间可能存在差别,但均应满足一致性要求。

5.9 牵引车辆与挂车在汽车列车(满足企业产品设计且不超过 GB 1589 规定的最大外廓尺寸)满载状态下,在附着系数小于或等于 0.5、车道中心线半径 150m、

《营运货车安全技术条件 第2部分:牵引车辆与挂车》(JT/T 1178.2—2019)

宽3.7m的平坦圆弧车道上,以50km/h的初始车速进行全力制动的过程中,车辆应保持在车道内。

条文释义

本条款属于新增型性能类条款,是对牵引车辆与挂车提出的性能要求,要求牵引车辆和挂车均应在列车满载状态下进行检验。

该条款是为了保证车辆在低附着系数的弯道上制动时,不偏离行车路线,是对车辆制动性能以及 ABS 等控制系统工作状态的检验。目前我国现行的标准中除JT/T 1094—2016 对营运客车和 JT/T 1178.1—2018 对载货汽车提出弯道制动要求外,其他标准尚未对低附着系数的弯道制动稳定性提出要求,现行的 GB 12676—2014 仅对车辆直线工况下的制动稳定性做出了规定(车辆未偏离 3.70m 宽的试验跑道)。《重型商用车 转弯制动 开环试验方法》(GB/T 34588—2017)对转弯制动中路线和方向保持能力的要求,是在正常路面而非低附着系数路面进行测试。美国联邦机动车安全技术法规要求所有机动车进行弯道制动稳定性的检验,并依据制动系统类型分别满足《气压制动系统》(FMVSS 121)及《液压制动系统》(FMVSS 105)相应的要求。目前,欧洲、日本车辆安全技术法规也尚无此方面的规定。按照"充分借鉴、吸收先进"的标准制定原则,本条款引入了美国联邦机动车安全技术法规 FMVSS 中的弯道制动稳定性试验方法及要求,并在标准制定过程中进行了多辆典型样车的实际测试,验证了该试验项目的可行性,相关要求与 JT/T 1094—2016、JT/T 1178.1—2018 保持一致。

标准条文

5.10 牵引车辆与挂车的鼓式制动蹄总成或盘式制动块总成的制动衬片性能应符合以下要求:

a) 按 GB/T 22309 进行试验,鼓式制动蹄总成和盘式制动块总成的最小剪切强度大于或等于2.5MPa;

b) 按 GB/T 22311 进行试验,鼓式制动蹄总成常温压缩量小于或等于2%,200℃时的压缩量小于或等于4%;

c) 按 GB/T 22311 进行试验,盘式制动块总成常温压缩量小于或等于2%,400℃时的压缩量小于或等于5%。

条文释义

本条款属于新增型性能类条款,是对牵引车辆与挂车提出的零部件要求。

剪切强度的提出,主要是为了保证鼓式制动蹄总成(图 2-23)和盘式制动衬块总成(图 2-24)能够产生足够的摩擦力,确保达到设计的制动效能。常温压缩量以及400℃高温压缩量的提出,主要是为了保证制动总成性能的稳定性,不能在高温时出现压缩量过大、材料性能降低而影响制动性能。该要求与《关于动力驱动车辆及其挂车换装制动衬片总成、鼓式制动衬片和制动盘、制动鼓认证的统一规定》(ECE R90)基本一致。

图 2-23 鼓式制动蹄总成　　　　图 2-24 盘式制动衬块总成

目前,制动衬片是国家工业产品生产许可证管理目录内产品,全国 500 余家企业已获得相应证书,还有 100 余家未获证企业仍在生产销售,部分货车尤其是挂车生产企业存在使用无证产品现象,而国家和地方组织的相关质量检查发现约 10% 的产品质量不达标,严重危及行车安全。

标准条文

5.11　最高车速大于或等于 90km/h 的牵引车辆转向轴的所有转向车轮应安装盘式制动器。

条文释义

本条款属于新增型装置类条款,是对牵引车辆提出的配置技术要求。

目前,货运车辆制动器形式主要有两种,一种是鼓式制动器(图 2-25),一种是盘式制动器(图 2-26)。

目前,我国大部分货车装备的仍是全鼓式制动器或前盘后鼓,主要是由于鼓式制动器造价便宜,而且符合传统使用习惯。对于重型载货汽车来说,由于鼓式制动器的耐用程度较盘式制动器高,因此许多重型载货汽车至今仍使用鼓式制动器。但鼓式制动器的制动效能、散热性以及制动力稳定性都较差,导致在不同路面上的制动力变化很大,不易于掌控;在山区、长下坡工况使用时,在制动过程中会聚集大量的热量,进而导致因制动力不足或制动系统失效而诱发交通安全事故。此外,制动块和制动鼓在高温影响下较易发生极为复杂的变形,容易产生制动衰退和振抖现象,引起制动效率下降。并且,鼓式制动器在使用一段时间后,要定期调校摩擦副的空隙,甚至要把整个制动鼓拆下,以清理沉积在内的摩擦残余粉末。鉴于此,欧洲、美国、日本等发达国家和地区的客车和绝大多数货车都已不再装配鼓式制动器。

图 2-25 鼓式制动器

图 2-26 盘式制动器

盘式制动器是未来制动系统执行机构的发展方向。盘式制动器主要零部件有制动盘、分泵、制动钳等,其制动盘固定在车轮上,随车轮转动。盘式制动器沿制动盘两侧面施力,制动轴不受弯矩,径向尺寸小,制动性能稳定。同时,盘式制动器散热快、质量轻、构造简单、调整方便,特别是高负载时耐高温性能好,而且不怕泥水侵袭,水稳定性也好。此外,盘式制动器的制动盘的热膨胀不会像制动鼓热膨胀那样引起制动踏板行程损失,可以简化制动间隙自动调整装置的设计。汽车前轮采用盘式制动器并与后轮的鼓式制动器配合,可保证较好的制动方向稳定性。鉴于盘式制动器存在上述优点,又因为此类车辆在实际使用过程中运行速度较快,发生事故的车辆制动失效、制动不良情形较为普遍,有必要通过强制装备盘式制动器来提升其制动安全性。

依据《汽车道路试验方法通则》(GB/T 12534—1990)、《汽车质量(重量)参数测定方法》(GB/T 12674—1990)、GB 7258—2017 和 GB 12676—2014 对装备盘式制动器和鼓式制动器的汽车列车进行制动对比试验,试验结果见表 2-3、表 2-4。在汽车列车满载 Ⅰ 型(热衰退)试验中,盘式制动和鼓式制动车辆的制动性能都满足标准要求,但盘式制动距离小于鼓式制动,盘式制动减速度大于鼓式制动,盘式制动踏板力要小于鼓式制动。

汽车列车满载(仅半挂车制动)Ⅰ型试验结果　　　　　表2-3

试验项目	试验结果	
	匹配盘式制动器	匹配鼓式制动器
制动距离(m)	86.07	241.40
MFDD(m/s²)	1.90	0.61
制动踏板力(N)	482	563
稳定性	未超出	未超出

制动减速度统计　　　　　表2-4

	试验项目	盘式制动	鼓式制动
MFDD (m/s²)	汽车列车30km/h满载0型发动机脱开试验	6.44	5.76
	汽车列车60km/h满载0型发动机脱开试验	5.96	5.94
	汽车列车满载Ⅰ型试验	6.2	4.8
	汽车列车60km/h满载(仅半挂车制动)0型发动机脱开试验	2.54	1.62
	汽车列车满载(仅半挂车制动)Ⅰ型试验	1.9	0.61

GB 7258—2017 第7.2.6条款规定:所有专用校车和危险货物运输货车的前轮和车长大于9m的其他客车的前轮,以及危险货物运输半挂车、三轴的栏板式和仓栅式半挂车的所有车轮,应装备盘式制动器。增加了对普通货运牵引车辆这一车型的要求,要求最高车速大于或等于90km/h的牵引车辆转向轴的所有转向车轮应安装盘式制动器。目前盘式制动器的性能已较为稳定,可为车辆提供更好的制动效能,降低车辆因制动失效而引发事故的概率。

标准条文

5.12　牵引车辆应安装缓速器或其他辅助制动装置。缓速器或其他辅助制动装置的性能应符合GB 12676中ⅡA型试验规定的性能要求,缓速器的性能测试按照GB/T 32692的试验方法进行。

条文释义

本条款属于加严型装置类条款,是对牵引车辆提出的功能性要求。

缓速器是重型车辆的辅助制动装置,使质量较大的车辆平稳减速而不过度磨损行车制动系统能量。在发达国家,汽车缓速器早已被广泛使用。近几年国内几乎所有的高等级大、中型客车都标配或选装电涡流缓速器,部分重型载货汽车也在试装汽车缓速器。营运客车和货车装备缓速器后,车辆的安全性和舒适性均有大幅提高。

目前常用的辅助制动装置包括液力缓速器(图2-27)和电涡流缓速器(图2-28)等。液力缓速器是通过液力装置降低车辆行驶速度,一般由缓速器本体、操纵装置、电子控制单元等部件组成,缓速器本体结构中,转子和定子共同组成工作腔,当液力缓速器工作时,电子控制系统控制比例阀向工作液施加压力使油液充入工作腔。电涡流缓速器是利用旋转金属盘在磁场作用下所产生的电涡流而获得缓速的装置。电涡流缓速器的前转子和后转子通过过渡盘与主减速器输入凸缘连接,定子壳体通过支架固定在主减速器壳上,定子上装有励磁线圈。工作时由汽车蓄电池通入电流而产生磁场,在转子中引起电涡流,涡流磁场对转子产生制动转矩,其值与励磁电流的大小(由选择器控制)和转子转速有关。在转子夹层中铸有冷却风道,可使电涡流产生的热通过强制对流散出。

图2-27 液力缓速器

图2-28 电涡流缓速器

为了确保汽车列车能够在长下坡、交通拥堵等工况下减轻制动系统负荷,保持制动效能的长期稳定,保障行车安全,标准提出了牵引车辆应安装缓速器或其他辅助制动装置的要求。与 GB 7258—2017 第 7.5.1 条款规定:"车长大于 9m 的客车(对专用校车为车长大于 8m)、总质量大于或等于 12000kg 的货车和专项作业车、总质量大于 3500kg 的危险货物运输货车,应装备缓速器或其他辅助制动装置。车长大于 9m 的未设置乘客站立区的客车、总质量大于 3500kg 的危险货物运输货车、半挂牵引车装备的辅助制动装置的性能要求应使汽车能通过 GB 12676—2014 规定的ⅡA型试验。"与 GB 7258—2017 相比,明确了缓速器制动装置的性能应按照《商用车辆缓速制动系统性能试验方法》(GB/T 32692—2016)的规定进行测试。

GB/T 32692—2016 采用重新起草法参考了《道路车辆 机动车和挂车缓速制动系统 试验规程》(ISO 12161:2006)制定,按照控制装置形式对缓速制动系统进行了分类,并按照等效能量原则对缓速制动技术及性能评价提出了下坡试验、牵引试验和转鼓试验等 3 种试验方法,作为 GB 12676—2014 的配套标准使用。ⅡA型试验建议使用牵引试验的方法进行。

该要求自 2020 年 5 月 1 日开始实施。

标准条文

5.13 当挂车行车制动气室的初始气压为 0.67MPa 时,从行车制动阀开始启动时起,至每一个制动气室的气压降到 0.035MPa 的时间应小于或等于 0.65s。

条文释义

本条款属于新增型性能类条款,是对挂车气压制动系统提出的性能要求。

GB 7258—2017 第 7.1.6 条款规定:汽车制动完全释放时间(从松开制动踏板到制动消除所需要的时间)对两轴汽车应小于或等于 0.80s,对三轴及三轴以上汽车应小于或等于 1.2s。该标准条款仅对汽车提出了相应的要求,没有明确挂车的制动完全释放时间,也没有给出具体的试验方法。

参照《货运挂车气压制动系统技术要求和试验方法》(JT/T 487—2003)的要求,本条款提出了挂车制动放松时间的要求,即当挂车行车制动气室的初始气压为 0.67MPa时,从行车制动阀开始启动时起,至每一个制动气室的气压降到 0.035 MPa 的时间不得大于或等于 0.65s。该要求是在参考了美国《空气制动系统》(FMVSS 121)试验方法的基础上,加严了指标限值要求。尽管 JT/T 487 已经废止,但从车辆发生制动事故的形态上分析,挂车制动器的放松时间十分重要,制动放松时间过长,极易导致制动系统温度升高,产生热衰退现象,影响制动效能,同时造成制动衬片异常、早期磨损、降低寿命,也会影响挂车的制动性能。

第六节 安 全 防 护

汽车安全装置分为主动安全与被动安全两大类。汽车主动安全装置侧重于监测事故发生或者车辆失控的可能性,从而通过一系列介入车辆操控的手段去避免危险情况的发生。汽车的被动安全是指在事故发生时保护乘员、行人以及其他交通参与者,使直接损失降到最小的性能;为防止事故发生后出现二次伤害,还应考虑防止事故车辆火灾以及迅速疏散乘员的性能。

汽车被动安全性可分为外部安全性和内部安全性两种:

①外部安全性:包括一切旨在减轻事故中汽车对行人、非机动车乘员以及其他车辆的伤害而专门设计的防护措施。决定因素包括车身外部形状、车辆结构、配置及性能等。

②内部安全性:包括事故中使乘客所受到的伤害降低到最低,在事故发生以后提供足够的生存空间,以及营救受伤乘员的便利性等有关防护措施。决定因素包括车身变形状态、驾驶室强度、碰撞发生时与发生后的生存空间尺寸、撞击面积(车内部)、转向系统是否完好、乘员的解救及防火等。

营运货车运输使用过程中,由于其自身总质量较大,燃料容量大,为尽可能减少事故发生后的财产损失和降低人员伤害程度,本节规定了牵引货车及挂车的安全防护要求,主要内容包括车辆侧面和后下部防护装置、前下部防护装置、起重尾板机械锁紧装置、驾驶室乘员保护功能、轮胎气压监测系统、电涡流缓速器使用要求、气瓶安装位置及强度要求、燃料系统安全防护、油箱阻隔防爆技术要求、厢式挂车强度刚度要求、导静电橡胶拖地带等方面,共 11 项要求,其中轮胎气压监测系统、导静电橡胶拖地带、起重尾板机械锁紧装置属于主动安全领域,其余均属于被动安全领域。

标准条文

6 安全防护

6.1 牵引货车与挂车应安装侧面防护和后下部防护装置,防护装置的性能应符合 GB 11567 的规定。

条文释义

本条款属于强调型装置类条款,是对牵引货车、挂车侧面防护和后下部防护装置的规定,主要考核防护装置的性能。

侧面防护装置是指由纵向部件和连接结构件组成,并且固定在底盘的侧面部件上或车辆其他结构件上的装置,用于避免未受保护的道路参与者跌入车辆侧面而被卷入车轮下。车辆的某些部分可以被用作侧面防护装置。侧面防护装置可以是一个连续平面,或由一根或多根横杆构成,或者是平面与横杆的组合体;永久固定安装在车辆上的各种设施如备胎、蓄电池架、储气筒、燃气箱、工具箱等可作为侧面防护装置的一部分,如图2-29和图2-30所示。

后下部防护装置是指由横向构件和连接结构件组成,并且固定在底盘部件上或车辆其他结构件上的装置,如图2-31所示。

图2-29 附属装置作为侧面防护装置组成示例

图2-30 横杆结构作为侧面防护装置组成示例　　图2-31 后下部防护装置组成示例

《汽车及挂车侧面和后下部防护要求》(GB 11567—2017)规定了汽车及挂车侧面和后下部防护装置的技术要求及车辆技术要求,适用于N_2、N_3、O_3和O_4类车辆,不适用于半挂牵引车,也不适用于为了专门目的设计和制造的、由于客观原因而无法安装侧面防护装置和后下部防护装置的车辆。后下部防护要求不适用于为搬运无法分段的长货物而专门设计和制造的特殊用途车辆(如运输木材等货物的车辆)。

GB 7258—2017 第12.9.1条款规定:总质量大于3500kg的货车(半挂牵引车除外)、货车底盘改装的专项作业车和挂车,应按GB 11567—2017的规定提供防止人员卷入的侧面防护。第12.9.3条款规定:总质量大于3500kg的货车、货车底盘改装的专项作业车(半挂牵引车及由于客观原因而无法安装后下部防护装置的专用货车和专项作业车除外)和挂车(长货挂车除外)的后下部,应提供符合GB 11567—2017规定的后下部防护,以防止追尾碰撞时发生钻入碰撞。本标准和GB 7258—2017的要求一致,强调侧面防护和后下部防护的重要性。

部分车辆生产、使用环节中,存在防护装置不合规现象,这也是道路运输中的主要危险源之一。近年来,管理部门、行业开展过多次质量检查及检测能力验证,发现了一些产品质量与管理中存在的问题,应引起各方足够重视。

6.2 牵引车辆应安装前下部防护装置,防护装置的性能应符合 GB 26511 的规定。

条文释义

本条款属于强调型装置类条款,是对牵引车辆前下部防护装置的规定,主要考核防护装置的性能。

商用车前下部防护装置的作用是在小型车辆与商用车发生正面碰撞、侧面碰撞、后部追尾(商用车追尾小型车辆)时,防止小型车辆卷入商用车的纵梁下部,如图 2-32 所示。《商用车前下部防护要求》(GB 26511—2011)规定了商用车前下部防护的技术要求和试验方法,适用于 N₂、N₃ 类车辆,但不适用于 GB/T 15089—2001 规定的 G 类车辆,也不适用于为了专门目的设计和制造的、结构上无法安装前下部防护装置的车辆。

图 2-32 前下防护装置示例

GB 7258—2017 的 12.8 条款规定:总质量大于 7500kg 的货车、货车底盘改装的专项作业车,应按 GB 26511—2011 的规定提供对平行车辆纵轴方向的作用力具有足够阻挡力的前下部防护,以防止正面碰撞时发生钻入碰撞。本标准和 GB 7258—2017 的要求一致,强调前下部防护的重要性。

6.3 起重尾板应安装防止尾板承载平台自动下落或自动打开的机械锁紧装置。

本条款属于强调型装置类条款,是对起重尾板机械锁紧装置的规定,主要针对

尾板的设计要求。

起重尾板,又称为汽车升降尾板、装卸尾板、液压尾板,是安装于货车和各种挂车车厢尾部的一种以车载蓄电池为动力的液压起重装卸设备。起重尾板不仅可用来装卸货物,还可用作厢式货车的尾门,因此通常称其为尾板。将起重尾板安装在货车尾部,可便捷地将货物进行装卸举升作业,在与搬运车(俗称地牛)配合使用后,特别方便体积大且沉重的物品装卸(如托盘类、容器类、带轮设备等),能够大幅度提高装卸效率,节约人力资源,提高操作人员的安全保障,降低物品在装卸中的破损率。尤其是易燃、易爆、易碎物品,更加适合尾板装卸。货运尾板按照其运动形式可以分为悬臂式尾板、摆动折叠式尾板、滑动折叠式尾板、垂直升降式尾板4种类型。

我国于2004年发布了起重尾板的产品标准《车用起重尾板》(QC/T 699—2004),对车用起重尾板的术语和定义、型号、基本参数、要求、试验方法、检验规则、标志、说明书、包装、运输和贮存等方面的内容进行了规定。2015年4月发布了《车用起重尾板加装与使用技术要求》(JT/T 962—2015),该标准主要是针对已注册登记的,且出厂时车辆自身未装备起重尾板的车辆加装尾板的过程与使用环节进行规范。该标准主要涉及起重尾板的加装要求、使用要求以及检验要求等内容。起重尾板加装要求部分又包含了尾板选型要求、加装基本要求、机械部分加装作业要求、电控系统安装与布置要求、液压系统安装与布置要求以及尾板工作安全要求等;尾板使用技术要求则包括操作要求与装置要求;检验要求则包括检验类型、检验内容与要求等。

目前,QC/T 699—2004标准已完成修订,即将发布实施,国家标准《车用起重尾板安装与使用技术要求》(GB/T 37706—2019)已发布,将于2019年12月1日实施。相关标准中对机械锁紧装置的功能与安全使用都有明确规定,国产某品牌尾板的机械锁紧装置示例如图2-33所示。

GB 7258—2017第12.11.4条款规定:安装有起重尾板的货车和挂车,应安装防止其中尾板承载平台自动下落或自动打开的机械锁紧装置。本标准重点强调起重尾板的安全要求,该要求与GB 7258—2017基本一致。

图2-33 某品牌尾板的机械锁紧装置示例

标准条文

6.4 牵引车辆驾驶室应具有乘员保护功能,驾驶室的性能要求应符合 JT/T 1178.1—2018 中 6.4 的规定。

条文释义

本条款属于加严型性能类条款,是对牵引车辆驾驶室的规定,主要考核驾驶室的结构强度与安全防护性能。

当前国内生产、销售以及社会保有的货车中绝大多数为平头车。平头车的结构特点决定了其驾驶员座位到汽车最前端面的距离较长头车短,一旦发生交通事故,汽车遭遇正面撞击时吸能缓冲区变小,导致乘员没有足够的生存空间,被挤压导致伤害或死亡;再加上商用车本身质量较大,一旦主动安全措施效果发挥不到位,在前部缓冲区域非常有限情况下,发生事故时,驾驶室乘员的生存空间只能依靠驾驶室的结构强度来保证。因此,为保护乘员,减少伤亡,平头车驾驶室的安全改进很有必要。

目前,虽然在商用车驾驶室安全方面有《商用车驾驶室乘员保护》(GB 26512—2011)予以约束,而且该标准也确实在促进中国市场商用车驾驶室安全防护方面起到了从无到有的突破。但是需要指出的是,该标准修改自欧洲经济委员会1999年发布的 ECE R29-02 法规(于2012年1月1日开始实施)。然而 ECE 被动安全组(GRSP)于2010年4月1日在 WP.29 会议上通过了修订案 ECE R29-03,因此 GB 26512—2011 是一个刚诞生便已落后的版本。相关统计分析发现,在货车单车翻滚和前碰撞事故中,驾驶室A、B柱受到损害最大,因此A柱及驾驶室顶部设计应受到关注。

由于 GB 26512—2011 尚未转化最新的 ECE R 29-03,JT/T 1178.1—2018 已转化 ECE R29-03 相关要求,因此本标准规定牵引车辆驾驶室应具有乘员保护相应功能,驾驶室的性能要求应符合 JT/T 1178.1—2018 中 6.4 的规定,具体试验按照该标准附录 C 的规定执行。

JT/T 1178.1—2018 第6.4条款规定:载货汽车驾驶室应具有乘员保护功能,按附录C试验后,车门不应自行打开;驾驶室应与车架保持连接,允许固定驾驶室的部件产生变形和损坏;用附录C规定的人体模型检测生存空间符合以下要求:

(1)当座椅处于中间位置时,人体模型不应与车辆邵氏硬度大于或等于50度的

非弹性部件发生接触;

(2)不借助于任何工具,用一个小于 100N 的力即可将非弹性部件与人体模型分开。

JT/T 1178.1—2018 附录 C 要求的试验和评价方法与当前实施的 GB 26512—2011 标准相比差异较大,主要表现在以下几方面:

(1)摆锤正面撞击能量提升近 25%,主要针对中、重型载货汽车,提升其驾驶室安全性能。

(2)增加 A 柱撞击和侧顶部撞击试验,旨在提升驾驶室 A 柱、B 柱以及顶部横梁的强度。

(3)试验后检验生存空间用假人腿部是否可以向上以及左右摆动,相比 GB 26512—2011 中检验生存空间用人体模型,该模型能够更加合理地对试验后生存空间进行检验。

相较于现行的 GB 26512—2011,JT/T 1178.1—2018 附录 C 所述的试验和评价方法更加严格、合理;同时,能够更好地模拟真实事故形态,能够更好地有针对性地对驾驶室结构强度进行检验;在与 ECE R29-03 接轨的同时,基于当前国内运输业在货物固定、栓紧的要求与实验场景尚有较大差距,运输规范方面还有待提升背景下,相对于 ECE R29-03,增加后围强度试验,即保留现行 GB 26512—2011 中的后围强度试验。

按照 JT/T 1178.1—2018 附录 C 所述的试验方法进行试验后,用 C.4 所规定的人体模型或替代品检验试验后驾驶室的生存空间,以判断是否满足要求。检验生存空间时,座椅要处于座椅行程的中间位置。需要注意的是,此时的中间包括前后和上下。检验时,座椅上放置的人体模型不能和邵氏硬度大于或等于 50 度的非弹性部件发生接触(不借助于任何工具、用一个小于 100N 的力即可将非弹性部件与人体模型分开的接触可以忽略)。同时,试验后检验生存空间时,转向管柱试验前已经被调整至中间位置。对于此条的描述,沿用了 ECE R29-02 的相关内容,并与其保持一致。

JT/T 1178.1—2018 附录 C 同时规定了试验过程中驾驶室和车架满足要求的连接状态,条款中要求试验过程中,驾驶室与车架必须是通过固定装置与车架保持连接的,但是这些固定装置允许产生变形和损坏。此条款意在说明碰撞过程中,驾驶室不能和车架产生分离,因为实际事故中,如果驾驶室和车架产生分离,驾驶室可能出现不可控的移动,即产生抛甩驾驶室等现象,加重实际事故的严重程度,使驾乘人员的伤亡风险增加。

同时,对试验过程中和试验后,对于驾驶室车门的有关情况作了规定。条款规定了试验过程中车门不能自行打开;但对于试验后车门的打开情况不做规定。此条款同样意在保证发生碰撞事故的过程中,车门不能自行打开。车门打开意味着增加了外部物体侵入驾驶室内乘员生存空间的风险,也增加驾乘人员甩出车外的风险。因此碰撞过程中,要确保驾乘人员是处于一个完整的驾驶室框架之内的。

由于驾驶室开发需要一定的周期,且国内的车辆生产企业车型较多,因此规定自2020年5月1日开始对新生产车型实施。

标准条文

6.5 最高车速大于或等于90km/h的牵引车辆,使用单胎的车轮应安装轮胎气压监测系统(TPMS)或具有轮胎气压监测功能的装置。TPMS或具有轮胎气压监测功能装置的性能应符合附录B的规定,其电磁兼容性应符合GB/T 18655第3级及GB/T 17619的规定。

条文释义

本条款属于新增型装置类条款,是对牵引车辆安装轮胎气压监测系统或具有轮胎气压监测功能装置的规定,主要考核轮胎气压监测系统或具有轮胎气压监测功能装置的安装使用与技术性能。

轮胎充气压力值的大小对保障轮胎使用安全性非常重要,胎压过高易引起爆胎,胎压过低会增加行驶阻力、加剧轮胎磨损、增加油耗,还会导致早期损坏或其他故障。同时,胎温过高极易导致轮胎着火,危及行车安全。因此,在车辆行驶过程中有必要对轮胎气压、温度进行实时监测,当胎压、胎温不正常时及时报警,提醒驾驶员检查并采取相应措施,以避免事故的发生。

轮胎气压监测系统(Tire Pressure Monitoring System,简称TPMS)可以通过记录轮胎转速或安装在轮胎中的电子传感器对轮胎的各种状况进行实时自动监测,能够为行驶提供有效的安全保障。TPMS可分为两种:一种是间接式,通过轮胎的转速差来判断轮胎气压是否异常;另一种是直接式,通过在轮胎上加装胎压监测传感器,在汽车静止或者行驶过程中对轮胎气压和温度进行实时自动监测,并对轮胎高压、低压、高温进行及时报警,避免因轮胎异常引发的交通事故,以确保行车安全。

间接式轮胎气压监测系统通常需要通过汽车ABS的轮速传感器来比较轮胎之

间的转速差别,以达到监测胎压的目的。ABS 通过轮速传感器来确定车轮是否抱死,从而决定是否启动防抱死制动系统。当轮胎压力降低时,车辆的重量会使轮胎直径变小,导致车速产生变化,进而就会触发间接式轮胎气压监测系统的报警系统,从而提醒车主注意轮胎胎压不足。

直接式轮胎气压监测系统(图 2-34)利用安装在轮胎上的压力传感器来测量轮胎的气压和温度,利用无线发射器将压力信息从轮胎内部发送到中央接收器模块上的系统,然后对轮胎气压数据进行比较分析和显示。当轮胎出现高压、低压、高温时,系统就会报警提示驾驶员。驾驶员可以根据车型、用车习惯、地理位置及环境条件等自行设定胎压报警值和温度报警值。

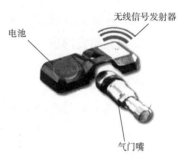

图 2-34 直接式轮胎气压监测系统

为了方便驾驶员及时掌握变化情况,还要求轮胎气压监测装置应能通过仪表板向驾驶员显示相关信息,以便于驾驶员及时采取相应的处置措施。考虑到车辆的运行条件、适用性以及运输物品的安全性,部分车型安装轮胎气压监测系统或报警装置的必要性和迫切性不强;从降低用户使用成本的角度出发,仅要求最高车速大于或等于 90km/h 的牵引车辆中使用单胎的车轮应安装 TPMS 或具有轮胎气压监测功能的装置,性能需要满足附录 B 的规定,且电磁兼容性能满足 GB/T 18655—2018 第 3 级和 GB/T 17619—1998 的规定。目前相关轮胎气压监测系统的产品技术对使用单胎车轮的安装使用基本成熟,可有效降低单侧轮胎爆胎的概率,而双胎车轮即使一个轮胎爆胎相对来说也更容易处理一些。目前由于主、挂车之间有关监测系统信息传递、协调技术尚未成熟,考虑到技术引导、先行先试、系统整合等问题,本条款规定自 2020 年 5 月 1 日开始对新生产牵引车型实施。

标准条文

6.6 装备电涡流缓速器的牵引车辆,安装部位的上方应安装具有阻燃性的隔热装置,并应设置温度报警系统或自动灭火装置。

条文释义

本条款属于加严型装置类条款,是对装备电涡流缓速器的安装与使用规定。
电涡流缓速器是一种汽车辅助制动装置,一般由定子、转子及固定支架等组成。

安装在汽车驱动桥与变速器之间,通过电磁原理实现制动。GB 7258—2017 第 7.5.2 条规定:装备电涡流缓速器的汽车,电涡流缓速器的安装部位应设置温度报警系统或自动灭火装置。本标准重点强调电涡流缓速器的使用安全要求,该要求在 GB 7258—2017 基础上,要求电涡流缓速器安装部位上方必须使用具有阻燃性的防爆装置,既要防止或减少热传递对车辆、货物的影响,又要有效控制一旦着火后的燃烧速度,降低由此引发的损失。

标准条文

6.7 汽油牵引车辆油箱应采用阻隔防爆技术,阻隔防爆技术应符合 JT/T 1046 的规定。

条文释义

本条款属于新增型性能类条款,是对汽油牵引车辆油箱阻隔防爆技术的使用规定,主要考核燃油箱的功能设计与阻隔防爆技术性能。

油箱采用阻隔防爆技术后,一般可解决四个问题:一是静电引起的燃爆事故;二是车辆剧烈碰撞直接引发的燃爆事故;三是车辆碰撞后造成油箱泄漏燃烧,火焰烘烤油箱造成的燃爆事故;四是潜在的恐怖袭击油箱造成的燃爆事故。为此,交通运输部制定了交通行业标准《道路运输车辆油箱及液体燃料运输罐体阻隔防爆安全技术要求》(JT/T 1046—2016),标准规定了道路运输车辆油箱及液体燃料运输罐体采用阻隔防爆措施的技术要求、试验方法、检验规则、标志和使用说明书,标准适用于采用阻隔防爆安全技术的道路运输车辆油箱及液体燃料运输常压罐体。

汽油的燃点低、易挥发,容易在碰撞过程中发生爆燃现象,因此本标准提出汽油牵引车油箱应先行采用符合 JT/T 1046—2016 要求的阻隔防爆技术。对于柴油及其他燃料油箱,在本标准中未强调,主要原因是现有统计资料显示柴油油箱爆燃概率十分低,大多数的车辆起火燃烧是由于碰撞后车辆油管破裂导致其与电路电火花接触导致的燃烧。

需要注意的是,甲醇汽车中容积小于或等于 15L 的汽油箱作为辅助启动装置的,不要求采用阻隔防爆技术。

标准条文

6.8 气体燃料牵引车辆应安装汽车导静电橡胶拖地带,汽车导静电橡胶拖地带的性能应符合 JT/T 230 的规定。

本条款属于加严型装置类条款,是对气体燃料牵引车辆安装汽车导静电橡胶拖地带的规定,主要考核汽车导静电橡胶拖地带的安装与性能。

汽车导静电橡胶拖地带可防止车辆因静电产生火灾爆炸事故。本标准针对燃气汽车,提出了安装汽车导静电橡胶拖地带的要求,其性能应符合《汽车导静电橡胶拖地带》(JT/T 230—1995)的规定。JT/T 230—1995 规定了汽车导静电橡胶拖地带的产品分类、技术要求、试验方法、检验规则以及包装、标志、运输、装卸和储存,标准适用于油罐车、液化石油气罐车等装运易燃易爆货物的车辆和其他需导除静电的车辆所安装的拖地带。

《防止静电事故通用导则》(GB 12158—2006)对导静电的导体属性进行了明确,第 6.1.2 条款规定:在静电危险场所,所有属于静电导体的物体必须接地。对金属物体应采用金属导体与大地做导通性连接,对金属以外的静电导体及亚导体则应作间接接地。《危险场所电器防爆安全规范》(AQ 3009—2007)对接地电阻值进行了规定,第 6.1.1.4.2 条款规定:"爆炸危险场所除 2 区内照明灯具以外所有的电气设备应采用专用接地线;宜采用多股软绞线,其铜芯截面积不得小于 4mm²。金属管线、电缆的金属外壳等可作为辅助接地线。中性点不接地系统,接地电阻值不大于 10Ω;中性点接地系统,接地电阻值不大于 4Ω。"GB 7258—2017 第 12.6.8 条款规定:加气量大于或等于 375L 的气体燃料汽车应安装导静电橡胶拖地带,拖地带导体截面积应大于或等于 100mm²,且拖地带接地端无论空、满载应始终接地。GB 7258—2017 第 12.12.1 条款规定:专门用于运送易燃和易爆物品的危险运输车辆,……,机动车尾部应安装接地端导体截面积大于或等于 100mm² 的导静电橡胶拖地带,且拖地带接地端无论空、满载应始终接地。由此可见,目前国家强制性标准不断地对导静电拖地带的相关技术要求和指标提出更高的要求。

为了防止燃气汽车因静电产生火灾爆炸事故,提高燃气汽车的安全性,本部分标准加严了 GB 7258—2017 要求,要求所有燃气汽车均应安装导静电橡胶拖地带,且明确了现行的 JT/T 230—1995 标准具体要求,便于操作使用。目前 JT/T 230—1995 标准正在修订过程中,已经完成了标准送审,与原标准相比将更多的国家强制性标准要求纳入其中,并加强了导静电带耐磨性的要求。

6.9 气体燃料牵引车辆气瓶安装位置与强度应符合 GB 19239 的规定,使用液化天然气作为燃料的牵引车辆气瓶安装位置与强度应符合 GB/T 36883—2018 中 4.3.2 的规定。

本条款属于加严型性能类条款,是对气瓶安装位置与强度的规定,主要针对各类气体燃料牵引车气瓶的技术要求。

随着车辆燃料系统的多样性发展,出现了多种气体燃料以及混合动力车型。为确保牵引车辆能够更为安全地行驶,在本标准中对车辆的燃料系统安全防护提出了具体要求。《燃气汽车专用装置的安装要求》(GB 19239—2013)规定了燃气汽车专用装置的安装要求、安装方法及检验方法,适用于压缩天然气(Compressed Natural Gas,简称 CNG)额定工作压力不大于 20 MPa 的 CNG 单燃料、汽油/CNG 两用燃料汽车及液化石油气(Liquefied Petroleum Gas,简称 LPG)额定工作压力不大于 2.2MPa 的 LPG 单燃料、汽油/LPG 两用燃料汽车。其他相关类型燃气汽车参照执行。该标准的 4.2 条款规定了车用气瓶的安装位置、安装强度和安全保护要求。

为保证气瓶安装后气瓶和车架(车身)的结构和强度均不受影响,气瓶安装时应充分考虑汽车承载件的强度,对强度较弱的地方应采取加固措施,应确保有四个固定点连接在车辆结构件上,其间距应确保气瓶的稳定,并且绝对不允许将气瓶作为承载件使用。

新发布的《液化天然气汽车技术条件》(GB/T 36883—2018)规定了 LNG 汽车的术语与定义、技术要求、检验规则、标志等内容,其 4.2、4.3 节具体规定了专用装置及其安装要求,4.3.2 条款明确了车用储气瓶安装的规定。

GB 7258—2017 第 12.6.9 至 12.6.16 条款也规定了气体燃料汽车的气瓶安装位置和防护要求,但并未对 GB 36883—2018 予以引用,因此本标准进行了明确。

6.10 牵引车辆燃料系统的安全防护应符合 GB 7258 的规定。

本条款属于强调型性能类条款,是对燃料系统安全防护的规定。

GB 7258—2017 第 12.5 条款规定了燃料系统的安全防护要求,明确了不准许用户改变燃料种类的要求,该条款中的燃料箱特指常温下液体燃料的燃料箱,并不包括气体燃料的气瓶,气体燃料的气瓶应符合 GB 7258—2017 第 12.6 条款的规定。

GB 7258—2017 第 12.6 条款规定了气体燃料专用装置的安全防护要求,该条款适用于液化石油气、天然气等气体燃料的气瓶(主要是钢瓶),并不适用于燃料电池汽车安装的氢气瓶。汽车燃油箱安全性能同时还应符合《汽车燃油箱 安全性能要求和试验方法》(GB 18296—2001)的规定。

【标准条文】

6.11 厢式挂车的厢体刚度和强度应符合 JT/T 389 的规定。

【条文释义】

本条款属于新增型性能类条款,是对挂车厢体刚度和强度的规定,主要考核厢式挂车的厢体性能。

厢式挂车在运输过程中,箱内货物由于路面颠簸和车辆操作等会对厢体产生挤压,为了确保货物安全,挂车厢体应具有一定的刚度和强度。《厢式挂车技术条件》(JT/T 389—2010)附录 A 规定了厢式挂车的厢体强度、刚度最低要求及其试验方法,挂车制造企业在产品设计和检测验证时应采用该标准对挂车的厢体前墙、侧墙和后墙进行试验。

JT/T 389—2010 规定了气袋试验方法,要求厢体各部件静态强度和刚度的试验载荷应符合表 2-5 的规定,每次测试时,试验载荷作用于试验部件上的时间不小于 5min。

厢体各部位静态强度和刚度试验载荷要求　　　　　　　表 2-5

厢体部件名称	试验载荷 F_1(N)	试验载荷 F_2(N)
前墙	$0.4m \times 9.8$	$0.5m \times 9.8$
侧墙	$0.3m \times 9.8$	$0.4m \times 9.8$
后墙	$0.3m \times 9.8$	$0.3m \times 9.8$

注:1. m 为厢式挂车试验最大载质量,单位为千克(kg)。

2. F_1 为适用于硬体车厢、保温车厢和冷藏车厢的试验载荷,单位为牛顿(N)。

3. F_2 为适用于侧帘车厢和其他车厢的试验载荷,单位为牛顿(N)。

JT/T 389—2010 对厢体的性能要求如下：

（1）对于硬体车厢、保温车厢和冷藏车厢，要求试验载荷卸载后，试验部件不应有大于 12mm 的残余变形，且试验部件的变形不应影响其功能。

（2）对于侧帘车厢和其他车厢，要求试验载荷加载时，试验过程中允许有弹性变形，试验载荷卸载后，试验部件不应有大于 20mm 的残余变形，并且试验部件的变形不应影响其功能。

第七节　机　械　连　接

本节是对营运货车中牵引车辆与挂车有关机械连接的规定，以确保力的传递安全、可靠，连接顺畅、高效，防止牵引车辆和挂车在运输过程中发生运动干涉或机械损坏，确保运输安全。

标准条文

7　机械连接

7.1　半挂牵引车与半挂车

7.1.1　半挂牵引车应安装符合 GB/T 13880、GB/T 20069 和 GB/T 31879 规定的 50 号牵引座，半挂车应安装符合 GB/T 4606 和 GB/T 15088 规定的 50 号牵引销。

条文释义

本条款属于新增型装置类条款，是对半挂牵引车和半挂车的要求。

半挂牵引车的牵引座与半挂车的牵引销配合安装使用，是半挂牵引车和半挂车机械连接的最主要、最关键的部件，型号规格相匹配才能实现甩挂运输中牵引车与挂车的互换。按照标准规定，50 号牵引座（FW50）额定承载质量为 20000kg，50 号牵引销可牵引总质量 50000kg 的半挂车。GB 1589—2016 规定，六轴汽车列车最大总质量不超过 49000kg，三轴半挂车最大总质量不超过 40000kg。考虑车辆总质量符合标准要求，牵引车与半挂车之间的互换性和甩挂运输需求，因此牵引车安装 50 号牵引座，半挂车装配 50 号牵引销是合理的，完全能满足需要且有利于车辆的轻量化，限制超载运输，但牵引座和牵引销的强度、互换性尺寸应符合相应的标准要求，确保质量合格可靠。

《道路车辆　牵引座互换性》（GB/T 13880—2007）规定了牵引座在车架上表面

或安装板上的安装尺寸和互换性,主要包括了安装板上的安装孔位置要求、牵引座上的安装孔位置要求、螺栓规格要求、安装摆角及高度要求、牵引座尺寸要求以及牵引座型号标识要求等。

《道路车辆 牵引座强度试验》(GB/T 20069—2006)规定了50号牵引座和90号牵引座的强度要求和试验方法,主要包括静态举升试验要求、动态试验要求、附加要求以及试验过程中牵引车与半挂车之间纵向力D值的确定方法。

《道路车辆 牵引座通用技术条件》(GB/T 31879—2015)是牵引座产品标准,规定了牵引座的型号、技术要求、试验方法、检验规则、标志、运输和贮存以及产品随行文件。

《道路车辆 半挂车牵引座50号牵引销的基本尺寸和安装、互换性尺寸》(GB/T 4606)规定了半挂牵引座50号牵引销的基本尺寸、安装和互换性尺寸。

《道路车辆 牵引销 强度试验》(GB/T 15088—2009)规定了50号和90号牵引销强度试验条件和要求,包括水平载荷D值的确定方法、试验载荷施加方式、强度要求及检验方法等。

标准条文

7.1.2 用于甩挂运输的半挂牵引车匹配尺寸应符合GB/T 35782—2017中5.2的规定。

条文释义

本条款属于新增型性能类条款,是对半挂牵引车的要求。

《道路甩挂运输车辆技术条件》(GB/T 35782—2017)规定了用于甩挂运输的半挂牵引车的基本要求、配置要求、匹配尺寸要求等。为了提高半挂牵引车与半挂车之间的机械互换性,便于甩挂运输,同时考虑到部分牵引车和挂车不进行甩挂作业,因此,本标准只规定用于甩挂运输的半挂牵引车的匹配要求应符合GB/T 35782—2017第5.2条款的规定,即甩挂运输中半挂牵引车的牵引座结合面高度、前回转半径、后回转半径、牵引座装车后的前倾角和后倾角、牵引座牵引销孔中心至车辆前端的距离等需满足以下要求:

(1)半挂牵引车与半挂车脱开状态下,牵引座接合面高度H(图2-35)应为1290~1320mm,拖挂高集装箱运输的半挂牵引车牵引座接合面高度H(图2-35)应为1080~1110mm。

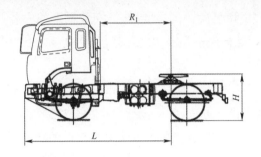

图 2-35　半挂牵引车结构示意图

(2) 半挂牵引车牵引座前回转半径 R_1（图 2-35）应不小于 2120mm。

(3) 车辆后回转半径 r（图 2-36）应不大于 2200mm。

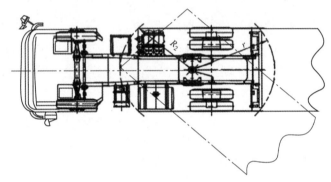

图 2-36　半挂牵引车与半挂车连接示意图

(4) 牵引座装车后前倾角、后倾角应分别不小于 6°、7°。

(5) 半挂牵引车牵引座牵引销孔中心至车辆前端的距离 L（图 2-35）：4×2 牵引车宜不大于 4500mm、6×4 和 6×2（单转向轴）牵引车宜不大于 5100mm。

标准条文

7.1.3 用于甩挂运输的半挂车匹配尺寸应符合 GB/T 35782—2017 中 6.2 的规定。

条文释义

本条款属于新增型性能类条款,是对半挂车的要求。

GB/T 35782—2017 规定了用于甩挂运输的半挂车的基本要求、配置要求、匹配尺寸要求等。为了提高半挂牵引车与半挂车之间的机械互换性,便于甩挂运输,同时考虑到部分牵引车和挂车不进行甩挂作业,因此,本标准只规定用于甩挂运输的半挂车的匹配要求应符合 GB/T 35782—2017 第 6.2 条款的规定,即半挂车前回转半径、间隙半径、牵引销座板离地高度、牵引销中心轴线至半挂车最后端的水平距离等需满足以下要求：

(1) 半挂车前回转半径 R_2 应不大于 2040mm（图 2-36）。

(2) 半挂车间隙半径应不小于 2300mm。

(3) 半挂车空载状态下，牵引销座板离地高度应为 1230～1250mm，高集装箱运输半挂车宜为 1020～1040mm。

(4) 半挂车牵引销中心轴线到半挂车车辆最后端的水平距离不应大于 12000mm[运送 45ft(1ft＝0.3048m)集装箱的半挂车除外]。

7.1.4 半挂车支承装置的结构与性能应符合 GB/T 26777 的规定。

本条款属于新增型性能类条款，是对半挂车支承装置的要求。

半挂车支承装置俗称支腿，位于半挂车车架前部，供半挂车与半挂牵引车脱离后使用，承受半挂车前半部载荷，使得半挂车能单独停放在地面上，并保持合适的支承姿态。

支承装置分为单动和联动两种，单动支承装置（图 2-37）是指两边单独操作，有两根摇把，两边都有齿轮箱。联动支承装置（图 2-38）是指操作时两边同时升起，只有一根摇把，有一根带齿轮箱一根不带齿轮箱。联动支承装置的使用需要路面比较平，而单动支承装置对路面的平整度没有要求，即凸凹不平的路面只能使用单动支承装置。

图 2-37 单动支承装置

图 2-38 联动支承装置

用于甩挂运输作业的牵引车和半挂车需要频繁接挂和摘挂,支承装置也需频繁升降操作,支承装置的可靠性直接关系到货物和人员安全,因此,需要规定支承装置的技术要求和试验方法。《挂车支撑装置》(GB/T 26777—2011)规定了机械传动的挂车支承装置的形式与基本参数、技术要求、试验方法和检验规则,详细规定了支承装置应进行静压试验、举升试验、侧向力试验、耐久性试验等试验。为了确保产品可靠性,本标准要求半挂车支承装置应符合 GB/T 26777—2011 的规定。

随着甩挂运输的频繁作业,目前市场上也出现了液压、电机驱动的支承装置,其原理与传统的机械式支承装置类似,主要是使用液压驱动代替了人工手摇。液压驱动式联动支承装置如图 2-39 所示。

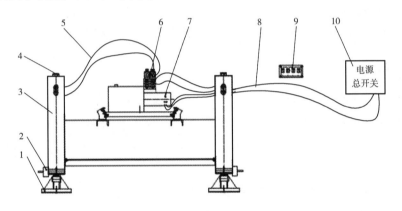

图 2-39 液压驱动式联动支承装置

1-底座;2-夹紧连接装置;3-外支承管;4-液压油缸;5-油管;6-控制单元;7-动力单元;8-电源线;9-电气控制箱;10-电源总开关

该装置优点是升降时省力、省时,举升力大,但也存在一些不足。该装置一般是在牵引车 24 V 蓄电池上取得动力,在动力单元(直流电机和液压泵)的驱动下,通过控制单元(液压控制阀)使液压油缸伸出或缩回,从而使支承装置升降。该装置一般由支承装置底座、外支承管、液压油缸、控制单元、动力单元以及各种管线组成。使用时,要先按照要求从电气控制箱中取出电源线,按照电线颜色区分正、负极接在半挂牵引车蓄电池上,接通电源;按照操作说明通过控制单元手柄控制支承装置升降并能够控制升降速度。液压支承装置设计制造一定要考虑系统内泄和液压、机械锁紧机构,以防止支承装置自降。

电驱动支承装置也是为了省力、省时,在人力驱动、机械传动基础上改进设计的一种支承装置。这种支承装置均为双联动,它是在人力驱动、机械传动联动支承装置(见图 2-38)的主动支承外侧加装一动力装置而成。动力装置与支承装置驱动轴联结,可通过拉出、推进调整支承装置升降速度。动力装置主要包括电动机、蓄电池和控制装置等,在电量不足时,也可以通过人力驱动完成升降工作。这种装置相对液压支承装置较为简单,其优点是改造简单、省时、省力,但需要经常检查蓄电池电量并充电补充,增加了车辆使用单位的采购成本,负荷较大时动力也达不到要求,会出现驱动力不足等情况。

目前,GB/T 26777—2011 标准正在研究修订,修订计划在审批过程中,本次修订内容计划增加术语和定义、支承装置类型、不同驱动方式下的技术要求和相应的试验方法等。

标准条文

7.2 牵引货车与中置轴挂车

7.2.1 牵引货车应安装符合 GB/T 32860 和 ISO 12357-1 规定的 50mm 牵引杆连接器,中置轴挂车应安装符合 GB/T 4781 和 GB/T 15087 规定的 50mm 牵引杆挂环。

条文释义

本条款属于新增型装置类条款,是对牵引货车和中置轴挂车的要求。

牵引杆连接器是用于牵引货车与牵引杆挂车或中置轴挂车组成货车列车的机械连接装置,是牵引车与挂车之间动力传递的重要载体,其安全性、互换性和可靠性对确保货车列车运输安全以及促进甩挂运输的发展极为重要。牵引杆连接器与牵引杆挂环型号规格相匹配才能实现甩挂运输中牵引车与挂车的互换。图 2-40 为牵引杆连接器,图 2-41 为牵引杆连接器和牵引杆挂环匹配安装至车辆底盘。

图 2-40 牵引杆连接器

图 2-41 牵引杆连接器和牵引杆挂环匹配安装至车辆底盘

目前，市场广泛使用的是50mm牵引杆连接器和牵引杆挂环，为了确保产品的互换性和安全性，本标准规定了牵引杆连接器应符合《道路车辆 牵引杆连接器的互换性》(GB/T 32860—2016)和《商用道路车辆 刚性牵引杆的连接器和挂环 第1部分：普通货物中置轴挂车强度试验》(ISO 12357-1:2007)的规定，牵引杆挂环应符合《道路车辆 50毫米牵引杆挂环的互换性》(GB/T 4781—2006)和《道路车辆 牵引车与牵引杆挂车机械连接装置》(GB/T 15087—2009)的规定。

GB/T 32860—2016给出了牵引杆连接器安装孔的布置分类和牵引杆连接器在车架上的安装尺寸要求，牵引杆连接器的通用要求和附加要求。通用要求主要针对载荷要求、尺寸要求和铰接角度的要求，附加要求为C40、C50两种不同规格牵引杆连接器所要满足的铰接角度要求以及尺寸分级。

参照ISO 12357-1:2007内容，将相关的试验方法转化为本标准的附录C。GB/T 4781—2006规定了50mm的牵引杆挂环的分类、尺寸特征、力学性能要求以及强度试验方法。GB/T 15087—2009规定了牵引杆挂环在与牵引杆连接器连接后的强度试验要求和试验方法，有动态试验和静态试验两种试验方法。

标准条文

7.2.2 牵引杆连接器安装支架和牵引杆挂环刚性连接杆按照附录C的规定进行试验后，应无永久变形、断裂或目测可见的裂纹。

条文释义

本条款属于新增型性能类条款，是对牵引杆连接器和牵引杆挂环的强度要求。

牵引杆连接器和牵引杆挂环是中置轴挂车列车的关键机械连接装置，承受牵引货车和中置轴挂车之间的相互作用力，其可靠性关系到汽车列车的连接安全性和列车行驶安全可靠性，需要加强产品的检测认证。因此，本标准在附录C给出了关于中置轴挂车列车牵引杆连接器安装支架和牵引杆挂环刚性连接杆的强度试验方法，该试验方法参考了ECE R55的要求。按本标准要求试验后，牵引杆连接器和牵引杆挂环应无永久变形、断裂或目测可见的裂纹。具体内容见附录C释义。

综合考虑牵引杆连接器和牵引杆挂环的产品成熟度，以及国内检测机构的试验能力完善度，本条款规定自2020年5月1日实施。

标准条文

7.2.3 厢式中置轴挂车牵引杆挂环中心在水平面上的投影点距牵引货车最后

端在水平面上投影的纵向距离 L_A（图2-42）应符合表2-6的规定。

L_A 参 数 表 表2-6

L_A的系列	L_A(mm)	L_A的系列	L_A(mm)
1400	1400_{-100}^{0}	1900	1900_{-100}^{0}
1600	1600_{-100}^{0}		

条文释义

本条款属于新增型性能类条款,是对牵引货车的要求。

为便于中置轴挂车与货车的互换,标准参照《商用道路车辆 牵引联结器前下置的牵引车辆和中置轴挂车之间机械连接互换性》(ISO 11407:2004),将牵引杆距货车厢体最后端距离规定为1400mm、1600mm 和 1900mm 三个系列,每个系列设置上极限偏差为0,下极限偏差为-100mm(表2-6),即牵引杆距货车厢体最后端距离分为3个距离段,分别为1300~1400mm、1500~1600mm 和 1800~1900mm。该内容需要在互换性铭牌上进行标注,确保不同车型之间具有良好的互换性。

标准条文

7.2.4 空载状态下,厢式中置轴挂车牵引杆绕牵引杆连接器上下摆动角度 α (图2-42)均应大于或等于6°,且当上摆动角度最大时,牵引杆上平面与牵引货车下端的最小间隙应大于或等于125mm(图2-42)。满载状态下,厢式中置轴挂车牵引杆挂环中心距地面垂直距离为380mm±25mm(图2-42)。

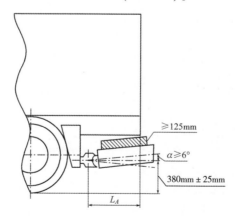

图2-42 牵引货车与中置轴挂车机械连接示意图

条文释义

本条款属于新增型性能类条款,是对牵引货车和中置轴挂车的要求。

考虑中置轴挂车列车在行驶过程中因路面不平产生的颠簸和上下坡道时造成牵引货车和挂车发生的俯仰运动,规定了中置轴挂车牵引杆绕牵引杆连接器上下摆动角度 α 均应大于或等于 $6°$。考虑中置轴挂车牵引杆挂环安装位置较低以及与牵引货车的牵引杆连接器互换性的要求,规定了牵引杆挂环中心至地面(支撑面)的高度要求。以上要求均参照 ISO 11407:2004,目的是为了确保主、挂车机械连接尺寸匹配,在保证通过性前提下,还要能够互换,适应甩挂运输需求,相关要求在欧美等国家长期使用,证明其合理、安全、可靠。

标准条文

7.2.5 厢式中置轴挂车前回转半径 L 应大于或等于回转半径最小值 L_{Cmin}(图 2-42),L_{Cmin} 的计算方法见式(2-1):

$$L_{Cmin} = \sqrt{\left(\frac{W}{2}\right)^2 + L_A^2} + L_S \qquad (2-1)$$

式中:L_A——牵引杆挂环中心距牵引货车厢体最后端纵向距离(图 2-43),单位为毫米(mm);

W——牵引货车宽度,单位为毫米(mm);

L_S——牵引货车回转安全距离,最小为 250mm(图 2-43)。

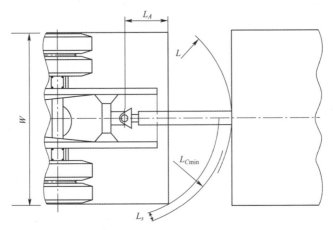

图 2-43 牵引货车与中置轴挂车间隙半径计算示意图

本条款属于新增型性能类条款,是对牵引货车和中置轴挂车的要求。

L_{Cmin}的计算是根据牵引货车的外廓尺寸和牵引杆连接器所在位置按勾股定理计算出来的。牵引货车回转安全距离250mm的规定参考了ISO 11407:2004,目的是为了确保主、挂车机械连接尺寸匹配。在保证通过性前提下,还要求牵引车和挂车能够互换,适应甩挂运输需求,相关条款在欧美等国家长期使用,证明其合理、安全、可靠。

7.2.6 中置轴挂车列车(满足企业产品设计且不超过GB 1589规定的最大外廓尺寸)的产品技术参数不满足7.2.3和7.2.5时,中置轴挂车列车应符合GB 1589规定的轴荷限值、通道圆和4.10的相关技术要求,且中置轴挂车列车行驶过程中不发生运动干涉。

本条款属于新增型性能类条款,是对中置轴挂车列车的要求。

考虑到部分特殊用途的中置轴挂车列车不需要进行甩挂运输,技术参数L_A和L_{Cmin}值虽然不满足机械互换性要求,但仍需满足营运货车的基本要求,即符合GB 1589—2016规定的轴荷限值、通道圆和本标准直角弯道通过性的相关技术要求,且确保汽车列车行驶稳定、不发生运动干涉。

GB 1589—2016规定的通道圆要求为汽车和汽车列车应在一个车辆通道圆内通过,车辆通道圆的外圆直径为25m,内圆直径为10.6m,车辆最外侧任何部位(具有作业功能的专用装置的突出部分、GB 1589—2016中A.3.3和A.4.2规定的装置不计入)不应超出车辆通道圆的外圆垂直空间,车辆最内侧任何部位(具有作业功能的专用装置的突出部分、GB 1589—2016中A.3.3和A.4.2规定的装置不计入)不应超出车辆通道圆的内圆垂直空间。

第八节 气电连接

牵引车辆与挂车之间常用的气电连接装置有ABS线(图2-44)、电连接器

(图 2-45)、气制动连接器(图 2-46),这些气电连接装置用于在牵引车辆与挂车之间传输信号。由于牵引车辆与挂车分属不同的生产企业进行单独生产、管理,在缺乏协调一致的产品技术标准时,导致牵引车辆与挂车之间的气连接器和电连接器不能完全互换。由于这些气电连接器安装位置不协调,造成在汽车列车运行过程中,主挂之间的连接管线相互交叉、摩擦,影响连接管线的安全性和人工操作的便利性,制约了甩挂运输的安全、快速发展。因此,为了确保汽车列车的运行安全,提高道路货物运输装备的技术水平,本节对营运牵引车辆和挂车的电连接器和气连接器的安装布置顺序进行了规定,从而提高牵引车辆与挂车的气电连接的标准化程度。

图 2-44　ABS 线

图 2-45　电连接器

图 2-46　气制动连接位置

标准条文

8　气电连接

8.1　牵引车辆和挂车的电气连接器横向位置与布置顺序应符合 GB/T 32861 的规定。

条文释义

本条款属于新增型性能类条款,是对牵引车辆和挂车的气电连接器布置的要求。

为了使牵引车辆与挂车之间的电气和气动连接线在连接过程中不产生物理干涉,因此规定了气电连接器横向位置与布置顺序应符合《道路车辆　牵引车与挂车之间的电气和气动连接位置》(GB/T 32861—2016)的规定。

GB/T 32861—2016 给出了 4 种不同结构的牵引车辆的电、气连接器安装区域,分别为牵引杆连接器后置的牵引货车(A 型和 B 型)、牵引杆连接器前下置的牵引货车(C 型)以及半挂牵引车(D 型),其具体要求如下:

(1)A 型(图 2-47)和 B 型(图 2-48)。牵引杆连接器后置的牵引货车通常匹配全挂车,其牵引杆连接器轴线中心至车辆最后端的距离不大于 550mm。电、气连接器横向位置与布置顺序为从左至右,分别为控制管路、7 芯标准型/15 芯、供能管路、7 芯辅助型、ABS 插座。

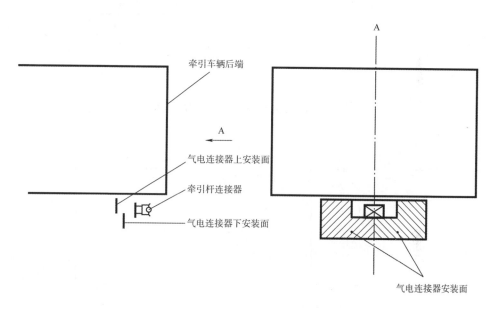

图 2-47 牵引杆连接器后置的牵引车电、气连接器安装位置(A 型)

(2)C 型(图 2-49)。牵引杆连接器前下置的牵引货车通常匹配中置轴挂车,其牵引杆连接器轴线中心至车辆最后端的距离分别为 1300～1400mm、1500～1600mm 和 1800～1900mm。电、气连接器横向位置与布置顺序为从左至右,分别为控制管路、供能管路、ABS 插座、7 芯标准型/15 芯、7 芯辅助型。

(3)D 型(图 2-50)。半挂牵引车的电、气连接器横向位置与布置顺序为从左至右,分别为控制管路、7 芯标准型/15 芯、7 芯辅助型、ABS 插座、供能管路。

需要注意的是:

(1)以上所述的左右方向,均以车辆前进方向为准。

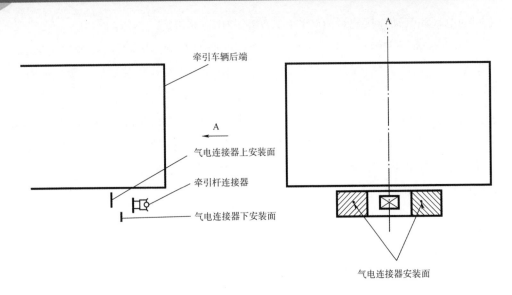

图 2-48　牵引杆连接器后置的牵引车电、气连接器安装位置（B 型）

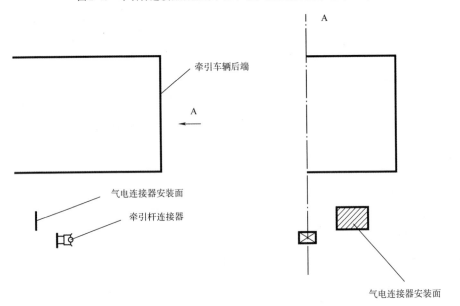

图 2-49　牵引杆连接器前下置的牵引车电、气连接器安装位置（C 型）

（2）挂车的电、气连接器安装顺序与对应的牵引车辆一致。

（3）本标准只要求牵引车辆和挂车的电、气连接器横向位置与布置顺序符合 GB/T 32861 的规定，不要求其他空间安装尺寸符合该标准要求。

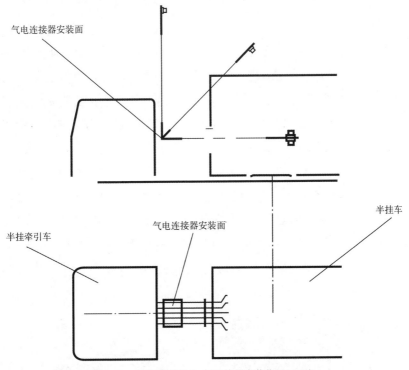

图 2-50　半挂牵引车电、气连接器安装位置(D 型)

标准条文

8.2　牵引车辆与挂车间的防抱制动系统接口应符合 GB/T 20716.1 的规定。

条文释义

本条款属于新增型装置类条款,是对牵引车辆和挂车的防抱制动系统接口的要求。

为了统一牵引车辆和挂车的防抱制动系统接口形式,确保制动信号的传输顺畅,本标准要求防抱制动系统接口应符合《道路车辆　牵引车和挂车之间的电连接器　第 1 部分:24V 标称电压车辆的制动系统和行走系的连接》(GB/T 20716.1—2006)的规定。该标准规定了 24V7 芯 ABS 电连接器的尺寸特性、接点分布、试验和要求。其接点布置为 1 号接正电子阀门,2 号接正电源,3 号接负电源,4 号接负电子阀门,5 号接报警设备,6 号接 CAN-H,7 号接 CAN-L。

标准条文

8.3　牵引车辆与挂车间的气制动连接器应符合 GB/T 13881 的规定。

条文释义

本条款属于新增型装置类条款,是对牵引车辆和挂车的气制动连接器的要求。

目前我国大部分运行的挂车列车中,牵引车辆和挂车之间的气连接器均是掌式气制动连接器(俗称握手式气连接器)。牵引车辆上的气连接器为常闭式气连接器(图2-51)。当牵引车辆上的气连接器与挂车上的气连接器不连接时,牵引车辆上经过管路内的气体在气连接器处是密封的,气体不会通过气连接器泄漏。国内常闭式气连接器中心的阀芯是硬质塑料,在弹簧及气压的作用下常闭密封。当牵引车辆上的常闭式气连接器与挂车上的气连接器连接时,常闭式气连接器在挂车气连接器的作用下阀芯打开,气体通过气连接器发挥作用。挂车上的气连接器为敞开式气连接器(图2-52)。国内敞开式气连接器中心通道口没有弹簧,没有密封的阀芯,只有环形橡胶,方便前后气连接器的连接。当前后气连接器分离时,便于挂车管道内气体通过敞开式气连接器放出,达到挂车断气制动的目的。

图2-51　常闭式气连接器　　　　图2-52　敞开式气连接器

目前部分重型载货汽车也有使用快插式气制动接头,但快插式气制动接头的种类多,不能与标准的掌式气制动连接器互换,不利于甩挂运输作业。因此,为了提高气制动连接器的标准化程度,本标准规定气制动连接器应符合《牵引车与挂车之间气制动管连接器》(GB/T 13881—1992)的规定,该标准已修订后报批,新修订标准的名称有所变动,在使用该标准时应注意应用该标准的最新版本。

标准条文

8.4　牵引车辆与挂车间的电连接器应满足以下要求之一:

a)　使用符合GB/T 20717规定的24V 15芯电连接器;

b) 同时使用符合 GB/T 5053.1 规定的 24V 7 芯标准型电连接器和符合 GB/T 25088 规定的 24V 7 芯辅助型电连接器;

c) 仅使用满足 GB/T 5053.1 规定的 24V 7 芯标准型电连接器时,应调整标准型电连接器的接线方式,2 号线应接位置灯、示廓灯和牌照灯,6 号线应接后雾灯,7 号线应接倒车灯,其余接线方式符合 GB/T 5053.1—2006 中 5.4 的规定。

条文释义

本条款属于新增型装置类条款。是对牵引车辆和挂车的电连接器的要求。

《道路车辆 牵引车与挂车之间电连接器 7 芯 24V 标准型(24N)》(GB/T 5053.1—2016)规定了目前我国最常用的 7 芯 24V 标准型电连接器(图 2-53)的尺寸、应用、试验和要求。该标准中规定了 7 个接点的布置位置:1 号线接公用回路,2 号接左后位置灯、示廓灯、后牌照灯,3 号接左转向灯,4 号接制动灯,5 号接右转向灯,6 号接右后位置灯、示廓灯、后牌照灯,7 号接挂车制动控制。

我国牵引车和挂车通常单独使用 7 芯 24V 标准型电连接器,若完全按照 GB/T 5053.1—2016 进行牵引车和挂车电连接器的安装,将使得后雾灯和挂车倒车灯无合适的接线位置,同时,2 号线和 6 号线部分功能重叠。为了促进甩挂运输,并降低车辆生产企业的生产成本,GB/T 35782—2017 规定牵引车与挂车之间电连接器 2 号线接位置灯、示廓灯、牌照灯,6 号线接后雾灯,7 号线接倒车灯,其余接线方式符合 GB/T 5053.1—2016 中 5.4 的规定。本标准参考了 GB/T 35782—2017 的要求,做出该规定。

图 2-53 7 芯 24V 标准型电连接器

《道路车辆 牵引车和挂车之间的电连接器 24V15 芯型》(GB/T 20717—2006)规定了 24V15 芯电连接器(图 2-54)的尺寸、接点分布、试验及要求。《道路车辆 牵引车和挂车之间的电连接器 24V7 芯辅助型(24S)》(GB/T 25088—2010)规定了 24V7 芯辅助型电连接器(图 2-55)的尺寸、特性要求、接点分布等。当 7 芯电连接器无法满足牵引车和挂车之间电信号传输的数量要求时,需要使用 15 芯电连接器。为了保证在配备有 15 芯电连接器和 7 芯电连接器的车辆之间具有互换性,15 芯电连接器可以通过转换器与 7 芯标准型电连接器、7 芯辅助型电连接器匹配使用(图 2-56)。

图 2-54 24V 15 芯电连接器　　　　图 2-55 24V 7 芯辅助型电连接器

图 2-56 15 芯电连接器与 7 芯标准型、7 芯辅助型电连接器配合使用

第九节　载荷布置标识与系固点

本节是对营运货车的载荷布置标识与系固点的规定。高速运行的汽车列车,其载荷布置与栓固对行车安全有重大影响。货物的合理栓固首先需要在车体上配备合理的系固点,其次,要引导运输用户进行合理的装载,以实现车辆的轴荷分布均匀,确保不存在某轴轴荷过重,影响行车安全的情形。因此,在营运牵引车辆与挂车的载货部位设置载荷布置标识并安装系固点,是保障车辆/货物安全的基础性前提,有利于指导运输用户在实际装载和运输过程中,依据车辆的载荷布置要求进行合理的装载与检查,确保装货后的车辆轴荷满足标准法规及设计要求。

9　载荷布置标识与系固点

9.1　牵引货车与挂车(罐式车辆、车辆运输车、自卸式车辆除外)应在车辆易见部位上设置能永久保持的载荷布置标识,标识的尺寸不应小于 160mm × 100mm,牵引货车标识的绘制应考虑牵引杆连接器的载荷转移,绘制原则应符合 JT/T 1178.1—

2018 中 7.2 的规定,绘制方法参见附录 D。

本条款属于新增型性能类条款,是对普通牵引货车和挂车的规定,主要考核货车装载区间以及最大允许装载质量设计的合理性。

本部分提出了车辆应配备的载荷布置标识,其技术内容源于《道路车辆货物栓固—货物载荷布置》(VDI 2700 Part4),主要目的是为了保证轴荷与总质量的合理分配,由于相关标准尚未转化成国内标准,因此将相关要求通过附录的形式予以说明。与 JT/T 1178.1—2018 不同的是,本部分涉及的牵引货车有额外的附加质量(牵引杆连接器传递而来),其计算原则与 JT/T 1178.1—2018 中的 7.2 条保持一致。但由于牵引货车、挂车具有一定的特殊性,因此在附录 D 中给出了其曲线的计算与绘制方法,并举例说明两轴牵引车辆的载荷布置标识绘制过程,还给出了几种常见挂车的载荷布置标识示例。该项要求适用于除了罐式车、车辆运输车、自卸式车辆以外的牵引货车与挂车,主要原因是罐式车运输的通常为液态货物,液态货物在罐体中基本是均匀分布,因而予以排除。而对于危险货物运输牵引货车则需要满足该车型的相关规定,以确定是否设置载荷布置标识。车辆运输车是一种特殊车型,其单层一般装载 2~4 辆乘用车,而按照装载布置要求进行装载,基本可以满足产品设计要求。自卸式牵引货车与挂车,在产品定型时,应对载荷布置后的重心进行合理计算,以确保其轴荷不超出国家标准规定的上限值。该车型装载时基本为均布载荷,因此实际装载时,对载荷布置无法提出更高要求,因而并未提出相关要求。载荷布置标识(图 2-57,图 2-58)的固定方式并未做出强制要求,原则上该标识应在车辆全寿命周期内永久保持,且标识应固定在易见位置,以便于货物装卸作业人员能够方便地获取相关信息、规范装载作业。

载荷布置标识以车辆结构简图(不含上装结构)为背景,载荷分布曲线以货物质心位置为横坐标、以最大允许装载质量为纵坐标。车辆结构简图中驾驶室样式、车轴数量及轮胎分布位置应与实际情况一致。载荷分布曲线的起始点位置应为货箱内侧离驾驶室最近的可装货位置,即货箱最前部边缘位置,横坐标的长度为整个货箱内部的可装货区间长度。纵坐标为车辆的最大允许装载质量,以吨(t)为单位。

相关约束条件主要包括五项要素,即前轴、后轴轴荷不超出车辆设计限值,总质量不超出车辆的最大设计值,转向轴、驱动轴应保证最低设计轴荷。

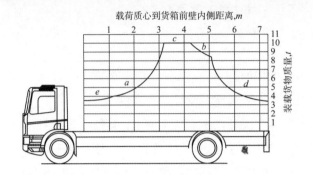

图 2-57　某型号牵引货车载荷布置标识示意图

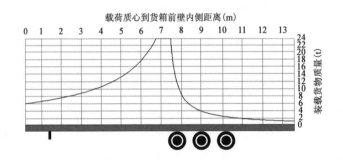

图 2-58　某型号半挂车的载荷布置标识示意图

载荷布置标识的尺寸大小也需符合 JT/T 1178.1—2018 中的 7.1 条规定,不同车型间的载荷布置标识大小一致,便于生产、使用、管理的统一,减轻企业负担。载荷布置标识的制作方法未强制要求,但标识中的图像与文字应能经得起恶劣自然条件下的考验。车辆生产企业可按照车辆铭牌样式进行制作,也可采取照片(7 寸)打印后塑装,或使用计算机打印相应尺寸的纸张后塑装。"标识的尺寸不应小于 160mm×100mm"是指标识有效区域的尺寸,相关尺寸的具体要求如下图所示。标识中的数字高度应不小于 3.5mm,文字高度应不小于 4mm,标识中的曲线名称"a"、"b"、……、"e"不需要在图中标出,曲线线段宽度应不小于 0.75mm,其他线段宽度应不小于 0.25mm。

标准条文

9.2　牵引货车(车辆运输车除外)货箱系固点的数量、安装位置与强度应符合 JT/T 1178.1—2018 中 7.3 的规定;挂车(罐式挂车、集装箱运输半挂车、车辆运输挂车、自卸式车辆除外)系固点的数量、安装位置与强度应符合 JT/T 882—2014 附录 C 的规定。

本条款属于新增型性能类条款,是对普通牵引货车和挂车的规定,主要考核牵引货车与挂车系固点的数量、安装位置与强度,车辆生产企业应在技术文件中对系固点的位置予以图示,并明确其强度。

现阶段,牵引车中的主力车型为 N_3 类,挂车车型主要为 O_4 类。本条款不对车辆运输车、罐式挂车、集装箱运输半挂车、车辆运输挂车、自卸式车辆进行考核,主要原因是车辆运输(挂)车装载的是乘用车,其系固点的布置(位于车辆行驶轨道)与其他车型有明显差别,且系固点数量较多;罐式挂车装载的货物多为液体或粉粒状固体,无须对货物实施栓固;集装箱运输半挂车的系固点为锁扣,已经安装于半挂车车体;自卸式车辆装载的货物多为泥土、粉粒等固态散货,只需要在顶部覆盖防溢撒布(盖),不需要进行栓固。

此外,对于专用货物运输车辆,如畜禽运输半挂车、危险货物运输牵引货车等车型则可在满足其对货物栓固规定的基础上,不再单独布置系固点。

通常意义上,系固点分为车体上用于固定车内货物的装置以及车体上用于车辆被系固到其他运输设备上的装置,如滚装运输。本条款要求的仅为车体上用于固定车内货物的系固点。

在 JT/T 1178.1—2018 中 7.3 条已经对普通载货汽车系固点要求进行了明确规定,牵引货车(车辆运输车除外)与普通载货汽车相比,无实质性差异,因此对该条款进行了直接引用。

挂车系固点的数量、安装位置与强度则需要符合 JT/T 882—2014 附录 C 的规定,其与最大允许总质量大于 12t 的牵引货车(普通载货汽车)相比要求保持一致。

需要注意的是,系固点需要与车架或专门设计承载部件相连接,以便于受力能够传递到强度较高的车架或车体上。

1)水平承载面系固点数量需满足以下要求

系固点的数量应为偶数,且左右对称,应为以下计算结果的最大值:

(1)有效货物装载长度要求:有效货物装载长度不超过 2200mm 的车辆,应至少有 4 个系固点,每侧至少 2 个;有效货物装载长度超过 2200mm 的车辆,应至少有 6

个系固点,每侧至少 3 个。

(2) 系固点之间的最大距离要求:

① 除了车辆后轴(组)上方的区域外,单侧两个相邻系固点之间的距离不大于 1200mm。车辆后轴(组)上方区域,两个相邻系固点之间的距离宜在 1200mm 左右,但不大于 1500mm(图 2-59)。

② 系固点与车辆前墙或后墙的距离均不大于 500mm(图 2-59)。

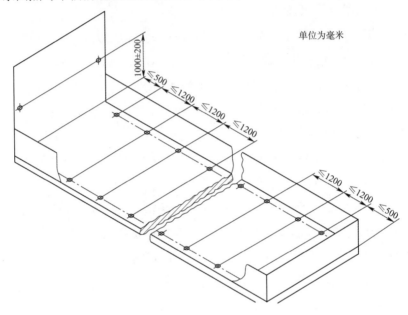

图 2-59 系固点布置示意图

③ 系固点与车厢内侧或轮罩内侧的距离应尽量小,且均不大于 250mm。

(3) 系固点承载力要求:由于牵引货车与挂车的最大设计总质量通常大于 12000kg,因此,本释义中用该车型作为示例车型,满足系固点承载力要求的系固点最低数量为 $N = \dfrac{1.5 \times P}{20000}$。

通过满足以上 3 条要求,得到三组数据中,取最大值(可向上圆整为偶数)即为水平承载面上需配备的系固点数量,需要注意的是承载力要求中计算得到的系固点数量是水平承载面上的系固点总数量。

2) 前墙承载面系固点数量需满足以下要求

(1) 货箱前墙至少要安装 2 个系固点,系固点以车辆纵向对称平面对称分布,系固点的位置需满足以下要求:

①系固点距离承载面的垂直距离为 1000mm±200mm(图 2-59)。
②系固点到侧墙的距离应尽可能小,且应不超过 250mm。

需要注意的是,对于货箱高度低于 800mm 的车型,需要在货箱前墙的靠近上部安装系固点,且系固点需安装在货箱前墙内侧。

对于牵引货车与挂车的最大设计总质量大于 12000kg 系固点的强度,位于承载面上系固点的最低允许拉力不小于 20kN,前墙上系固点的最低允许拉力不低于 10kN。

(2)系固点强度检验要求:系固点检验时,施加在系固点上的力应为系固点最低允许拉力的 1.25 倍。检验方式分为两种,一种是对每个不同安装方式的系固点均进行垂直方向拉伸检验,另外一种是随机抽取水平承载面和前墙上各一个系固点进行三个方向的受力检验。两种检验方式可自行选择。力加载时,其与系固点相连接的加力装置应与车辆实际装货状态下使用的装置相似,主要是为了保证与实际工况相接近,从而使试验结果更准确。

(3)系固点垂直方向拉伸检验要求:需要根据车辆生产企业提供的系固点安装位置图样,确定需要检验的系固点,然后对车辆的货箱进行适当固定,以便检验时承载面能基本保持相对稳定。加载相应的拉力 3min,然后卸载,观察系固点及附属连接装置有无永久变形或裂纹产生。

(4)三方向受力检验要求:系固点检验时,需使用一个框架对承载面进行一定约束,以便检验时将车辆承载面保持相对稳定,水平面的固定装置为一个框架(前墙可配备类似装置),该框架需根据车厢情况进行定制,其需要与水平承载面上的待检验系固点保持 500mm±30mm 的横向距离,该架靠近纵向系固点处的自身厚度应大于或等于 50mm,且框架的长度应小于 1000mm,如图 2-60 所示。

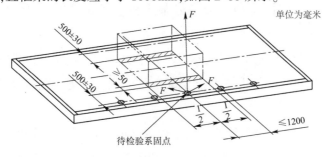

图 2-60 系固点检验要求

强度检验时,应在框架上加载足够的力,确保车辆承载面保持相对稳定,在系固点 3 个最不利的受力角度(检测机构可依据经验,或由车辆生产企业提供)上加载力,每次检验持续 3min,然后卸载,观察系固点及附属连接装置有无永久变形或裂纹产生。

对于车厢外部的系固点,则一般直接采用垂直方向拉伸检验,检验原则与车厢内部系固点的检验方法保持一致。

需要注意的是,可对不同结构类型的系固点在同一车辆上开展检验,但系固点的可旋转角度与摆动角度需相同,方可视同。

本条款规定自 2020 年 5 月 1 日开始对新生产车型实施。

标准条文

9.3 车辆运输车应随车配备运输车辆的布置、装载与栓固的技术资料,运输车辆的装载与固定器具选型应符合 GB/T 31083 的规定。

条文释义

本条款属于新增型性能类条款,是对车辆运输车、车辆运输挂车的规定。

车辆运输车运输的是高附加值产品,乘用车需要在装载平台上进行合理的栓固,以确保运输过程的安全性。按照目前车辆运输车生产的相关实际情况,其在出厂时,均配备了符合其要求的相关技术文件,主要包括车辆的布置、装载(图 2-61)和栓固的技术资料。相关装载和固定器具选型需满足《乘用车公路运输栓紧带式固定技术要求》(GB/T 31083—2014)的要求。

常见的车辆运输车固定器具由两大部分组成,即捆绑器和轮挡器。捆绑器分为抱轮式和钉板式两种,轮挡器分为齿条式和钢管式两种,如图 2-62 ~ 图 2-65 所示。

GB/T 31083—2014 适用于整备质量不大于 2500kg 的乘用车公路运输时固定器具的选择,而对于运输整备质量大于 2500kg 的乘用车,建议选择破断力更大的拴紧器。

此外,车辆运输车还需要配备车辆栓固方面的作业指导性文件,针对不同吨位车型,提供相应的指导作业文件,图 2-66 和图 2-67 给出了乘用车两种布局栓紧图示。

a) 中置轴车辆运输车

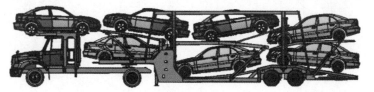

b) 半挂车辆运输车

图 2-61 车辆运输车装载要求

图 2-62 抱轮式捆绑器

图 2-63 钉板式捆绑器

图 2-64 齿条式轮挡器　　　　图 2-65 钢管式轮挡器

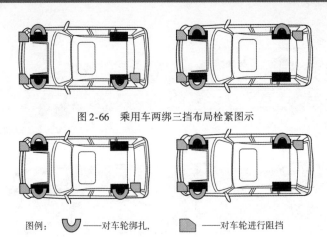

图 2-66 乘用车两绑三挡布局栓紧图示

图例：⌒——对车轮绑扎，▱——对车轮进行阻挡

图 2-67 乘用车三绑三挡布局栓紧图示

第十节 报警与提示

由于汽车列车长度和质量均比载货汽车大，发生事故后往往造成更加严重的人员和财产损失，为了确保汽车列车的运行安全，本节规定了牵引车辆和挂车的报警与提示功能。预警和报警功能或装置能在车辆发生紧急状况或异常状态前，通过光电信号或声信号提醒驾驶员，驾驶员可提前采取适当措施避免发生意外或排除故障。同时，提示功能或装置能在汽车列车正常行驶时，提醒周围车辆和行人提高主动安全意识，注意避让汽车列车。

10 报警与提示

10.1 牵引车辆应具备车道偏离报警功能和车辆前向碰撞预警功能，车道偏离报警功能应符合 JT/T 883 的规定，车辆前向碰撞预警功能应符合 GB/T 33577 的规定。

本条款属于新增型性能类条款，是对牵引车辆的要求。

据统计，约有 50% 的汽车交通事故是因为汽车偏离正常的行驶车道引起的，同时车道偏离也被看成车辆侧翻事故的主要原因。车道偏离预警系统是一种通过报警的方式辅助驾驶员减少汽车因车道偏离而发生交通事故的系统。

《营运车辆行驶危险预警系统 技术要求和试验方法》(JT/T 883—2014)中的"5.4 车辆偏离报警"条款对车道偏离报警功能进行了规定。《智能运输系统 车道偏离报警系统 性能要求与检测方法》(GB/T 26773—2011)规定了车道偏离报警系统的测试方法有3种，分别是在弯道上进行的报警产生测试、在直道上进行的可重复性测试和虚警测试。

在弯道上进行的报警产生测试方法如下：测试开始时车辆应基本处于车道中央。当车辆进入测试车道跟踪行驶并到达稳定状态后，车辆可向弯道内侧和外侧逐渐偏离。车辆的弯道行驶速度根据系统分类选取，即Ⅰ型取20~22m/s，Ⅱ型取17~19m/s。车辆应在右转弯和左转弯两种情况下，在两种偏离速度范围(0.0~0.4m/s和0.4~0.8m/s)内，分别向左侧和右侧各偏离一次。可组合得到8种偏离情况，如表2-7和图2-68所示。

报警产生测试　　　　　　　　　　　　　表2-7

偏离速度(m/s)	右转弯		左转弯	
	向左偏离	向右偏离	向左偏离	向右偏离
0.0~0.4	测试一次	测试一次	测试一次	测试一次
0.4~0.8	测试一次	测试一次	测试一次	测试一次

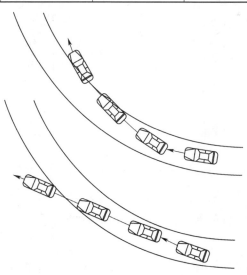

图2-68　报警产生测试方法示意图

在直道上进行的可重复性测试方法如下：可重复性测试应在一段直线路段进

行。车辆行驶速度根据系统分类选取。车辆可沿着车道中央行驶,或者靠近与车辆即将偏离越过车道标识相对的另一侧车道标识行驶。例如,如果将要向车道右侧偏离,则车辆可以沿左侧的车道标识行驶,反之亦然,如图 2-69 所示。当车辆按照指定速度沿测试车道跟踪行驶并达到稳定状态后,车辆可向车道左侧和右侧逐渐偏离。当偏离速度为 $0.1\text{m/s} < (V_1 \pm 0.05) \leq 0.3\text{m/s}$ 时,进行两组共八次测试;当偏离速度为 $0.6\text{m/s} < (V_2 \pm 0.05) \leq 0.8\text{m/s}$ 时,进行另外的两组共八次测试,即共需进行 16 次测试,如表 2-8 和图 2-69 所示。V_1、V_2 由设备制造商确定。

可重复性测试　　　　　　　　　　　　表 2-8

偏离速度	偏离方向	
	左	右
$0.1\text{m/s} < (V_1 \pm 0.05) \leq 0.3\text{m/s}$	第 1 组测试 4 次	第 2 组测试 4 次
$0.6\text{m/s} < (V_2 \pm 0.05) \leq 0.8\text{m/s}$	第 3 组测试 4 次	第 4 组测试 4 次

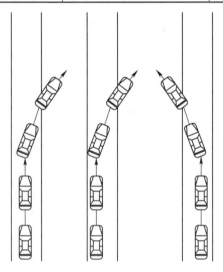

图 2-69　可重复性测试示意图

虚警测试方法如下:测试车道为直道,总长为 1000m(一段长 1000m 的直道或两段各长 500m 的直道),当车辆在非报警区域内行驶时,系统应不发出报警,并记录系统报警情况。

车辆前向碰撞预警是一项主动安全技术,在检测到车辆跟前车有潜在碰撞危险时,将进行提醒,防止或减轻追尾事故带来的伤害。一般预警的方式有声音、视觉或者触觉等。《智能运输系统　车辆前向碰撞预警系统　性能要求和测试规程》(GB/T

33577—2017)规定了车辆前向碰撞预警系统的性能要求和测试规程,适用于曲率半径大于125m的道路和机动车辆,包括乘用车、载货汽车、客车与摩托车。GB/T 33577—2017规定了车辆前向碰撞预警系统的报警功能包括检测自车与障碍车辆间的距离及相对速度、判断距离碰撞时间、预备碰撞报警及碰撞报警以及故障指示等,系统应具有纵向辨识能力、侧向辨识能力以及邻近区域干扰物辨识能力,并规定了检测区域、报警距离范围及精度、目标辨识能力等测试方法。本标准要求车辆前向碰撞预警功能应符合GB/T 33577—2017 的规定,并规定了自2020年5月1日开始对新生产车型实施。

标准条文

10.2 气体燃料牵引车辆应安装气体泄漏报警装置,所有管路接头处均不应出现漏气现象。

条文释义

本条款属于强调型装置类条款,是对气体燃料牵引车辆的要求。

由于气体燃料车辆的燃料罐属于低温、高压装置,为了方便驾驶员快速地发现管路泄漏等安全隐患,防止气体发生不正常泄漏导致意外事故,本标准规定燃气牵引车辆应安装气体泄漏报警装置。GB 7258—2017 第12.6.7 条款规定"气体燃料车辆应安装泄漏报警装置,所有管路接头处均不应出现漏气现象",本部分标准与其表述基本一致。

标准条文

10.3 中置轴挂车列车和牵引杆挂车列车后部醒目位置应安装不少于1块具有"长车"字样的矩形标志牌,标志牌长度为500mm±10mm,宽度为200_0^{+10}mm,底色为黄色,文字颜色为红色。标志牌的色度性能、光度性能应符合GB 25990 的规定。字体应使用规范汉字,按从左至右或从上至下顺序排列,字高为180mm±5mm,字宽和字高相等。

条文释义

本条款属于新增型性能类条款,是对中置轴挂车和牵引杆挂车的要求。

GB 1589—2016 规定中置轴挂车列车长度限值为20m,中置轴车辆运输列车长度限值为22m,是汽车列车中最长的车型。为了便于相关政府主管部门的管理,并提醒相关行驶车辆注意,本标准参考《车辆尾部标志板》(GB 25990—2010)中尾部标志板的形状、尺寸和颜色等要求,做出该规定。

实际使用中多数是1块"长车"标志牌,根据挂车后部结构的不同,"长车"标志板布置位置有所差异。如某中置轴车辆运输挂车由于尾部中间预留了号牌的安装位置,则"长车"标志板布置在号牌板和灯具之间(图2-70)。某中置轴车辆运输挂车将"长车"标志板布置在上排货台上(图2-71)。某中置轴厢式挂车将"长车"标志板布置在右侧尾部标志板上方(图2-72)。

图2-70 某中置轴车辆运输挂车的"长车"标志板

图2-71 某中置轴车辆运输挂车的"长车"标志板

图2-72 某中置轴厢式挂车的"长车"标志板

需要注意的是,虽然本标准不规定"长车"标志板的具体安装位置,但定性给出了安装在挂车"后部醒目位置"的要求,挂车其他零部件不能将它阻挡或掩盖。"长车"标志板并不适用于牵引车辆。"长车"标志板的色度性能、光度性能与尾部标志板的要求是一致的,但尺寸要求不同。

10.4 牵引车辆应安装车辆右转弯提示音装置。

本条款属于强调型装置类条款,是对牵引车辆的要求。

由于汽车列车较长,在转弯过程中,占用的道路空间较多,常常占用相邻的半个车道,为了提醒行人和其他通行车辆,本标准要求牵引车辆应安装车辆右转弯音响提示装置,右转弯音响提示装置的安装与性能应符合 GB 7258—2017 及相关标准的规定,该要求与 GB 7258—2017 第 8.6.7 条款基本一致,属于强调型条款。目前,国家标准《车辆右转弯提示音要求及试验方法》已报批,主要内容包括提示音装置的性能要求、提示音装置安装在车辆上后的整车提示音要求,以及对应的试验要求。

10.5 牵引车辆和挂车制动器的衬片需要更换时,应采用声学或光学报警装置向驾驶员报警,报警装置应符合 GB 12676 的规定。

本条款属于强调型装置类条款,是对牵引车辆和挂车的要求。

行车制动器的衬片需要更换时,驾驶室内需要设置有声学或光学报警装置向驾驶员报警,报警提醒装置要求与 GB 7258—2017 第 7.9.5 条款以及 GB 12676 的规定保持一致,属于强调型条款。

需要注意的是,某些车型的制动器磨损到摩擦衬片需要更换时,制动鼓(或制动盘)与蹄片(或衬片)摩擦会产生驾驶员能听到的声音,这也属于声学报警的一种情形,可认为符合标准规定。

10.6 安装悬臂式或垂直升降式起重尾板的牵引货车与挂车,起重尾板背部应设置有警示旗,且警示旗应能摆动,警示旗上的反光标识应始终朝向车辆后侧。

条文释义

本条款属于强调型装置类条款,是对安装有悬臂式或垂直升降式起重尾板的牵引货车与挂车的要求。

起重尾板背部的警示旗,在白天以其鲜艳的色彩对后车起到明显的警示作用,在夜间或光线不足的情况下,其明亮的反光效果可以有效地增强人的识别能力,可对后方行人与车辆形成较大的警示面,容易让行人或车辆看清目标,引起警觉,从而避免事故发生,减少人员伤亡,降低经济损失。目前尾板产品上的警示旗,多为可绕尾板上某一固定点并依靠自身重力随尾板运动的部件。起重尾板收起时,即货车行驶时,警示旗上的反光标识应朝向车辆后侧,起重尾板落下时,即货车停靠作业时,警示旗上的反光标识也应朝向车辆后侧,对后方车辆起警示作业,如图 2-73 和图 2-74 所示。

图 2-73 起重尾板处于水平状态　　图 2-74 起重尾板处于收起状态

GB 7258—2017 第 12.11.5 条款规定"安装有悬臂式、垂直升降式起重尾板的货车和挂车,起重尾板背部应设置有警示旗,且警示旗应能摆动,警示旗上的反光标识应朝向车辆外侧"。本标准在 GB 7258—2017 的基础上,修改部分描述性内容,更便于标准使用者的理解。

标准条文

10.7 牵引车辆与挂车的外部照明和光信号装置的数量、位置、光色、最小几何可见度应符合 GB 4785 的规定,照明和光信号装置的一般要求应符合 GB 7258—2017 中 8.3 的规定。

条文释义

本条款属于强调型性能类条款,是对牵引车辆和挂车的要求,半挂牵引车无须安装车辆尾部标志板。

若牵引车辆与挂车的外部照明和光信号装置不达标,将导致夜晚后车无法看清前车。GB 4785—2007 已规定外部照明和光信号装置的安装数量、位置以及光色、最小几何可见度等,GB 7258—2017 也规定了照明和光信号装置的一般要求,本标准强调了其要求。

标准条文

10.8 牵引车辆与挂车应安装车身反光标识和车辆尾部标志板(半挂牵引车除外),车身反光标识和车辆尾部标志板应符合 GB 7258—2017 中 8.4 的规定。

条文释义

本条款属于强调型装置类条款,是对牵引车辆和挂车的要求。

车身反光标识和车辆尾部标志板都能在白天以其鲜艳的色彩对后车起到明显的警示作用,在夜间或光线不足的情况下,其明亮的反光效果可以有效地增强人的识别能力,使人看清目标,引起警觉,从而避免事故发生,减少人员伤亡,降低经济损失。GB 7258—2017 第 8.4 条款已规定车身反光标识和车辆尾部标志板的要求,本标准做了进一步强调。

第十一节 标准实施的过渡期

本节是对标准实施的过渡期要求。

11 标准实施的过渡期

11.1 4.9、5.5、5.7、5.11、5.12、6.4、6.5、7.2.2、9.2 和 10.1 的规定自 2020 年 5 月 1 日起对新生产车型实施。

11.2 4.8 和 5.6 的规定自 2021 年 5 月 1 日起对新生产车型实施。

条文释义

本标准在充分征求相关部门和单位意见的基础上，对标准中涉及车辆性能与配置等方面的技术要求给予了实施过渡期。根据过渡期长短的不同，共分为 2 类，分别自 2020 年 5 月 1 日和 2021 年 5 月 1 日开始实施，类别划分的主要依据综合考虑了实施标准要求的相关产品技术成熟度、车辆产品的开发周期与成本、测试评价技术的适应性，以及与 JT/T 1178.1 相关要求过渡期协调性等方面。

第十二节　附录 A《车辆互换性信息铭牌示例》

本节给出了牵引车辆和挂车的车辆互换性信息铭牌示例，本附录为资料性附录。

标准条文

A.1　半挂牵引车的互换性铭牌样式如图 2-75 所示。

```
车辆型号：_____；       匹配的牵引销规格：50 号；
前回转半径：_____ mm，与之匹配的半挂车前回转半径≤_____ mm；
后回转半径：_____ mm，与之匹配的半挂车间隙半径≥_____ mm；
牵引座承载面离地高度：_____ mm；   制动响应时间 A：_____ s，B：_____ s；
牵引座中心至半挂牵引车辆最前端的距离：_____ mm；
与之匹配的半挂车牵引销中心轴线到半挂车最后端水平距离≤_____ mm。
```

图 2-75　半挂牵引车的互换性铭牌样式

A.2　半挂车的互换性铭牌样式如图 2-76 所示。

```
车辆型号：_____；       匹配的牵引座规格：50 号；
前回转半径：_____ mm，与之匹配的半挂牵引车前回转半径≥_____ mm；
半挂车间隙半径：_____ mm，与之匹配的半挂牵引车后回转半径≤_____ mm；
牵引销座板离地高度：_____ mm；    制动响应时间 C：_____ s；
挂车满载最高设计车速：_____ km/h； 牵引销中心轴线到半挂车最后端水平距离_____ mm。
```

图 2-76　半挂车的互换性铭牌样式

A.3　牵引货车的互换性铭牌样式如图 2-77 所示。

```
车辆型号：_____；     牵引杆连接器型号：_____；
牵引杆挂环中心距牵引货车最后端水平距离：_____ mm；
与之匹配的中置轴挂车前回转半径≥_____ mm；
牵引杆连接器中心离地高度：_____ mm；   制动响应时间A：_____ s，B：_____ s。
```

图2-77　牵引货车的互换性铭牌样式

A.4　中置轴挂车的互换性铭牌样式如图2-78所示。

```
车辆型号：_____；牵引杆挂环中心孔直径：_____ mm；
中置轴挂车前回转半径：_____ mm；挂车满载最高设计车速：_____ km/h；
与之匹配牵引车辆的牵引杆挂环中心距牵引货车最后端水平距离：_____ mm～_____ mm；
牵引杆挂环中心离地高度：_____ mm；   制动响应时间C：_____ s。
```

图2-78　中置轴挂车的互换性铭牌样式

A.5　牵引杆挂车的互换性铭牌样式如图2-79所示。

```
车辆型号：_____；     牵引杆挂环中心孔直径：_____ mm；
牵引杆挂车前回转半径：_____ mm；
与之匹配牵引车辆的牵引杆挂环中心距牵引货车最后端水平距离：_____ mm～_____ mm；
牵引杆挂环中心离地高度：_____ mm；   制动响应时间C：_____ s。
```

图2-79　牵引杆挂车的互换性铭牌样式

车辆互换性信息铭牌示例，根据半挂牵引车、半挂车、牵引货车、中置轴挂车、牵引杆挂车互换性特征，给出了不同的铭牌信息内容和样式，增加铭牌标识有助于使用、管理等相关人员直观判断主、挂车辆间的结构、配置和关键参数能否安全、合理地连接匹配，确保货运企业在列车匹配选择上，不出现超过 GB 1589—2016 规定外廓尺寸限值的列车。

建议使用金属铭牌，并将所有的内容在一个铭牌内显示。若标识内容无法布置在同一铭牌，可布置在其他铭牌中，但标识内容应清晰。

第十三节　附录B《轮胎气压监测系统技术要求和试验方法》

本节是对轮胎气压监测系统技术要求和试验方法的规定,本附录为规范性附录。

B.1 技术要求

B.1.1 信号装置

B.1.1.1 装备 TPMS 的车辆应配备具有轮胎欠压报警、轮胎过压报警和轮胎高温报警的信号装置,在轮胎欠压(小于或等于75%的轮胎推荐压力 P_{rec})、轮胎过压(大于或等于130%的轮胎推荐压力 P_{rec})、轮胎高温(大于或等于90℃)时,TPMS 系统应通过信号装置向驾驶员发出光学报警信号并指示出轮胎的具体位置。可附加文字说明或以声学等方式来辅助报警。

B.1.1.2 信号装置还应具有故障报警功能,当 TPMS 发生故障时,应通过信号装置向驾驶员发出光学报警信号。可附加文字说明或以声学等方式来辅助报警。

B.1.1.3 如轮胎欠压、轮胎过压及轮胎高温报警和故障报警共用一个信号装置,则轮胎欠压、轮胎压力过高及轮胎高温报警和故障报警的表示方法应有明显的区分,且应在车辆用户手册中清晰说明。

B.1.1.4 信号装置应符合以下要求:

a) 具有图 2-80 所示的报警指示灯图标。
b) 具有图 2-81 所示的接近真实车辆外形的示意图,标示出报警轮胎位置,并能显示轮胎气压值及轮胎温度值。
c) 信号装置标志处于驾驶员前方易于观察的位置,便于驾驶员在驾驶位置观察信号装置的状态。
d) 信号装置标志点亮状态时颜色为黄色;此颜色要求不适用于位于共用空间的信号装置。
e) 信号装置标志点亮后,应明亮、醒目,驾驶员在适应环境道路照明条件后能清晰观察。

图 2-80 报警指示灯示意图

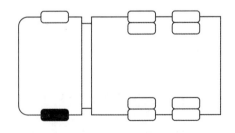

图 2-81 报警轮胎位置示意图

条文释义

TPMS 作为一个重要的车辆行驶安全汽车电子产品,不仅要具有安全、可靠、及时的危险/故障监测功能,当监测到异常和故障时,还必须与其他汽车电子产品一样具有报警提示功能,通过图标闪烁或常亮等光学报警信号来提醒驾驶员。同时,可根据需要采用文字或声学辅助报警方式。信号装置的标志应符合《汽车操纵件、指示器及信号装置的标志》(GB 4094—2016)中关于胎压异常的图标要求;若采用 GB 4094—2016 中图 51 的车辆轮廓标志,则应在轮胎欠压、轮胎过压及轮胎高温报警时指示具体的轮胎位置。

标准条文

B.1.2 信号装置检查

当车辆点火运行或处于自检时,TPMS 的所有信号装置都应立即点亮;信号装置点亮后,应在 10s 内熄灭;位于共用空间的信号装置除外。

条文释义

为确认 TPMS 功能正常,与 ABS、ESC 等类似,TPMS 开机检查需要包括信号装置检查。信号装置检查通常采用静态检查,即在系统开启以后、车辆开始行驶以前检查确认报警信号装置电路工作是否正常。

标准条文

B.1.3 轮胎欠压报警

当车辆点火运行时,如果进行单个和多个轮胎欠压报警试验,TPMS 应在 10s 内点亮信号装置并应指示出欠压轮胎的具体位置。当轮胎气压恢复到 P_{rec} 时,信号装置应熄灭。

条文释义

轮胎气压是影响轮胎性能的重要因素之一,合适的胎压可使轮胎发挥最理想的性能。胎压过低会使胎体变形过大、帘线过度疲劳、胎侧易出现裂口,进而增加发生爆胎风险的概率。此外,轮胎欠压还会使轮胎滚阻变大,胎温升高,导致车辆油耗增加,同时也会增加轮胎过热、老化甚至损伤等风险。因此,车辆生产企业通常会按照轮胎允许载荷、类别和使用特点等推荐合适的胎压或胎压范围;同时,保持合适的胎压也是消费者在汽车日常维护保养中的一个重要方面。

本标准规定欠压试验分为"单个轮胎欠压报警"和"多个轮胎欠压报警"两种情形。其中：

(1) 单个轮胎欠压模拟实际车辆使用中的轮胎扎刺现象，多个轮胎欠压模拟慢漏气现象，这两者是实际使用中最为常见、最具代表性的工况。

(2) 对于"欠压报警"时间要求，结合现行《乘用车轮胎气压监测系统的性能要求和试验方法》(GB 26149—2017) 中 Ⅰ 类 TPMS 的要求，以及实时监控轮胎气压对营运货车运行安全的重要性，确定报警时间为 10s。

(3) 参照 GB 26149—2017 和 FMVSS 138 中对轮胎欠压报警阈值的要求，将低压报警阈值定为 $75\% P_{rec}$。

B.1.4 轮胎过压报警

当车辆点火运行时，如果进行单个和多个轮胎过压报警试验，TPMS 应在 10s 内点亮信号装置并应指示出过压轮胎的具体位置。当轮胎气压恢复到 P_{rec} 时，信号装置应熄灭。

条文释义

相对欠压，轮胎过压一般是汽车日常维护保养时充气过量而导致。另外当汽车在胎压正常情况下长时间行车或者长陡坡制动时，轮胎发热也会导致胎压升高。

本标准规定过压试验分为"单个轮胎过压报警"和"多个轮胎过压报警"两种情形。其中：

(1) 单个轮胎过压模拟实际车辆使用中的过充气现象，多个轮胎过压模拟长时间行车胎温升高导致的轮胎气压升高现象，这两者是实际使用中最为常见、最具代表性的工况。

(2) 当轮胎过压行驶时，会使轮胎与地面接触面积减小，降低轮胎与路面之间的附着力和摩擦力，加速胎冠磨损，缩短了轮胎寿命，增加了制动距离，提高了车辆发生事故的概率。又结合我国营运货车的使用情况，超载超速现象时有发生。所以轮胎过压行驶时，及时准确地进行报警很有必要。参照 GB 26149—2017 的相关要求，规定在 10s 内进行报警。

(3) 就高压报警阈值，项目组 2018 年 5 月 29 日使用某 6×4 牵引车在国家汽车质量监督检验中心(襄阳)进行了8字环路行驶试验和频繁制动试验;2018年5月31日至6月1日使用某中置轴挂车列车在中汽中心盐城汽车试验场进行了高环路行驶试验。在以上试验条件下,轮胎气压升高小于30%,某企业从17年初已在中置轴轿运车、危化品运输车上安装了2000余套产品,从产品运行跟踪情况看,轮胎气压变化幅度小于30%,又考虑到我国目前营运牵引车辆的载荷现状,结合5台营运牵引车辆实际运营的胎压监测数据(运行距离超过1000km,实际运行胎压的变化小于28%),将高压报警阈值定为130% P_{rec}。

B.1.5 轮胎高温报警

当车辆点火运行时,如果进行单个和多个轮胎高温报警试验时,TPMS应在3min内点亮信号装置并应指示出高温轮胎的具体位置。当轮胎气压恢复到90℃时,信号装置应熄灭。

标准规定轮胎高温报警试验分为"单个轮胎高温报警"和"多个轮胎高温报警"两种情形。其中:

(1)单个轮胎高温模拟实际车辆单侧轮胎靠近热源时,胎温升高现象;多个轮胎高温模拟实际车辆长距离运行过程中,轮胎与地面摩擦、制动片与轮毂摩擦产生热量导致胎温升高现象,这两者是实际使用中最为常见、最具代表性的工况。

(2)车辆正常运行时,轮胎温度升高是个非常缓慢的过程,所以,试验中采用温度箱进行模拟试验。由于轮胎温度升高会导致轮胎压力升高,而标准对高压报警要求在10s内进行报出,所以高温报警作为优化报警项,将报警时间设定为3min。

(3)就轮胎高温报警阈值,从两个方面进行了考量:①通过对某物流公司的样车进行一年左右的跟踪,对产品使用数据进行了分析,在正常行驶条件下,胎温数据均小于90℃。②依据在襄阳试验场和盐城试验场进行的验证试验结果——轮胎温度升高小于20℃,又由于我国南部等地区夏天地表温度可达60～70℃,结合运输企业实际使用经验,故将高温报警阈值定为90℃。

B.1.6 故障报警

当车辆点火运行时,如果进行故障报警试验,TPMS应在10min内点亮信号装置。当故障排除时,信号装置应熄灭。

条文释义

对故障报警的主要技术要求有:TPMS 本身发生故障时,应在 10 min 内点亮故障报警信号装置;故障灯点亮后到故障排除恢复前,TPMS 故障报警信号装置不应熄灭;故障排除并恢复后,TPMS 故障报警信号装置应熄灭。

参照 GB 26149—2017、FMVSS 138 和 ECE R64,将故障报警时间定为 10min。

标准条文

B.2 试验方法

B.2.1 试验条件及车辆准备

B.2.1.1 路面和环境

试验时,路面、环境和载荷条件应符合 GB/T 12534 的规定。

B.2.1.2 测试设备

试验中的测量设备误差应满足以下要求:

a) 试验中所用压力测量设备的最大允许误差应为 ±5kPa;

b) 温度测量设备的最大允许误差应为 ±0.5℃;

c) 高温箱的温度均匀度的最大允许误差应为 ±2℃。

B.2.1.3 车辆

试验分别在车辆静止、70km/h 和 100km/h(设计车速不超过 100km/h 的车辆,应以试验时能达到的最高车速)三种状态下进行,车速偏差不超过 ±2km/h。

条文释义

(1)试验时,路面、环境和载荷条件应符合《汽车道路试验方法通则》(GB/T 12534—1990)的规定。该通则规定试验中要求牵引车辆处于满载状态。

(2)试验中所用压力测量设备,其精度应至少达到 ±5kPa;所用温度测量设备的最大允许误差应为 ±0.5℃。试验中所有气压测试数据应使用同一压力测量设备测量,试验中高温箱的温度均匀度的最大允许误差应为 ±2℃,以免因仪器和设备的误差对试验结果的准确性造成影响。

(3)车辆试验时,需要分别在车速为 70km/h 和 100km/h(设计车速不超过 100km/h 的车辆,应以试验时能达到的最高车速为准)两种状态下进行,且车速偏差不超过±2km/h。这两种车速模拟了营运车辆正常运行时的常用安全车速,70km/h 是模拟高等级公路行驶的安全车速,100km/h 是模拟高速公路行驶的安全车速,同时考虑到试验场地和道路的限速条件,在不影响行车安全的前提下,将试验车速设为 70km/h 和 100km/h。国际上类似的技术法规的要求和出发点与本标准基本一致,并完全涵盖了这两种速度。例如,FMVSS 138 规定的车速范围为 50~100km/h,ECE R64 规定的车速范围为 40~120km/h。

(4)规定试验车速偏差±2km/h,是为了统一试验条件,确保试验的可比性和可操作性。

B.2.2 信号装置检查试验

按以下步骤进行信号装置检查:

a) 在车辆静置至少 1h 后,将所有轮胎充气至 P_{rec};

b) 在车辆静止、点火开关处于"OFF"("LOCK")状态下,将点火开关状态转为"ON"("RUN")状态,记录车辆点火开关转为"ON"("RUN")状态至 TPMS 信号装置熄灭的时间。

条文释义

(1)TPMS 开机后,信号装置被点亮,用以检查信号装置是否完好,同时进行接收器内部故障检查及系统存储故障检查。如果有故障,信号装置将长亮,如果没有故障,信号装置应在 10s 内熄灭。

(2)信号装置检查采用静态功能性检查,在系统开启以后、车辆开始行驶以前检查确认报警信号装置是否正常点亮。

(3)将车辆静置至少 1h 的原因是让轮胎状态(如胎温)都趋于一致,此时测得的数据才能准确。统一检查试验流程,要求将轮胎气压充气至推荐胎压 P_{rec},此时胎压监测模块采集到的轮胎气压值应该为正常胎压,报警信号装置应该熄灭。

B.2.3 轮胎欠压报警试验

按以下步骤进行单个和多个轮胎欠压报警试验:

a) 在车辆静置至少 1h 后,将所有轮胎充气至 P_{rec}。

b) 在车辆静止时,使车辆点火开关处于"OFF"("LOCK")状态,调整车辆任意一个和多个轮胎的气压至$(75\% \times P_{rec} - 35)$kPa。记录车辆点火开关转为"ON"("RUN")状态至欠压报警装置点亮的时间。

c) 起动车辆,按B.2.1.3规定的车速分别试验:行驶20min后,调整车辆任意一个轮胎和多个轮胎的气压(车辆停驶,单个测试轮胎气压调整时间应小于或等于30s),记录轮胎气压达到$(75\% \times P_{rec} - 35)$kPa至TPMS报警信号装置点亮时的时间。

d) 在b)、c)试验后,将点火开关转为"OFF"("LOCK")状态。5min后,将点火开关转为"ON"("RUN")状态,观察信号装置状态。车辆静置1h后,将所有轮胎充气至P_{rec},观察信号装置状态。

条文释义

(1)模拟轮胎静态欠压报警试验,试验流程如图2-82所示。

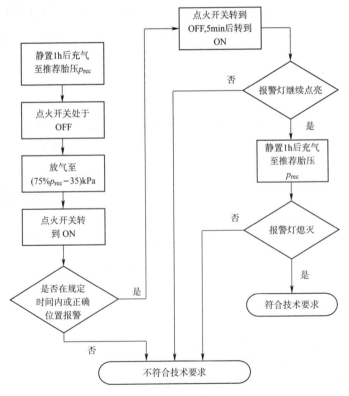

图2-82 静态欠压报警试验流程

规定静态试验条件下的轮胎欠压报警试验要求如下：

①在车辆静置至少 1h 后，将所有轮胎充气至车辆推荐胎压 P_{rec}。

②点火开关 OFF 状态，调整轮胎的气压至 $(75\% \times P_{rec} - 35)$ kPa。为覆盖测压仪器的误差（其精度为 ±5kPa）和 TPMS 胎压传感器本身可能的误差，规定了 $(75\% \times P_{rec} - 35)$ kPa 的数值。调整轮胎压力后测试员需等待不少于 1h 后（考虑到慢漏气的情况以及车辆静止时对传感器寿命以及整车静态电流影响最小的情况下能够及时感知轮胎气压状态），再将点火开关转到 ON，记录发生轮胎欠压报警的时间，如果该时间大于 10s，则认为该 TPMS 不符合技术要求。该试验是为了模拟车辆在停车状态下发生慢漏气导致的轮胎欠压情况，以避免车辆在轮胎欠压状态下起动车辆而无法察觉。

③欠压报警灯点亮后到胎压恢复前，报警信号装置不应熄灭。

④胎压恢复后，报警信号装置应熄灭。

（2）模拟轮胎动态欠压报警试验，试验流程如图 2-83 所示。

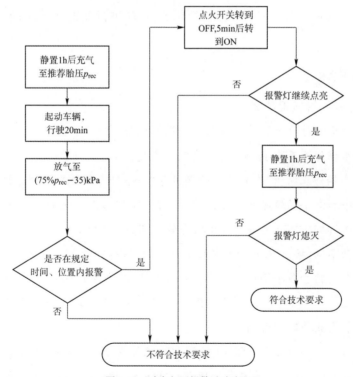

图 2-83　动态欠压报警试验流程

规定动态试验条件下的轮胎欠压报警试验要求如下：

①在车辆静置至少 1h 后，将所有轮胎充气至 P_{rec}。

②动态试验分别在70km/h和100km/h(不超过100km/h的按最大设计车速)两种车速下进行。试验前车辆需要行驶20min,此过程即为热车阶段,考虑到车从刚起动到热态胎压上升,对TPMS来说,可能超过报警阈值,有可能导致在技术要求的时间内不报警。因此将轮胎和车辆运转至统一的使用状态基准,更好地模拟了车辆的实际使用过程。

③调整车辆任意一个轮胎和多个轮胎的气压,记录轮胎气压达到($75\% \times P_{rec} - 35$)kPa至TPMS报警信号装置点亮的时间。若此时间超过10s或欠压轮胎位置指示不正确,则认为其不满足轮胎欠压报警要求,终止试验。

④车辆熄火,5min后再点火,由于轮胎仍处于欠压状态,所以报警信号装置不应熄灭。

⑤胎压恢复到推荐胎压P_{rec}后,报警信号装置应熄灭。

单个轮胎和多个轮胎进行欠压报警试验的时候都遵循相同的流程,不同的是模拟欠压的轮胎数量。每个安装TPMS的轮胎,均应进行此试验,鼓励各个轮胎同时测试。

B.2.4 轮胎过压报警试验

按以下步骤进行单个和多个轮胎过压报警试验:

a) 在车辆静置至少1h后,将所有轮胎充气至P_{rec}。

b) 在车辆静止时,使车辆点火开关处于"OFF"("LOCK")状态,调整车辆任意一个和多个的轮胎气压至($130\% \times P_{rec} + 35$)kPa。记录车辆点火开关转为"ON"("RUN")状态至过压报警装置点亮的时间。

c) 起动车辆,按B.2.1.3规定的车速分别试验:行驶20 min后,调整车辆任意一个轮胎和多个轮胎的气压(车辆停驶,单个测试轮胎气压调整时间应小于或等于30s),记录轮胎气压达到($130\% \times P_{rec} + 35$)kPa至TPMS报警信号装置点亮时的时间。

d) 在b)、c)试验后,若TPMS报警信号装置在10s内点亮且过压轮胎位置指示正确,将点火开关转为"OFF"("LOCK")状态。5min后,将点火开关转为"ON"("RUN")状态,观察信号装置状态。车辆静置1h后,将所有轮胎放气至P_{rec},观察信号装置状态。

条文释义

轮胎过压报警试验步骤同轮胎欠压报警试验,只是将需要放气至($75\% P_{rec} - 35$)kPa 改为充气至($130\% P_{rec} + 35$)kPa 即可,轮胎气压调整到推荐胎压 P_{rec} 时报警信号装置都应熄灭。

(1)模拟轮胎静态过压报警试验,试验流程如图 2-84 所示。

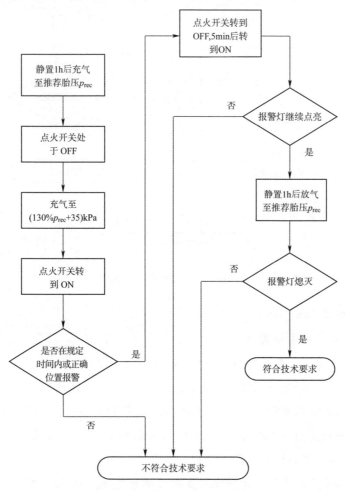

图 2-84　静态过压报警试验流程

(2)模拟轮胎动态过压报警试验,试验流程如图 2-85 所示。

单个轮胎和多个轮胎进行过压报警试验的时候都遵循相同的流程,不同的是模拟过压的轮胎数量。

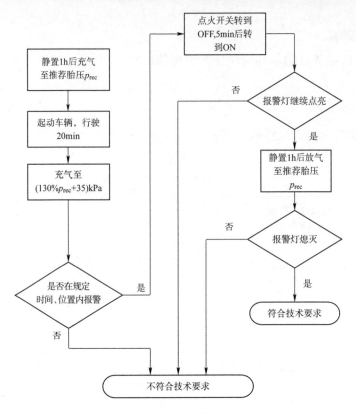

图 2-85 动态过压报警试验流程

B.2.5 轮胎高温报警试验

TPMS 应按以下步骤进行单个和多个轮胎高温报警试验：

a) 进行单个轮胎高温报警试验时，在温度可调的温度箱内部和外部分别放置一个胎压监测模块；进行多个轮胎高温报警试验时，在温度可调的温度箱内部放置两个或两个以上胎压监测模块，外部至少放置一个胎压监测模块；胎压监测模块静置至少 1h。

b) 将接收器模块和显示模块放置在温度箱外部，并模拟 TPMS 在整车上的工作状态。

c) 调整温度箱温度至 95℃。3min 后分别触发所有胎压监测模块，记录触发后至显示模块显示轮胎高温报警的时间。

d) 在 c)试验后，关闭接收器模块工作电源。3min 后，将接收器模块工作电源转为开启状态并分别触发所有胎压监测模块,记录触发后至显示模块显示轮胎高温报警的时间。调整温度箱内的温度至90℃以下,3min后触发胎压监测模块,观察信号装置状态。

轮胎高温报警试验流程,如图2-86所示。

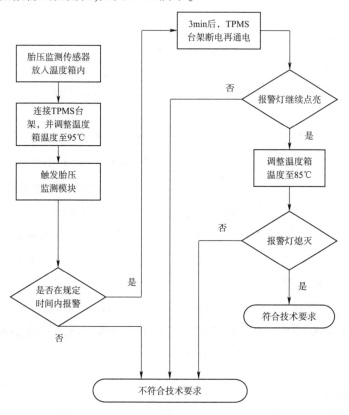

图2-86 高温报警试验流程

轮胎高温报警试验方法如下:

①将需要进行试验的胎压监测模块放置在温度箱内,接收器模块和显示模块放置在温度箱外部;胎压监测模块需静置至少1h,目的是为了让胎压监测模块维持一个统一的使用状态,这样测试出来的数据才具有可比性,基于相同原因,车辆静置至少1h。

②调整温度箱温度至95℃,确保高温箱的温度均匀度误差在±2℃范围内。满足条件后,需等待3min,使胎压监测模块所处环境状态保持稳定。

③由于胎压监测模块放在温度箱内是没有气压的,所以需要借助低频触发设备

使得胎压监测模块发射数据,此时信号报警装置应在 3min 内进行高温报警。

④给接收器模块断电,3min 后再通电,由于温度箱内温度仍为 95℃,此时触发温度箱内胎压监测模块,报警信号装置不应熄灭。

⑤调整温度箱内温度为 85℃,触发温度箱内胎压监测模块,报警信号装置应熄灭。

单个轮胎和多个轮胎进行高温报警试验的时候都遵循相同的流程,不同的是放入温度箱内的胎压监测模块数量和轮胎数量。

B.2.6 故障报警试验

试验时可选择任意一种模拟故障类型,但在同一次故障报警试验中,应只模拟单一故障:

a) 在车辆静置至少 1h 后,将车辆所有轮胎充气至 P_{rec}。

b) 模拟 TPMS 故障(包括但不限于:断开 TPMS 任意元件的电源、断开 TPMS 任意部件间的电气连接或在车辆上安装与 TPMS 不兼容的轮胎);模拟 TPMS 故障时,故障报警信号装置的电气连接不应断开。

c) 起动车辆,若 TPMS 故障报警信号装置未点亮,则使车辆按 B.2.1.3 规定的车速分别试验,直至 TPMS 故障报警信号装置点亮,分别记录不同车速下车辆的行驶时间。

d) 在 c)试验后,将点火开关转为"OFF"(或"LOCK")状态。5 min 后,将点火开关转为"ON"(或"RUN")状态,观察信号装置状态。将 TPMS 恢复至正常工作状态,观察信号装置状态。

故障报警试验的操作流程和前述的欠压、过压、高温等报警试验类似,不同的是需要人为地模拟故障的发生(比如断开 TPMS 任意元件的电源、断开 TPMS 任意部件间的电气连接或在车辆上安装与 TPMS 不兼容的轮胎),模拟 TPMS 故障时,故障报警信号装置的电气连接不应断开。故障报警试验可选择其中任意一种模拟故障类型按步骤进行,但每次故障报警试验应只模拟单一故障。故障报警灯点亮后到故障恢复前,报警信号装置不应熄灭。故障恢复后,报警信号装置应熄灭。

第十四节 附录C《中置轴挂车列车牵引杆连接器安装支架和牵引杆挂环刚性连接杆的强度试验方法》

本节给出了中置轴挂车列车牵引杆连接器安装支架和牵引杆挂环刚性连接杆的强度试验方法,有助于提高连接器的整体安全性能水平,本附录为规范性附录。本附录的主要技术内容参考了《关于批准汽车列车机械联结件的统一规定》(ECE R55)和《商用道路车辆 刚性牵引杆的连接器和挂环 第1部分:普通货物中置轴挂车强度试验》(ISO 12357-1:2007)。

C.1 试验要求

C.1.1 本附录中的强度试验为动态台架试验。

C.1.2 牵引杆连接器安装支架和牵引杆挂环刚性连接杆可单独或组合试验。

C.1.3 试验前,牵引杆连接器安装支架与牵引杆连接器、牵引杆挂环刚性连接杆应正确匹配安装。

C.1.4 牵引杆连接器安装支架和牵引杆挂环刚性连接杆在台架上的布置应与安装到车辆上的布置相同,且与生产商的安装要求相一致。

C.1.5 试验载荷可采用图2-87结构的装置或可实现相同功能的装置进行加载。

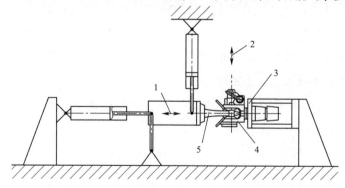

说明:
1——水平载荷; 3——牵引杆连接器安装支架; 5——牵引杆挂环刚性连接杆。
2——垂直载荷; 4——牵引杆连接器;

图2-87 台架布置图例

本附录中的强度试验即疲劳耐久试验,是通过模拟产品实际受力的台架来实现的。试验前,按照实际使用中的状态将牵引杆连接器与相匹配的牵引环安装连接在一起。试验时,牵引杆连接器安装支架和牵引环在台架上的试验状态应与其在实际车辆上安装时的状态相同,并且需要按照生产厂家的安装说明规定安装样品。牵引杆连接器安装支架和牵引环可以组合试验,也可以在满足要求的情况下单独试验。

在试验中,同时施加水平载荷和垂直载荷到试验样件上,模拟中置轴挂车列车在行驶过程中,牵引杆连接器和牵引杆挂环承受的水平力和垂直力。水平载荷的作用线位于牵引杆连接器和牵引杆挂环的纵向中心面,并经过牵引点;垂直载荷的作用线位于牵引杆连接器的纵向中心面,并经过牵引点。

C.2 牵引车辆和挂车之间产生的水平力、垂直力的理论参考值的确定

C.2.1 牵引车辆和挂车之间产生的水平力的理论参考值 D,由式(2-2)计算得出:

$$D = g \times \frac{T \times C}{T + C} \qquad (2-2)$$

式中:D——牵引车辆和挂车之间产生的水平力的理论参考值,单位为千牛(kN);
　　　T——装有牵引杆连接器的牵引车辆最大设计总质量,包括 G_S(见 C.3.1),单位为吨(t);
　　　C——达到最大设计总质量的挂车车轴传递到地面的质量,单位为吨(t);
　　　g——重力加速度,$g = 9.81 \text{m/s}^2$。

C.2.2 中置轴挂车施加到连接器上垂直力的理论参考值 V,由式(2-3)计算得出:

$$V = a \times (L_x/L_L)^2 \times C \qquad (2-3)$$

式中:V——中置轴挂车施加到连接器上垂直力的理论参考值,单位为千牛(kN);
　　　a——连接点的等效垂直加速度,取决于牵引车辆后轴的悬架类型:空气悬架(或具有等效阻尼特性)$a = 1.8 \text{m/s}^2$;其他悬架 $a = 2.4 \text{m/s}^2$;
　　　L_x——挂车货厢(设计装货区域)长度,单位为米(m)(图 2-88);

L_L——牵引杆的理论长度,为牵引杆挂环中心到车轴(轴组)中心的距离(图2-88),单位为米(m)。若$(L_x/L_L)^2$小于1,在计算时该数值取1。

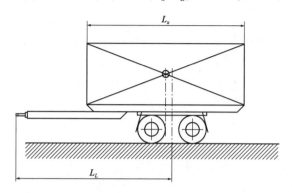

图2-88 中置轴挂车尺寸示意图

D 值的计算公式及解释源自 ECE R55,其中 D 值代表了牵引车辆和挂车之间产生的水平纵向力的理论参考值;V 值的计算公式及解释也源自 ECE R55,其中 V 值代表了最大允许总质量大于 3.5t 的中置轴挂车施加到连接器上垂直力的理论参考值,且对于中置轴挂车,最大质量是指当中置轴挂车与牵引车辆连接并且承载理论最大质量时通过中置轴挂车车轴传递到地面的总质量。

C.3 试验方法

C.3.1 在待测零件上施加动态试验载荷,动态试验载荷为符合表2-9规定的水平载荷和垂直载荷的合力,且应在图2-87所示或具有相似功能的台架上实现同步加载。水平载荷和垂直载荷均应为正弦载荷(图2-89),且应为异步,两者之间的频率差控制在1%~3%。试验载荷频率应不超过25Hz,且不应与系统固有频率重合。

动态试验载荷(单位为千牛)　　　　　表2-9

载荷类别	平均值	振幅
水平载荷	0	±0.6D
垂直载荷	$g \cdot G_S/1000$	±0.6V

注:G_S 为中置轴挂车最大设计总质量状态下,作用在连接器上的垂直静载荷,单位为千克(kg)。

C.3.2 待测零件为钢质材料时,动态试验循环次数为 2×10^6 次(以频率较低载荷计数)。待测零件为其他材料时,循环次数应由生产商和检测机构共同确定。

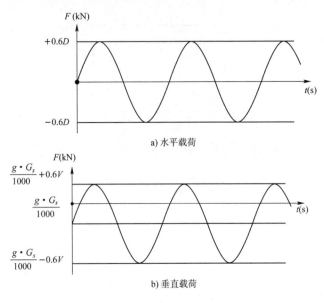

图 2-89 动态试验载荷

条文释义

该疲劳耐久试验作用在待测零件上的力是垂直和水平两个方向的合力,是可以在台架上同时分别加载两个方向力的。两个方向的受力曲线图均为正弦曲线,且频率差为 1%~3%,该要求源自 ECE R55。

当牵引杆连接器和牵引环的材料为钢质时,疲劳耐久的试验次数为 2×10^6 次,该要求源自 ECE R55,以两个方向的力循环次数均达到 2×10^6 次为准。当牵引杆连接器和牵引环为非钢质其他材料时,疲劳耐久的试验次数由生产厂家和第三方权威认证检测机构共同商量确定。试验的频率不应该大于 25Hz,且为了避免产生共振,该频率不应该与试验系统固有频率一致,该数值定义依据 ECE R55。

第十五节 附录 D《载荷布置标识曲线绘制及示例》

本节主要解释载荷布置中最为重要的载荷布置标识曲线的画法,并给出了示例,有助于指导车辆生产企业规范、正确地绘制载荷布置标识曲线,本附录为资料性附录。

D.1 载荷布置标识曲线构成

D.1.1 载荷布置标识曲线是以货物质心位置为变量(横坐标)计算最大允许装载质量(纵坐标)的曲线。

本条介绍了载荷布置标识曲线的构成,包括横坐标、纵坐标以及相应的曲线线段,此外,还提出了货物装载质心的有效区域。

该条款规定了载荷布置标识曲线的横、纵坐标,即以货物的质心位置为变量(横坐标),通过设计、计算求解其对应条件下的最大允许装载质量作为纵坐标,从而进行曲线的绘制。

车辆简图中驾驶室样式(牵引货车时存在)、车轴及车辆轮胎分布位置应与实际情况相接近。载荷布置标识曲线的起始点位置应为货箱内侧最近可装货位置,即货箱内部最前部边缘位置,横坐标的长度为整个货箱内部的可装货区间长度,以米(m)为单位,每刻度为1米。纵坐标为车辆的允许装载质量,以吨(t)为单位,最大刻度值在17t(含)以下的,纵坐标每刻度不大于1t,最大刻度值在17t以上的,每刻度不大于2t。

D.1.2 载荷布置标识曲线可由3条~5条线段构成。

载荷布置标识曲线的限制条件包括五大因素,即前轴(牵引销处)、后轴的轴荷都不超出车辆设计限值,总质量不超出车辆最大设计值,转向轴(牵引销处)、驱动轴应保证最低轴荷限制要求。

由于车辆自身设计原因,某些条件下,装载一定载荷时,不论载荷放置在什么位置,均能满足载荷布置标识曲线要求,因此,在实际绘制过程中,可能造成曲线与其他曲线无交叉点,因此会存在缺少个别曲线段的情形(载荷分布曲线可能仅由其中的3~4条构成),如果最高点的装载质量与车辆设计装载质量相同,即认为符合本规定要求。

D.1.3 载荷布置标识曲线下方区域即为实际装载质量与货物总质心位置应坐落的区域。

该条款是为车辆生产企业和货运企业共同服务的,一方面是为了车辆生产企业对自己车辆的允许装载情况进行校核,另外一方面是为了指导货运企业合理的装载。货运企业在装载时,需评估不同装载质量下货物对应质心的位置,以便货物装载后,车辆轴荷能够满足设计要求。当然应提醒的是,实际装载中对货物应视情进行系固,防止车辆行驶中货物移动造成质心位置变化,危及行车安全。

D.2 曲线计算

D.2.1 力与物理符号

本附录中计算曲线所用到的符号及对应的物理量和单位见表2-10,相关参数如图2-90、图2-96、图2-98、图2-100所示。

参 数 定 义   表2-10

符 号	含 义	单 位
m_F	车辆整备质量	kg
$VA_{载}$	车辆满载状态下,前轴轴荷	kg
$HA_{空}$	车辆空载状态下,后轴(组)轴荷	kg
$HA_{载}$	车辆满载状态下,后轴(组)轴荷	kg
R	前后轴间距离	m
l_1	车辆空载时,车辆质心位置	m
S	车辆前轴到货箱前壁内侧的距离	m
$F_{挂}$	牵引货车在牵引杆连接器上的垂直载荷	N
$l_{挂}$	牵引杆连接器距货箱设计装货区间最末端的距离	m
$l_{箱}$	货箱设计装货区间长度	m

续上表

符号	含义	单位
S_{Lx}	为保证操纵稳定性,转向轴最低载荷(按百分比计算)	%
ST	为保证牵引力,驱动轴最低载荷(按百分比计算)	%
x	变量,载荷质心位置,以货箱前壁内侧为起始零点	m
m_{Lx}	在 x 位置,最大允许装载质量	kg
m_{Lxa}	在曲线"a"中 x 位置,最大允许装载质量	kg
m_{Lxb}	在曲线"b"中 x 位置,最大允许装载质量	kg
m_{Lxd}	在曲线"d"中 x 位置,最大允许装载质量	kg
m_{Lxe}	在曲线"e"中 x 位置,最大允许装载质量	kg

条文释义

本条款首先给出了计算曲线所用到的符号及对应的物理量和单位,并在相应图上(图2-90)进行了标注,具体各个符号的含义见表2-10,以一款牵引货车为例对载荷布置标识的具体绘制方法进行说明。

需要说明的是,表2-10中的相关定义,在挂车计算时,其与牵引货车中的含义有所差别,但为了便于全文统一,相关符号保持一致。

计算时,需要对车轴进行适当简化,最终简化成两轮模型,即将轴组简化成单根轴,单根轴上的总质量等于原来轴组上质量之和,但质心位置调整到轴组正中间。同样,对于双转向轴,也需要按照类似的方式进行简化,即按力矩平衡获得质心位置。对于三轴半挂车,建议采用简化计算方式。

此处需注意的是,多数情况下,满载时双转向轴并不可能每轴都能达到GB 1589—2016规定的承载上限值,还需企业认真思考、科学设计。

装载限值曲线的绘制以车辆力矩平衡作为基础,以其中的一轮作为坐标原点,计算另一轮上的受力情况,通过变换货物的实际装载位置(质心水平位置),从而确定最大允许装载质量。

计算时,首先需要确定车辆空载的质心位置以及车辆的整备质量(含上装),车辆生产企业可根据车辆设计值直接得出,也可通过计算求出。在求得空载质心位置后,再进行装载方程的求解与曲线计算。牵引货车的空载质心位置较容易测量,但挂车质心位置测量较为麻烦,建议由车辆生产企业直接提供车辆空载质心位置。

标准条文

D.2.2 空载状态下车辆质心位置

图2-90中空载状态下的车辆质心位置(l_1)根据式(2-4)计算：

$$l_1 = \frac{HA_{空} \times R}{m_F} \tag{2-4}$$

注：空载状态下，不考虑牵引杆连接器的垂直载荷。

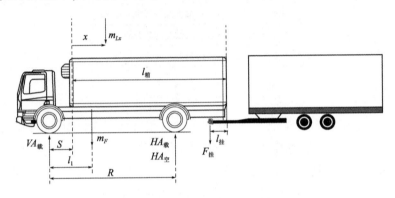

图2-90 车辆相关参数示意图

条文释义

求解车辆空载状态下车辆质心位置，主要是为了在力矩计算时，方便进行车辆稳定力矩的计算。求解方法如下：

以前轴接地点为支点，建立车辆空载状态下的力矩平衡公式得到式(2-5)，从而求出空载状态下的车辆质心位置(l_1)，得到式(2-4)。

$$m_F \times l_1 = HA_{空} \times R \tag{2-5}$$

需要注意的是，计算空载质心位置时，不考虑牵引杆连接器的垂直载荷。在车辆正常运输过程中，不允许牵引货车空载来牵引已装货的挂车。

标准条文

D.2.3 前轴最大承载限值曲线"a"

图2-91中的前轴最大承载限值曲线"a"根据式(2-6)计算：

$$m_{Lxa} = \frac{VA_{载} \times R - m_F \times (R - l_1) + F_{挂} \times (l_{箱} + S - R - l_{挂})/g}{R - S - x} \tag{2-6}$$

注1：示例中的牵引货车货箱有效货物装载长度为 7.25 m，最大允许装载质量为 10 000kg。

注2：曲线"a"~曲线"e"在绘制时，均需考虑牵引质量带来的载荷转移。

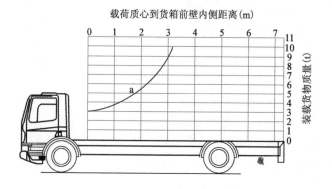

图 2-91　前轴最大承载限值曲线"a"示意图

条文释义

该条款是为了保证车辆装货后，前轴上的轴荷（承载）不超过车辆设计值/国家标准限值。具体求解过程如下：

将后轴（组）中心接地点作为支点，建立前轴承载的力矩平衡方程式(2-7)：

$$VA_{载} \times R - m_F \times (R - l_1) + F_{挂} \times (l_{箱} + S - R - l_{挂})/g - m_{Lxa} \times (R - S - x) = 0 \tag{2-7}$$

计算出 m_{Lxa} 与 x 的关系，得到式(2-6)。

标准条文

D.2.4　后轴（组）最大承载限值曲线"b"

图 2-92 中的后轴（组）最大承载限值曲线"b"根据式(2-8)计算：

$$m_{Lxb} = \frac{HA_{载} \times R - m_F \times l_1 - F_{挂} \times (S + l_{箱} - l_{挂})/g}{S + x} \tag{2-8}$$

条文释义

该条款是为了保证车辆装货后，后轴（组）上的轴荷（承载）不超过车辆设计值/国家标准限值。具体求解过程如下：

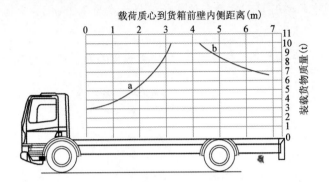

图 2-92 后轴(组)最大承载限值曲线"b"示意图

将前轴作为支点,建立后轴(组)承载的力矩平衡方程式(2-9):

$$HA_{载} \times R - m_F \times l_1 - F_{挂} \times (S + l_{箱} - l_{挂})/g - m_{Lxb} \times (S + x) = 0 \quad (2\text{-}9)$$

计算出 m_{Lxb} 与 x 的关系,得到式(2-8)。

标准条文

D.2.5 最大允许装载质量限值曲线"c"

图 2-93 中的最大允许装载质量限值曲线"c"为贯穿曲线"a"与曲线"b"的直线,其纵坐标值为车辆最大允许装载质量。

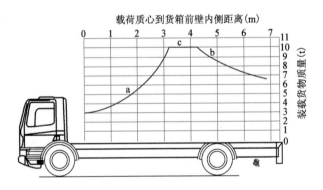

图 2-93 最大允许装载质量限值曲线"c"示意图

条文释义

为了保证车辆在装载时能够达到最大值/设计值,因此需要在示意图上绘制与车辆最大允许装载质量相同的一条直线,直线段"c"应能贯穿并水平、连接曲线"a"与曲线"b"。某些情况下,曲线段"c"仅为一个交点,若该点纵坐标对应值达不到车辆设计值,则证明该车型设计不合理。

D.2.6　转向轴最小载荷曲线"d"

图 2-94 中的转向轴最小载荷曲线"d"根据式(2-10)计算:

$$m_{Lxd} = \frac{m_F \times (R - l_1 - S_{Lx} \times R) - F_{挂} \times (S_{Lx} \times R + l_{箱} + S - R - l_{挂})/g}{S_{Lx} \times R + S + x - R}$$

(2-10)

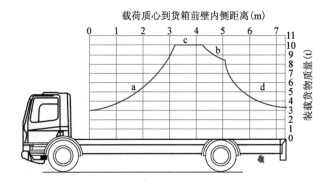

图 2-94　转向轴最小载荷曲线"d"示意图

车辆设计时,一般要求转向轴上至少承担 20% ~ 35% 的车辆总质量或最低轴荷,以确保车辆能够正常转向。具体求解过程如下:

以后轴(组)为支点,建立力矩平衡方程,即转向轴上的力矩与货物装载质量、车辆整备质量产生的力矩应能保持平衡,得到式(2-11):

$$(m_F + m_{Lxd} + F_{挂}/g) \times S_{Lx} \times R - m_F \times (R - l_1) - m_{Lxd} \times (R - S - x) +$$
$$F_{挂} \times (l_{箱} + S - R - l_{挂})/g = 0$$

(2-11)

可以求得 m_{Lxd} 与 x 的对应关系式为式(2-10)。

D.2.7　驱动轴最小载荷曲线"e"

驱动轴最小载荷曲线"e"根据式(2-12)计算,示例车型的载荷布置标识如图 2-95 所示。

$$m_{Lxe} = \frac{m_F \times (ST \times R - l_1) + F_{挂} \times (ST \times R - S - l_{箱} + l_{挂})/g}{S + x - ST \times R} \quad (2\text{-}12)$$

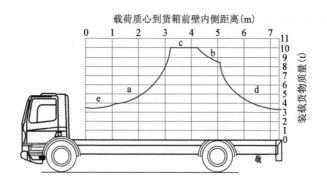

图 2-95　牵引货车的载荷布置标识示意图

条文释义

按照《汽车、挂车及汽车列车外廓尺寸、轴荷及质量限值》（GB 1589—2016）的规定，驱动轴（组）或后轴的最小载荷应不低于车辆总质量的25%，以确保车辆能产生足够的驱动力。以前轴中心接地点为支点，建立力矩平衡方程式(2-13)：

$$(m_F + m_{Lxe} + F_{挂}/g) \times ST \times R - m_F \times l_1 - m_{Lxe} \times (S + x) -$$
$$F_{挂} \times (S + l_{箱} - l_{挂})/g = 0 \quad (2\text{-}13)$$

可以求得 m_{Lxe} 与 x 的对应关系式为式(2-12)。

需要注意的是，由于挂车通常后部无其他车辆进行牵引，因此，在非双挂/多挂模式下，挂车可不计算曲线"e"。

D.3　部分常见车型的载荷布置标识曲线的计算与绘制示例

D.3.1　半挂车的载荷布置标识曲线的计算与绘制示例

D.3.1.1　计算参数标识

在相关曲线计算与绘制中，使用牵引销处的负荷代替载货汽车的前轴轴荷，使用牵引销处的最低负荷替代转向轴最低轴荷，挂车后轴（组）轴荷（并装轴时可简化计算，认定每轴载荷相同）代替驱动轴最低轴荷，空载时的质心位置由车辆生产企业进行提供，相关参数如图2-96所示。

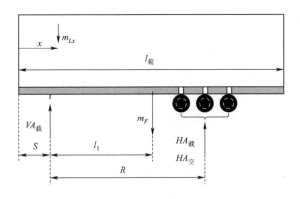

图 2-96　半挂车相关参数示意图

条文释义

由于半挂车上相关质量参数、定义与牵引货车有所不同,为了在本附录中尽量少地定义变量,因此明确了在挂车限值曲线计算时,相关参数的含义。牵引销处负荷与载货汽车转向轴的负荷类似,均在车辆转向过程中承担了主动转向功能;而挂车后轴(组)虽然不带驱动功能,但按照现有车辆结构来对其进行归类,只能在计算时,将其与载货汽车的驱动轴进行等效。

标准条文

D.3.1.2　计算与绘制示例

D.3.1.2.1　按照力矩平衡的原则对各个曲线进行计算并绘制。

D.3.1.2.2　牵引销处最大承载限值曲线"a"根据式(2-14)计算:

$$m_{Lxa} = \frac{VA_{载} \times R - m_F \times (R - l_1)}{R + S - x} \tag{2-14}$$

条文释义

为了保证车辆装货后,牵引销处的轴荷不超出车辆设计值,进而保证牵引车后轴(组)上的轴荷(承载)不超过车辆设计值/国家标准限值。将后轴(组)中心接地点作为支点,建立牵引销承载的力矩平衡方程如式(2-15)所示:

$$VA_{载} \times R - m_F \times (R - l_1) - m_{Lxa} \times (R + S - x) = 0 \tag{2-15}$$

可以求得 m_{Lxa} 与 x 的对应关系式为式(2-14)。

标准条文

D.3.1.2.3 后轴（组）最大承载限值曲线"b"根据式(2-16)计算：

$$m_{Lxb} = \frac{HA_{载} \times R - m_F \times l_1}{x - S} \tag{2-16}$$

条文释义

为了保证车辆装货后，后轴（组）上的轴荷（承载）不超过车辆设计值/国家标准限值。将牵引销中心作为支点，建立后轴（组）承载的力矩平衡方程如式(2-17)所示：

$$HA_{载} \times R - m_F \times l_1 - m_{Lxa}(x - s) = 0 \tag{2-17}$$

可以求得 m_{Lxb} 与 x 的对应关系式为式(2-16)。

标准条文

D.3.1.2.4 最大允许装载质量限值曲线"c"为贯穿曲线"a"与曲线"b"的直线，其纵坐标值为车辆最大允许装载质量。

条文释义

为了保证车辆在装载时能够达到最大值/设计值，因此需要在示意图上绘制与车辆最大允许装载质量相同的一条直线，直线段"c"应能贯穿并水平、连接曲线"a"与曲线"b"。如果达不到车辆设计值，则证明该车型设计不合理。

标准条文

D.3.1.2.5 牵引销处最小载荷曲线"d"根据式(2-18)计算：

$$m_{Lxd} = \frac{m_F \times (R - l_1 - S_{Lx} \times R)}{S_{Lx} \times R - S - R + x} \tag{2-18}$$

条文释义

在车辆行驶过程中，牵引销处的轴荷不能过低，否则车辆通过起伏路面时，极易导致牵引座上载荷过低，影响行车安全，甚至可能造成牵引车与半挂车脱离的情形，因此需要对其进行约束。

以后轴(组)为支点,建立力矩平衡方程,见式(2-19),即牵引销上的力矩与货物装载质量、车辆整备质量产生的力矩应能保持平衡。

$$(m_F + m_{Lxd}) \times S_{Lx} \times R - m_F \times (R - l_1) - m_{Lxd} \times (S + R - x) = 0 \quad (2-19)$$

可以求得 m_{Lxd} 与 x 的对应关系式为式(2-18)。

【标准条文】

D.3.1.2.6 后轴(组)最小载荷曲线"e"根据式(2-20)计算:

$$m_{Lxe} = \frac{m_F \times (ST \times R - l_1)}{x - S - ST \times R} \quad (2-20)$$

注:该式仅适用于双挂或多挂模式下,在挂车后部牵引其他挂车。

【条文释义】

该条仅适用于双挂或多挂模式下,在挂车后部仍牵引其他挂车,其计算方式是以牵引销中心为支点,计算后轴(组)的力矩平衡,得式(2-21):

$$(m_F + m_{Lxe}) \times ST \times R - m_F \times l_1 - m_{Lxe} \times (x - S) = 0 \quad (2-21)$$

可以求得 m_{Lxe} 与 x 的对应关系式为式(2-20)。

通过以上计算,可绘制车辆的载荷布置标识。

【标准条文】

D.3.1.2.7 某型号半挂车的载荷布置标识如图2-97所示。

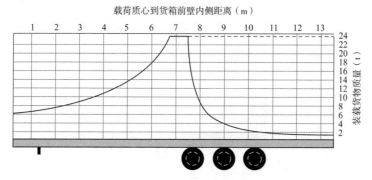

图2-97 某型号半挂车的载荷布置标识示意图

条文释义

该示意图给出了典型的三轴半挂车的载荷布置标识,可以看出其在装载 24t 货物时,载荷质心到货箱前壁内距离大约在 6.7m~7.5m 之间,只有在此位置,才可实现满足载荷布置标识绘制的各个原则。

对于国内现有牵引销处最大质量为 16t,挂车总质量为 40t,三轴组上的载荷为 24t 时,载荷布置标识的最高处通常为一个点,即为挂车总质量减去挂车整备质量的值。

标准条文

D.3.2 中置轴挂车的载荷布置标识绘制示例。

D.3.2.1 中置轴挂车相关参数如图 2-98 所示,$VA_{载}$ 需满足中置轴挂车的相关产品要求。

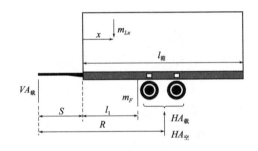

图 2-98 中置轴挂车相关参数示意图

D.3.2.2 某型号中置轴挂车的载荷布置标识如图 2-99 所示。

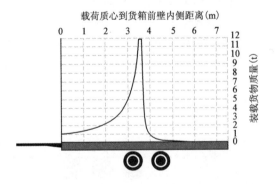

图 2-99 某型号中置轴挂车的载荷布置标识示意图

该示意图给出了某型号中置轴挂车的载荷布置标识示例,中置轴挂车在装载时,牵引杆连接器处一定要存在向下的载荷,以确保汽车列车行驶的稳定性。在该图中,也可明确看出,货箱前部装载的货物质量均高于货箱后部装载质量,这也与中置轴挂车的实际装载要求相一致。

D.3.3 牵引杆挂车的载荷布置标识绘制示例

D.3.3.1 牵引杆挂车相关参数如图2-100所示。

D.3.3.2 某型号牵引杆挂车的载荷布置标识如图2-101所示。

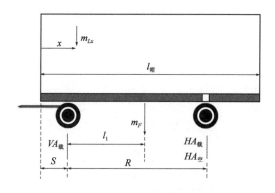

图2-100 牵引杆挂车相关参数示意图

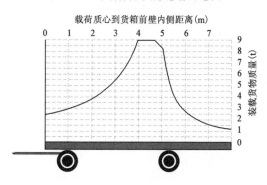

图2-101 某型号牵引杆挂车的载荷布置标识示意图

该示意图给出了某型号牵引杆挂车的载荷布置标识示例,由于牵引杆挂车与牵

引货车间相连时,在铰接点处不存在货物传递的垂向传递载荷,因此,牵引货车不需要考虑载荷转移。

由于牵引杆挂车后轴不涉及后轴驱动最小载荷,因此,按照相关约束条件绘制出的载荷布置标识,其构成曲线(含直线)至多为4条。

第三章 营运货车交通事故统计与典型故障分析

第一节 营运车辆道路交通安全现状

营运车辆交通事故统计的主要数据来源于 2013～2017 年间公安部交通管理局出版的《中华人民共和国道路交通事故统计年报》(图 3-1),以及原国家安全生产监督管理总局网站事故查询系统所公布的重特大交通事故,同时,参考交通运输部对较大级交通事故(死亡 3 人及以上)的统计,分析较大级以上的道路交通事故。

图 3-1 道路交通事故统计年报封面

一、全国道路交通事故概况

在 2013～2017 年我国道路交通事故中,受伤人数、直接财产损失、交通事故数和死亡人数总体均呈波动形势,如图 3-2 所示。五年间平均每年发生交通事故 20 万起、死亡 6.04 万人、受伤 21.23 万人、直接财产损失 11.14 亿元,平均每年交通事故增加 931 起、死亡人数增加 1046.6 人、受伤人数下降 814 人、直接财产损失增加 3482.8 万元,平均每起交通事故导致死亡 0.30 人、受伤 1.06 人、直接财产损失 0.56 万元。

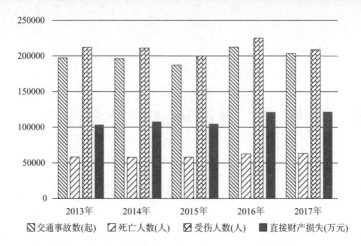

图 3-2 2013～2017 年全国道路交通事故四项统计数据

在 2013～2017 年我国道路交通事故中,每万车受伤人数和直接财产损失略有波动,每万车交通事故起数和死亡人数呈下降趋势,如图 3-3 所示。五年间平均每万车发生交通事故 11.67 起、死亡 3.52 人、受伤 105.37 人、直接财产损失 55.3 万元。

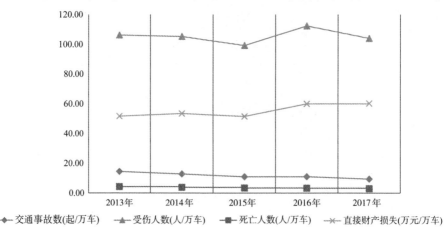

图 3-3 2013～2017 年全国道路交通事故每万车四项统计数据

二、营运车辆道路交通事故概况

在 2013～2017 年我国营运车辆道路交通事故中,除直接财产损失近三年有上升趋势外,死亡人数和受伤人数均呈下降趋势(图 3-4),这表明我国营运车辆交通安全水平在提升。五年间营运车辆平均每年发生交通事故 4.07 万起、死亡 1.91 万人、受伤 3.94 万人、直接财产损失 4.14 亿元,分别占全国对应数据总量的 20.40%、

31.6%、18.6%、37.2%;平均每年交通事故下降 2388.6 起、死亡人数减少 439 人、受伤人数减少 2899 人、直接财产损失增加 602.2 万元;平均每次交通事故导致死亡 0.47 人、受伤 0.97 人、直接财产损失 1.02 万元,是全国对应数据的 1.55 倍、0.91 倍、1.82 倍。由此可见营运车辆单起交通事故的死亡人数和直接财产损失高于全国水平,单起交通事故具有死亡人数高、直接损失大的特点;但是相应的受伤人数低于全国水平。

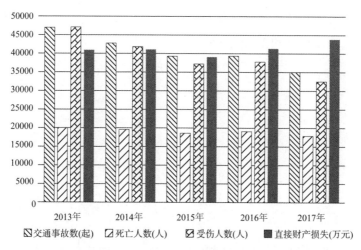

图 3-4　2013~2017 年营运车辆四项数据

在 2013~2017 年我国营运车辆道路交通事故中,每万车交通事故起数数据、死亡人数、受伤人数均呈下降趋势,直接财产损失近几年呈上升趋势,如图 3-5 所示。5 年间营运车辆平均每万车发生交通事故 27.5 起、死亡 12.88 人、受伤 26.6 人、直接财产损失 28 万元,分别是全国对应数据的 2.36 倍、3.66 倍、0.25 倍、0.51 倍。由此可见营运车辆的万车交通事故量和死亡人数超过了全国水平,这说明营运车辆具有每万车交通事故起数多、死亡人数多的特点;但是相应的受伤人数和直接财产损失低于全国水平。

三、营运货车道路交通事故概况

在 2013~2017 年我国营运货车道路交通事故中,除死亡人数略有波动外,事故起数、受伤人数、直接财产损失均呈下降趋势(图 3-6),这表明我国营运货车交通安全水平在持续提升。5 年间营运货车平均每年发生交通事故 2.81 万起、死亡 1.48 万人、受伤 2.48 万人、直接财产损失 3.35 亿元,分别占全国对应数据总量的14.1%、

24.5%、11.7%、30.1%,分别占营运车辆对应数据总量的 70.0%、77.6%、62.9%、81.0%;平均每年交通事故下降 1024.4 起、死亡人数下降 32.8 人、受伤人数减少 1312.4 人、直接财产损失增加 352.3 万元;平均每次交通事故导致死亡 0.53 人、受伤 0.88 人、直接财产损失 1.19 万元,分别是全国对应数据平均值的 1.74 倍、0.83 倍、2.14 倍,是营运车辆对应数据的 1.12 倍、0.91 倍、1.17 倍。营运货车单起交通事故的死亡人数和直接财产损失均远高于全国道路交通事故水平和营运车辆交通事故水平,单起交通事故具有死亡人数高、直接损失大的特点;但是相应的受伤人数低于全国水平,事故形态和损伤性有所差异。

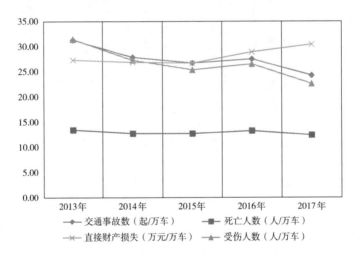

图 3-5 2013～2017 年营运车辆每万车四项统计数据

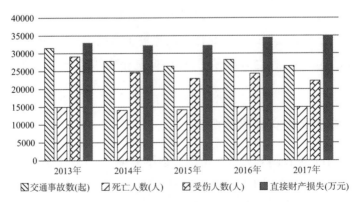

图 3-6 2013～2017 年营运货车四项数据

在 2013～2017 年我国营运货车道路交通事故中,每万车交通事故起数、死亡人数、受伤人数、直接财产损失在2016年都开始出现下降趋势,如图3-7所示。五年间营运货车平均每万车发生交通事故20.13起、死亡10.6人、受伤17.76人、直接财产损失24.05万元,分别是全国道路交通事故的1.72倍、3.01倍、0.17倍、0.43倍,分别是营运车辆道路交通事故的0.73倍、0.82倍、0.67倍、0.86倍。营运货车的平均交通事故量和死亡人数大大超过了全国平均水平,这说明营运货车具有每万车交通事故起数多、死亡人数多的特点;但是相应的受伤人数和直接财产损失低于全国水平,这与其结构和保有量相关。

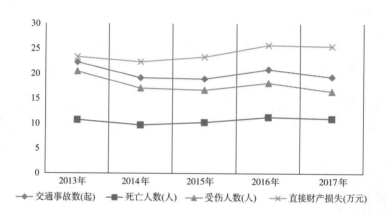

图3-7 2013~2017年营运货车每万车四项统计数据

第二节 营运货车道路交通事故统计分析

一、2017年营运货车道路交通事故分析

由第一节数据分析可知,2013~2017年5年间,全国道路交通事故数据、营运车辆事故数据、营运货车事故数据的基本趋势和变化规律都基本一致。本节从事故车辆类型、事故形态以及事故原因等方面对营运货车道路交通事故进行统计分析。

1. 营运货车道路交通事故分析

根据2017年全国道路交通事故统计年报数据,梳理出的营运货车事故起数、死亡人数、受伤人数、直接财产损失四项统计数据,见表3-1;按照车辆最大允许总质量(G)划分,见表3-2;按照车辆类型划分,见表3-3。

2017 年交通事故统计表　　　　　　　　　　　　　　　　　　　　表 3-1

车辆类型	事故起数 数量(起)	事故起数 占比(%)	死亡人数 数量(人)	死亡人数 占比(%)	受伤人数 数量(人)	受伤人数 占比(%)	直接财产损失 损失(万元)	直接财产损失 占比(%)
全国事故	203049	100.00	63772	100.00	209654	100.00	121311	100.00
营运车辆	35104	17.29	17957	28.16	32741	15.62	44063	36.32
营运货车	26512	13.06	15076	23.64	22505	10.73	34893	28.76

2017 年营运货车车型交通事故统计——按最大允许总质量划分　　　表 3-2

车辆类型	事故起数 数量(起)	事故起数 占比(%)	死亡人数 数量(人)	死亡人数 占比(%)	受伤人数 数量(人)	受伤人数 占比(%)	直接财产损失 损失(万元)	直接财产损失 占比(%)
重型货车	17947	51.13	10739	59.80	14974	45.73	248384224	56.37
中型货车	1645	4.69	897	5.00	1459	4.46	14577163	3.31
轻型货车	5352	15.25	2359	13.14	4774	14.58	39867848	9.05
微型货车	55	0.16	21	0.12	56	0.17	226427	0.05
合计	25999	74.07	14016	78.05	21263	64.94	303055662	68.78

注：1. 重型货车：$G \geqslant 12t$；中型货车：$4.5 \leqslant G < 12t$；轻型货车：$1.8 < G < 4.5t$；微型货车：$G \leqslant 1.8t$。

2. 重型货车包含汽车列车。

2017 年营运货车车型统计表——按车辆类型划分　　　　　　　　表 3-3

车辆类型	事故起数 数量(起)	事故起数 占比(%)	死亡人数 数量(人)	死亡人数 占比(%)	受伤人数 数量(人)	受伤人数 占比(%)	直接财产损失 损失(元)	直接财产损失 占比(%)
载货汽车(牵引车辆除外)	25999	74.07	14016	78.05	21263	64.94	303055662	68.78
汽车列车	1513	4.31	1060	5.90	1423	4.35	45917008	10.42

根据 2017 年全国营运车辆的四项统计数据分析，可知：

(1) 营运货车事故起数、死亡人数、受伤人数、直接财产损失分别占营运车辆对应数据总量的 74.07%、78.05%、64.94% 和 68.78%，是营运车辆交通事故的肇事主体。

(2) 全国道路交通事故中，平均每次事故造成 0.31 人死亡、1.03 人受伤、直接财产损失 0.60 万元；营运车辆发生的道路交通事故，平均每起事故造成 0.51 人死亡、0.93 人受伤、直接财产损失 1.26 万元；营运货车发生的道路交通事故，平均每起事故造成 0.57 人死亡、0.85 人受伤、直接财产损失 1.32 万元；可见营运车辆和营运货车的致死率和直接财产损失比较高。

(3) 按照车辆最大允许总质量划分，重型货车是导致交通事故的主要车型，轻型货车和中型货车次之；按照车辆类型划分，载货汽车是导致交通事故的主要车型，汽车列车的占比相对较小。

由此可见，在营运车辆道路交通事故中营运货车的事故数、造成的死亡人数、受伤人数以及直接财产损失均占最大比例，平均每次事故造成的死亡人数和直接财产损失高于营运车辆整体的统计数据，这表明货运车辆一旦发生道路交通事故，更容易造成较大的人员死亡和财产损失，尤其是重型货车引发的交通事故。因此，针对营运货车，尤其是重型载货汽车要制定比普通车辆标准要求更高、更规范的安全技术条件标准。

2. 营运车辆道路交通事故形态分析

根据 2017 年全国道路交通事故统计年报数据，梳理出的营运车辆道路交通事故形态统计见表 3-4。

2017 年营运车辆交通事故形态统计表　　　　表 3-4

事故形态	事故起数		死亡人数		受伤人数		直接财产损失	
	数量(起)	百分比(%)	数量(人)	百分比(%)	数量(人)	百分比(%)	损失(元)	百分比(%)
侧面碰撞	14015	39.92	6276	34.95	13564	41.43	90642010	20.57
刮撞行人	5727	16.31	2737	15.24	3588	10.96	18741726	4.25
追尾碰撞	4302	12.26	2437	13.57	4596	14.04	105499759	23.94

续上表

事故形态	事故起数		死亡人数		受伤人数		直接财产损失	
	数量(起)	百分比(%)	数量(人)	百分比(%)	数量(人)	百分比(%)	损失(元)	百分比(%)
正面碰撞	2113	6.02	1241	6.91	2413	7.37	19336116	4.39
碰撞静止车辆	2331	6.64	1494	8.32	2600	7.94	80701130	18.32
其他角度刮擦	1790	5.10	762	4.24	1734	5.30	18566136	4.21
撞固定物	917	2.61	485	2.70	908	2.77	28995659	6.58
碾压行人	795	2.26	579	3.22	265	0.81	2294277	0.52
侧翻	786	2.24	575	3.20	1105	3.37	51718782	11.74
同向刮擦	468	1.33	235	1.31	368	1.12	1806175	0.41
合计	33244	94.70	16821	93.67	31141	95.11	418301770	94.93

在所有营运车辆的事故中：

(1)车辆间事故共发生2.6万起、造成1.28万人死亡、2.61万人受伤、直接财产损失3.3亿元，分别占营运车辆对应数据总量的73.55%、71.30%、79.73%和73.78%，侧面碰撞、追尾碰撞、碰撞静止车辆是车辆间事故的主要形态。

(2)车辆与人事故共发生0.7万起、造成0.37万人死亡、0.41万人受伤、直接财产损失0.24亿元，分别占营运车辆对应数据总量的20.01%、20.65%、12.49%和5.37%，刮撞行人、碾压行人、碰撞后碾压行人是车辆与人事故的主要形态。

(3)单车事故共发生0.23万起、造成0.14万人死亡、0.3万人受伤、直接财产损失0.91亿元，分别占营运车辆对应数据总量的6.44%、8.05%、7.78%和20.85%，侧翻、撞固定物、翻滚是单车事故的主要形态。

综上所述，侧面碰撞、刮撞行人、追尾碰撞、正面碰撞、碰撞静止车辆这五类事故形态占营运车辆道路交通事故起数的81.15%、死亡人数的78.99%、受伤人数的81.74%、直接财产财产损失的71.47%，是营运车辆的主要事故形态。发生这些事故的主要原因有驾驶员没注意观察、判断失误、超速、超载、疲劳驾驶、未与前车保持安全距离、制动不及时等。为了减少这些事故的发生，需要车辆配备必要的主动安全技术装置。

3. 营运车辆道路交通事故原因分析

根据2017年全国道路交通事故统计年报数据，梳理出的营运车辆道路交通事故原因见表3-5。

2017年营运车辆交通事故原因统计表　　　　表3-5

事故原因	事故起数		死亡人数		受伤人数		直接财产损失	
	数量(起)	百分比(%)	数量(人)	百分比(%)	数量(人)	百分比(%)	损失(元)	百分比(%)
未按规定让行	4883	13.91	2195	12.22	4116	12.57	24947197	5.66
超速行驶	1553	4.42	1079	6.01	1342	4.10	44849513	10.18
违法上道路行驶	1372	3.91	1028	5.72	1407	4.30	22809714	5.18
违反交通信号	1265	3.60	592	3.30	1268	3.87	10356838	2.35
在同车道行驶中,不按规定与前车保持必要的安全距离的	1194	3.40	630	3.51	1265	3.86	24642446	5.59
逆向行驶	1109	3.16	625	3.48	1406	4.29	12348976	2.80
违法超车	999	2.85	490	2.73	1165	3.56	6229073	1.41
违法会车	970	2.76	404	2.25	1292	3.95	6376073	1.45
违法变更车道	758	2.16	280	1.56	706	2.16	6882306	1.56
无证驾驶	710	2.02	476	2.65	617	1.88	7746410	1.76
违法倒车	677	1.93	326	1.82	427	1.30	3258846	0.74
合计	15490	44.13	8125	45.25	15011	45.85	170446830	38.68

（1）按照交通事故发生的起数统计，未按规定让行、超速行驶、违法上道路行驶、违反交通信号、在同车道行驶中不按规定与前车保持必要的安全距离是导致交通事故的主要原因。

（2）按照直接财产损失统计，超速行驶、未按规定让行、同车道行驶中，不按规定与前车保持必要的安全距离、违法上道路行驶是导致交通事故的主要原因。

可以通过加强对驾驶员的培训、加大执法力度、提高营运货车的安全技术性能来避免和预防这些违法行为的发生,减少交通事故。

二、营运货车较大级交通事故分析

2011～2018年间共发生较大级道路交通事故729起,导致死亡3120人、受伤3648人。其中营运货车肇事产生的交通事故506起,导致死亡2161人、受伤1543人;其他车辆肇事产生的交通事故223起。针对所有营运货车参与的交通事故,按照营运货车车辆类型进行统计,普通货车是肇事车辆的主要车型,见表3-6。按照营运货车道路交通事故中参与车辆的数量统计,双车事故是主要的事故形式,见表3-7。

营运货车较大级交通事故统计表——按车辆类型划分　　表3-6

类别	普通货车	汽车列车	自卸车	罐式车	其他
数量(起)	453	149	48	27	52
占比(%)	62.14	20.44	6.58	3.70	7.13

营运货车较大级交通事故统计表——按参与事故车辆数划分　　表3-7

类别	单车事故	双车事故	多车事故
数量(起)	56	574	99
占比(%)	7.68	78.74	13.58

针对506起营运货车肇事导致的道路交通事故,按照事故车辆最终呈现形态统计,得出碰撞、追尾、侧翻是营运货车主要的交通事故形态,且致死率均较高,统计结果见表3-8。

营运货车较大级交通事故统计表——按事故车辆最终呈现形态划分　　表3-8

序号	主要形态	数量(起)	占比(%)	死亡人数(人)	受伤人数(人)	死亡率(%)
1	碰撞	314	62.06	1302	905	58.99
2	追尾	86	17.00	386	303	56.02
3	侧翻	50	9.88	214	179	54.45
4	坠落	9	1.78	41	11	78.85
5	燃烧	7	1.38	31	18	63.27

注:1. 碰撞不包含追尾。

2. 同一事故可具有多种形态,分别统计在不同类别当中,但占比仍按总事故数506起来计算。

针对事故发生的主要原因进行分类统计，驾驶员操作不当、违规超车或占道行驶、制动系统问题是导致营运货车道路交通事故的主要原因，统计结果见表3-9。由于交通事故统计数据侧重于交通事故形态、驾驶员是否违规操作、车辆是否违法使用、车辆最终呈现的状态描述，因此导致事故的车辆本质原因的统计较少。

营运货车较大级交通事故统计表——按事故发生的主要原因划分　　　表3-9

序号	主要原因	数量(起)	占比(%)	死亡人数(人)	受伤人数(人)
1	驾驶员操作不当	98	19.37	400	232
2	超速	4	0.79	14	3
3	超载	9	1.78	36	34
4	车辆失控	12	2.37	63	36
5	疲劳驾驶	2	0.40	7	0
6	违规驾驶	18	3.56	78	79
7	其他	72	14.23	309	99

注：同一事故可具有多种形态，分别统计在不同类别当中，但占比仍按总事故数489起来计算。

通过以上统计分析发现，普通营运货车的两车事故是道路交通事故的主要形式，最终车辆的事故形态主要表现为碰撞、追尾、侧翻。通过加强车辆本质安全、推广主/被动安全装置的应用，可以提高车辆的安全性能。同时，加强驾驶员的培训、规范驾驶行为，能更有效地降低交通事故的发生概率。

三、营运货车重特大交通事故分析

2011～2018年间共发生重特大道路交通事故54起，导致死亡753人、受伤714人。其中营运货车肇事产生的交通事故25起，导致死亡342人、受伤331人；其他车辆肇事产生的交通事故29起。对以上25起重特大营运货车交通事故主要特征进行分类统计，按照营运货车车辆类型进行统计，载货汽车是肇事车辆的主要车型，见表3-10；按照营运货车道路交通事故中参与车辆的数量统计，双车事故和多车事故是主要的事故形式，见表3-11。

营运货车重特大交通事故统计表——按车辆类型划分　　　表3-10

类别	半挂汽车列车	载货汽车	自卸车
数量(起)	8	13	4
占比(%)	32.00	52.00	16.00

营运货车重特大交通事故统计表——按参与事故车辆数划分　　表3-11

类别	单车事故	双车事故	多车事故
数量(起)	2	13	10
占比(%)	8.00	52.00	40.00

针对25起营运货车肇事导致的道路交通事故,按照事故车辆最终呈现形态统计,得到追尾、侧翻、碰撞是营运货车主要的交通事故形态,且致死率均较高,排名前5位的事故车辆最终呈现形态统计结果见表3-12。

营运货车重特大交通事故统计表——按事故车辆最终呈现形态划分　　表3-12

序号	主要形态	数量(起)	占比(%)	死亡人数(人)	受伤人数(人)
1	碰撞	9	30	148	217
2	追尾	7	23.33	107	51
3	侧翻	7	23.33	81	97
4	燃烧	5	16.67	114	29
5	坠落	2	6.67	11	6

注:1. 碰撞不包含追尾。

2. 同一事故可具有多种形态,分别统计在不同类别当中,但占比仍按总事故数25起来计算。

针对事故发生的主要原因进行分类统计,超载、制动问题、超速是导致营运货车道路交通事故的主要原因,统计结果见表3-13。

营运货车重特大交通事故统计表——按事故发生的主要原因划分　　表3-13

序号	主要原因	数量(起)	占比(%)	死亡人数(人)	受伤人数(人)
1	超载	12	26.09	184	148
2	制动问题	10	23.91	119	136
3	超速	9	19.57	98	157
4	非法改装	5	10.87	79	74
5	操作不当	5	15.22	66	53
6	其他	2	4.35	27	40

注:同一事故可具有多种形态,分别统计在不同类别当中,但占比仍按总事故数25来计算。

在营运货车所引发的重特大交通事故中,半挂汽车列车是主要肇事车型,由其引发的双车交通事故和多车交通事故占事故总数的92%。虽然半挂汽车列车事故总数不多,但其导致的交通事故惨烈、社会影响广泛、经济损失惨重、人身安全受到重大威胁,加剧了人们对"大货车"的恐慌心理,也留下了汽车列车容易肇事的不良印象。由于货车超载运输,致使车辆存在严重的制动安全隐患,同时超速行驶也是导致交通事故的主要根源。因此,如何提高营运货车的运行安全,尤其是营运货车制动安全,对预防和减少道路运输事故的发生具有重要的现实意义。

第三节 营运货车典型故障分析

本节通过调研中国汽车工程研究院的相关事故鉴定分析部门,结合 2011~2016 年的交通事故鉴定案例统计分析,梳理分析营运货车的典型故障。

案例筛选的原则:①事故参与方至少有一方为营运车辆;②事故造成的后果严重,有一名及以上人员死亡或重伤、无人员重伤或死亡但财产损失重大(一百万以上)或后果影响比较严重(危化品车辆)。

通过对 4841 起营运车辆司法鉴定案例统计分析,营运车辆的安全技术性能状况如图 3-8 所示。

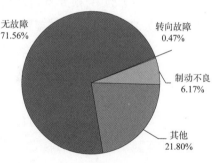

图 3-8 事故车辆安全技术性能比例图

从肇事车辆的技术性能来看,71.56% 的事故车辆的技术性能符合《机动车运行安全技术条件》(GB 7258—2012)的要求,28.44% 的肇事车辆引起的交通事故与车辆的安全技术性能达不到国家标准有关,其中 6.17% 的肇事车辆制动不良,包括制动失效、制动效能不足,造成的原因主要有制动摩擦片与制动鼓磨损严重或被油渍污染、制动回路气压不足、制动气室密封皮碗破裂等;0.47% 的肇事车辆转向系统有故障,主要原因为转向拉杆球头松旷、转向盘自由转动量过大等;另外 21.80% 的肇事车辆是其他原因,有的照明及信号装置失效或被严重遮挡,有的反光标识未粘贴、破损或被遮盖,有的侧后下部防护装置未安装或安装的不符合国家标准的要求,有的车辆轮胎爆胎、气压过大或偏下、轮胎花纹磨损严重或不同规格轮胎混装等。这些因素或许不是事故发生的主要原因,但给车辆的运行安全带来了隐患。

通过统计 1377 起安全技术性能不符合相关标准要求的车辆发现,80% 以上的不合格车辆为营运货车,如图3-9所示。

针对1165起营运货车安全技术性能不符合相关标准的车型统计,不合格车型最多的为专用汽车(含罐式汽车、仓栅式汽车、特殊结构货车等),其次为载货汽车,如图3-10所示。

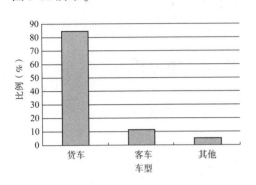

图3-9　营运车辆不合格车型分布图　　　　图3-10　营运货车不合格车型分布图

在筛选的案例中,很少有营运货车安装有主动安全技术设备,有的车辆甚至连GPS装置或ABS装置都形同虚设。

第四节　提高营运货车本质安全的技术措施

提高营运货车的运输安全的方法主要有两种,一种是在目前现有技术基础上加强营运货车整车、零部件的制造水平,提高现有车辆的技术水平;另外一种是通过各种主/被动安全技术的应用,在提高车辆本质安全的同时,减轻因驾驶员误操作或疲劳驾驶带来的安全隐患,进一步提升车辆的安全水平。

一、提高车辆及零部件制造水平

据公安部交通管理局统计,2016年货运车辆虽只占全国机动车保有量的12.28%,但因其产生的道路交通事故死亡人数占总数的48.23%。货车肇事原因,除驾驶员违法行为外,货车车型违规生产问题日益凸显,导致货车运输风险加大,货车交通事故多发、高发。新闻媒体向社会公布曝光了部分车型车辆登记注册环节不符合国家安全技术标准、与工业和信息化部《道路机动车辆生产企业及产品公告》(以下简称《公告》)不一致等违规生产问题,涉及339个生产厂家的2008个车型。

违规生产问题主要集中在三方面:一是关键性安全装置缺失,94个货车车型未按规定安装防抱制动装置,104个车型未按规定安装侧后防护装置,71个车型未安装车身反光标识,56个车型未安装车辆尾部标志板等安全装置;二是超长超宽、轮胎规格不一致等问题严重,156个货车车型的外廓尺寸、货厢尺寸,145个车型的轮胎规格,与《公告》或《整车出厂合格证》标明的技术参数不一致,违规改变货车车厢尺寸、更改轮胎规格、增加钢板弹簧数量,为超载超限运输提供条件;三是标准要求不落实,70个重型货车、危险货物运输车车型未按规定安装行驶记录仪,348个货车车型未按规定在驾驶室两侧喷涂栏板高度、总质量及危险货物罐体容积、货物种类。

2013年,福建厦蓉高速漳州段"3.22"重大交通事故,就是一起典型的由制动性能问题引发的多车交通事故。该事故中,半挂牵引车的前轴制动器被人为解除,部分制动器机件磨损、损伤或沾油,严重降低车辆制动性能,在长下坡路段持续制动,制动器摩擦过热,制动效能下降,直至制动失效,先后与小轿车、卧铺客车(核载44人、实载44人,其中儿童3人)、自卸车碰撞,造成12人死亡、34人受伤。安徽亳州市利辛县"9.24"重大交通事故中,半挂车经两次非法改装,将13.0m×2.5m×0.6m的栏板车改装成13.0m×3.0m×1.8m的侧翻车,核载33t,实载109t,与客车(核载47人、实载37人)碰撞后连续剐碰,造成10人死亡、28人受伤。

由此可见,部分企业在车辆生产环节存在缺陷、隐患的车辆一旦流入市场,不仅直接伤害了购车人的合法权益,也给交通安全埋下了严重隐患。因此,应该提高车辆产品、零部件产品的质量,从生产、制造环节强化车辆本质安全,对从根本上预防和减少交通事故,特别是减少人员伤亡至关重要。

二、主、被动安全技术的应用

车辆的主动安全技术是通过提升车辆本身的制动性、操纵性、行驶稳定性等,达到防止或减少道路交通事故发生的目的。车辆的被动安全技术是在车辆发生事故后,通过提升车辆的结构性能,减少对车辆人员或货车货物的伤害。针对营运货车的主、被动安全技术的应用,目前主要体现在以下几个方面。

1. 防抱死制动系统

防抱死制动系统(Antilock Brake System,简称ABS)就是在汽车制动时,自动控制制动器的制动力大小,使车轮不被抱死,处于边滚边滑(滑移率在20%左右)的状态,以保证车轮与地面的附着力在最大值。但是 ABS 在安装和使用过程中,存在很多不规范的地方,福建"3.22"重大交通事故就是一个典型的例子。此外,在汽车列车上还存在着牵引车和挂车制动协调不匹配的现象,如牵引车和挂车分别使用不同厂家生产的 ABS,很难保障列车的制动协调性;使用的 ABS 类别不同,大部分牵引车安装的是 1 类 ABS,半挂车则绝大部分安装 B 类 ABS,导致列车在低附着系数路面的制动安全性能得不到有效保障,严重影响了列车的行驶安全。

2. 电子控制制动系统

ABS 具有诸多优点,但仍有摩擦衬片磨损、常规制动系统反应慢等问题。为了改善营运货车制动性能,以电控气动的方式控制前后轴以及挂车轴的制动压力水平,可缩短制动缸的响应和起压时间。因此,能使制动距离明显缩短的电子控制制动系统(Electronically Controlled Brake System,简称 EBS)也发展了起来。EBS 完全采用电控气制动,消除了机械制动响应时间长,制动舒适性差等缺点,是目前解决牵引车和挂车制动协调一致性的有效手段。EBS 除了具有 ABS 及其附加功能外,还增加了控制制动管路的功能。在 EBS 电控回路失效的情况下,EBS 的气压控制回路可作为备用控制回路工作,保证制动系统的制动性能。而且在 EBS 电控系统上可以拓展其他的制动辅助系统,如电子稳定性控制功能(Electronic Stability Control,简称 ESC)、自适应巡航控制(Adaptive Cruise Control,简称 ACC)、前方碰撞预警(Forward Collision Warning,简称 FCW)系统及自动紧急制动(Autonomous Emergency Braking,简称 AEB)系统等。

3. 自动紧急制动系统

自动紧急制动系统(Advanced Emergency Braking System,简称 AEBS)是通过自动检测潜在的前方碰撞并激活车辆制动系统,能使车辆减速以避免或减轻碰撞的系统。AEBS 的出现对自动驾驶技术的发展具有里程碑式的意义,它通过电信号准确、快速地实现了对车辆运动的控制,标志着自动驾驶所依赖的制动执行系统在硬件上得到了充分的实现。欧洲新车安全评鉴协会(Euro-NCAP)调研显示装备 AEB 系统之后能减少 27% 的事故。

4. 电子稳定控制系统

电子稳定控制系统(Electronic Stability Control System,简称 ESC)是在 ABS 和牵引力控制系统(Traction Control System,简称 TCS)功能基础上的进一步扩展。在汽车因为受离心力的作用即将发生侧滑的时候,ESC 通过对部分车轮进行制动从而使车身保持稳定可控,阻止汽车发生侧滑现象。ESC 系统主要通过对车辆纵向和横向稳定性进行控制,保证车辆按照驾驶员的意识安全行驶。

5. 车道偏离预警系统

车道偏离预警系统(Lane Departure Warning System,简称 LDWS)是一种通过报警的方式辅助驾驶员减少汽车因车道偏离而发生交通事故的系统。车辆偏离预警系统分为"纵向"和"横向"车道偏离警告两个主要功能。纵向车道偏离警告系统主要用于预防那种由于车速太快或方向失控引起的车道偏离碰撞,横向车道偏离警告系统主要用于预防由于驾驶员注意力不集中以及驾驶员放弃转向操作而引起的车道偏离碰撞。当车辆偏离行驶车道时,其可通过警报音、转向盘振动或自动改变转向给予提醒。

6. 车道保持辅助系统

车道保持辅助系统(Lane Keeping Assist System,简称 LKAS)是在"LDWS"(车道偏离警示系统)的基础上,对制动的控制协调装置进行控制。如果车辆接近识别到的标记线并可能脱离行驶车道,那么会通过转向盘的振动,或者是声音来提醒驾驶员注意。

7. 前方碰撞预警系统

前方碰撞预警系统(Forward Collision Warning,简称 FCWS)能够通过雷达系统时刻监测前方车辆,判断本车与前车之间的距离、方位及相对速度,当存在潜在碰撞危险时对驾驶者进行警告。FCW 系统本身不会采取任何制动措施去避免碰撞或控制车辆。

8. 疲劳驾驶预警系统

疲劳驾驶预警系统(Driver Fatigue Monitor System,简称 DFMS)是基于驾驶员生理图像反应,由 ECU(电子控制单元)和摄像头两大模块组成,利用驾驶员的面部特征、眼部信号、头部运动等推断驾驶员的疲劳状态,并进行报警提示和采取相应措施的装置,以给予驾驶员主动、智能的安全保障。

9. 盲点探测系统

由于汽车后视镜存在视觉盲区,变道之前看不到盲区内的车辆,如果盲区内有超车车辆,此时变道就会发生碰撞事故。在大雨天气、大雾天气、夜间光线昏暗时更加难以看清后方车辆,此时变道就面临更大的危险,盲点探测系统(Blind Spot Detection System,简称 BSDS)就是为了解决后视镜的盲区而产生的。该系统又称为并线辅助系统,主要功能是扫除后视镜盲区,通过微波雷达探测车辆两侧的后视镜盲区中的超车车辆,提醒驾驶者,从而避免在变道过程中由于后视镜盲区而发生事故。

10. 爆胎应急安全装置

真空轮胎在发生爆胎或严重失压后,轮胎脱圈阻力急剧减小,轮胎在偏向力的作用下受到地面拖拽会使胎圈卷入槽底,轮胎与轮毂发生分离。金属轮毂会在车轮失压后的0.3s内因轮胎丧失支撑力而下沉,直接与路面接触,这时车轮会丧失依靠轮胎向地面传递驱动力、转向力及制动力等功能,从而导致车辆"雪崩"式失控,发生严重的侧滑、翻车事故。爆胎应急安全装置是指一种当转向车轮轮胎破裂失压后,能够使车辆可继续直线行驶一段距离的装在轮胎内部的一种装置。它能及时释放车轮剧增的运动阻力,从而可控制车辆行驶方向,避免转向轮因一侧轮胎失压而造成车辆方向失控。

第四章 《中置轴挂车通用技术条件》（GB/T 37245—2018）释义

第一节 标准制定情况

近年来，随着我国国民经济的快速发展，作为国家基础建设工程的高速公路网已基本形成，截至 2018 年底，我国公路里程达 484.7 万公里，高速公路里程达 14.3 万公里，道路交通基础设施已居世界一流，为我国国民经济进一步高质量发展奠定了基础。但与此同时，在我国道路上行驶的货运车辆标准化水平低的问题亟待解决，非标货物运输车辆行驶问题较为突出，超载超限运输现象屡禁不止。

因此，自 2012 年开始，国家标准委等部门要求《道路车辆 外廓尺寸、轴荷及质量限值》（GB 1589—2004）、《货运挂车系列型谱》（GB/T 6420—2004）和《车辆运输车通用技术条件》（GB/T 26774—2011）等标准开始同步修订，2014 年又启动了《机动车运行安全技术要求》（GB 7258—2012）修订工作。两项强制性国家标准和相关推荐性国家标准的修订和发布实施为我国货运车辆标准化发展奠定了基础。

在以上标准制修订过程中，经过对国内外货运车辆应用现状的对比分析和研究，了解到中置轴挂车及其组成的汽车列车具有良好的通过性，与货运单车、铰接列车（半挂汽车列车）相比可增加列车长度、增加装货容积，已在欧洲广泛使用。随着相关标准的发布实施，中置轴挂车列车在我国车辆运输行业、轻泡货物运输行业和快递业逐步推广使用。但是，我国中置轴挂车车型的技术标准尚是空白，急需制定该产品通用的技术要求与试验方法等相关标准，以规范、引导中置轴挂车及其列车健康发展，推动运输装备技术升级，实现货物安全高效运输，有力支撑我国货运车辆的标准化发展。

经过交通运输部公路科学研究院、中集车辆（集团）股份有限公司等单位前期研究和申请，全国汽车标准化技术委员会挂车分技术委员会申报，2016 年 6 月 12 日，国家标准委印发了《关于下达2016年第一批国家标准制修订计划的通知》,确定由交通运输部公路科学研究院、中集车辆(集团)股份有限公司等单位共同研究制定推荐性国家标准《中置轴挂车通用技术条件》,计划号为20160559-T-339。

第二节　制定原则及制定过程

标准计划下达后,标准制定牵头单位交通运输部公路科学研究院技术人员启动了相关研究工作,组建工作组,梳理分析国内外中置轴挂车及其列车的相关标准、技术资料、试验运行情况等,根据我国标准化相关要求与行业实际需求,研究确定标准制修订原则、确定主要技术内容、开展相关试验验证、起草标准草案和召开研讨会组织技术论证等。

1. 标准制定原则

经过研究分析国内外中置轴挂车及列车技术标准,确定本标准制定遵循以下四项原则。

(1)先进性原则。借鉴欧美等发达国家相关标准,参考和应用符合国情的相关技术标准内容以及试验积累的相关数据,使标准具有较好的先进性和实用性。

(2)协调性原则。充分分析和研究我国的相关法律法规和技术标准,使本标准具有充分的兼容性和协调性。

(3)引导性原则。标准内容应充分体现引导未来产品技术发展方向,体现国家对节能、环保和低碳车型发展的鼓励政策,使标准具有一定的前瞻性和引导性。

(4)适用性原则。标准应符合我国车辆工业生产实际,满足道路运输业需求,具有较好的适用性和可操作性。

2. 标准制定过程

在《道路车辆　外廓尺寸、轴荷和质量限值》(GB 1589—2004)、《货运挂车系列型谱》(GB/T 6420—2004)等相关标准修订过程中,交通运输部公路科学研究院、中集车辆(集团)股份有限公司、中国重汽集团青岛重工有限公司和天津劳尔工业有限公司等单位开始了前期研究工作,并于2015年9月申报了国家标准制定计划。

2015年6月,交通运输部印发了《关于开展超长汽车列车试点工作的批复》(交运函〔2015〕436号),同意黑龙江省龙运集团组织中置轴货车列车运行,并开展超长汽车列车运行试点工作。国内相关汽车、挂车制造企业通过借鉴国外相关标准和技术研究开发相关车型,其中中国重汽集团青岛重工有限公司、中集车辆(山东)有限公司先后开发试制了2组厢式中置轴挂车列车,天津劳尔工业有限公司和上汽依维柯红岩商用车有限公司开发试制了2组车辆运输中置轴挂车列车,这些中置轴挂车样车的设计、生产、试验验证有力支撑了标准的起草工作。

2016年1月25日至26日,交通运输部公路科学研究院等单位在山东济南开展了模块化中置轴挂车列车技术及关键性能测试方案调研,补充完善了相关试验内容和标准,参观考察了厢式中置轴挂车列车样车,为标准相关限值、要求的提出奠定了基础。

2016年4月13日至15日,标准起草组在深圳中集车辆(集团)股份有限公司召开了标准的起草研讨会。会议确定了标准的制定原则、标准的结构框架和相关的技术内容,形成了标准工作组讨论稿。

2016年4月底至7月,工作组技术人员先后在交通运输部公路交通试验场和襄阳汽车试验场,对两组厢式中置轴挂车列车和一组车辆运输中置轴挂车列车进行了相关试验,进一步验证了标准讨论稿的技术内容,并补充完善了相关技术要求条款。经过工作组对标准的进一步梳理和研究,形成了标准的征求意见初稿。

2016年8月1日至2日,工作组在山东济南召开了该标准研讨会,与会专家对照标准征求意见初稿进行了逐项、逐条研讨,提出了很多修改意见。如删除了原来的4.7.4条中置轴挂车在运行中应满足的要求,增加了摆动幅度要求;将4.6节修改为工艺与外观要求;增加了《道路车辆 牵引车辆和刚性杆挂车机械连接装置 强度试验》等内容。会后,经过标准起草组整理形成了标准的征求意见稿。

2016年8月10日,全国汽车标准化技术委员会挂车分技术委员会秘书处印发《关于对〈中置轴挂车通用技术条件〉等2项国家标准征求意见的函》(汽标委挂分秘字〔2006〕013号),向全国汽车标准化技术委员会挂车分技术委员会委员、部分车辆生产企业和货运企业书面征求意见,并在全国汽车标准化技术委员会网站、交通运输部网站、全国汽车标准化技术委员会挂车分技术委员会网站上公开征求意见。截至2016年10月10日,共计收到山东迅力特种汽车有限公司、东风商用车有限公司、吉林大学、扬州中集通华专用车有限公司、欧洲汽车工业协会北京代表处等26个单位的回函。标准工作组对全部意见进行了汇总、归纳和处理,共整理出40条有代表性的意见。在此基础上,对标准征求意见稿进行了修改、完善,整理形成了标准送审初稿。

2016年11月19日，交通运输部公路科学研究院组织标准参与起草单位以及行业专家、代表20多人召开了标准送审初稿研讨会，对标准的征求意见回函处理、标准送审初稿技术内容进行了深入研讨，经过会后整理，形成了标准的送审稿等送审材料。

2016年12月26日，全国汽车标准化技术委员会挂车分技术委员会在北京召开了2016年年会暨标准审查会。参加会议的近40名专家及代表通过会议审查方式认真审查了标准，与会人员提出了审查意见并形成了会议纪要，该标准顺利通过审查。会后，项目组按照专家意见和建议补充、完善了相关标准内容，形成了标准的报批稿等报批材料，按标准化管理要求逐级报送、审批。

2018年12月28日，标准正式发布，标准号为GB/T 37245—2018。

第三节 标准主要内容

标准共由7章组成，包括范围、规范性引用文件、术语和定义、技术要求、试验方法、检验规则和标识、随车文件、运输与贮存及出厂要求。其中技术要求和试验方法是本标准的核心内容，技术要求又分为整车要求、车架要求、车厢要求、主要总成要求、机械连接要求、工艺与外观要求、性能要求等7部分。

中置轴挂车只有与牵引货车连接后形成列车才能够上路行驶。鉴于其结构与工作原理的特殊性，如转移到货车上的静载荷要求、中置轴挂车与货车连接回转的要求、气电连接的要求等，本标准不仅针对中置轴挂车提出要求，还对与其连接匹配的牵引货车提出了相关要求，以确保标准的有效实施。标准制定中需重点说明的事项包括：

1. 关于中置轴挂车定义

标准的"术语和定义"一章中，中置轴挂车的定义与《汽车和挂车类型的术语和定义》（GB/T 3730.1—2001）基本相同，只是参考相关国外标准后，发现GB/T 3730.1—2001的相关数据存在笔误，所以调整了中置轴挂车作用于牵引车上的静载荷。由"不超过相当于挂车最大总质量的10%或1000N的载荷（两者取较小者）"改为"不超过相当于挂车最大总质量的10%或10000N的载荷（两者取较小者）"。

2. 关于牵引货车车厢最后端至中置轴挂车厢体最前端的距离 T

中置轴挂车与牵引货车连接匹配后，其厢体最前端距牵引货车车厢最后端的距

离 T 应不小于 750mm，该值是在中置轴挂车列车处于直线行驶时的状态进行测量的，是确保汽车列车在转弯时前后两个车厢不能够相互碰撞或干涉的最小值。T 值是一个计算差值（见后面说明），由于在标准的 4.5 节"机械连接要求"中规定了相关连接尺寸要求，在标准审查会上，专家建议取消该要求，在标准报批稿中已删除，同时删除了原图 1。

3. 关于中置轴挂车列车高速运行时的车体强度要求

为实现高效运输、降低物流成本，并确保高速公路的通行效率，中置轴挂车列车最高车速应不小于 90km/h。为了保证中置轴挂车车架、车厢、连接件等产品质量能够满足要求，标准提出了中置轴挂车结构应满足满载时车辆行驶车速 90km/h 的要求，这也是对车辆定型试验提出了要求。

4. 关于牵引货车与中置轴挂车连接后的电气连接座的距离

牵引货车与中置轴挂车连接后，牵引货车电气连接座与中置轴挂车电气连接座之间的距离在 1350 mm 至 1500 mm 之间的要求，是综合考虑几个连接管线的长度、转弯时的拉长和行驶时的不拖地等条件确定的，需要牵引货车与中置轴挂车连接匹配后共同确定。该项要求在送审初稿研讨会上，按照专家建议调整为"4.1.6 牵引货车和中置轴挂车之间电气连接器的安装位置符合《道路车辆 牵引车与挂车之间的电气和气动连接位置》（GB/T 32861—2016）的规定，中置轴挂车电气连接器安装板距牵引杆挂环中心的距离宜不小于 1400 mm，必要时增加管线防护装置。"

5. 避免中置轴挂车跑偏、啃胎问题技术指标的确定

中置轴挂车牵引杆挂环中心在水平面上的投影点与中置轴挂车第一轴左、右轮中心在水平面上投影点的距离差以及相邻车轴之间的左、右轮中心距离差是考核中置轴挂车是否跑偏、啃胎的主要技术指标，本标准参照挂车行业相关标准提出了一定限值要求，考虑测量方法和实际影响状况可按照相关标准要求执行。

6. 关于中置轴挂车车架、车厢制造过程中偏差、公差的要求

中置轴挂车车架是中置轴挂车的主要组成部分，是整个车厢和货物的载体。本标准针对中置轴挂车车架在制造过程中的相关直线公差、极限偏差、对角线误差、平面度等提出了具体的要求。以确保车架质量及中置轴挂车的整车质量要求。

按照新修订并发布实施的《货运挂车系列型谱》（GB/T 6420—2017）要求，中置轴挂车现阶段只有厢式和车辆运输两种形式，暂不包含仓栅式和栏板式等其他形式。本标准中对厢式中置轴挂车的车厢尺寸公差、极限偏差、对称度等提出了产品

质量要求,车辆运输中置轴挂车的上装要求应满足《车辆运输车通用技术条件》(GB/T 26774—2016)的相关规定。

7. 关于牵引货车与中置轴挂车之间牵引杆连接器

按照我国《道路车辆 外廓尺寸、轴荷及质量限值》(GB 1589—2016)对车辆最大总质量的要求,中置轴挂车的最大总质量约24t,安装符合《道路车辆 50毫米牵引杆挂环的互换性》(GB/T 4781—2006)互换性要求的50mm牵引杆挂环能够满足使用要求。与该牵引杆挂环连接匹配的连接器的标准已转化为国家标准《道路车辆牵引杆连接器的互换性》(GB/T 32860—2016),该标准是修改采用ISO 3584,能够相互匹配。

8. 关于单、双管路制动系统

双管路气压制动系统优于单管路气压制动系统,且我国相关强制性国家标准也要求汽车列车及挂车安装双管路气压制动系统。气压制动管路包括供能管路和控制管路。同时按照国家强制性标准要求,中置轴挂车必须安装符合相关标准要求的ABS。

9. 关于中置轴挂车牵引杆

牵引杆是连接牵引货车和中置轴挂车的关键部件,其强度要符合相关国际标准要求,相关国际标准正在研究转化为国家标准。牵引杆伸进货车车体下部的尺寸关系到其回转、互换和轴荷转移,因此标准对中置轴挂车牵引杆挂环中心到货车厢体最后端的纵向距离进行了规定。考虑汽车列车转弯、上下坡道等,规定了牵引杆的上下摆角。考虑中置轴挂车承载面低、牵引杆挂环也相应较低的特殊性和相关通过性要求,规定了牵引杆挂环中心至地面(支撑面)的高度要求。同时标准还规定了货车后回转半径的计算方法,更便于中置轴汽车列车的匹配设计。

为便于中置轴挂车与货车的互换且规范产品结构设计,标准参照《商用道路车辆 牵引连接器前下置的牵引车辆和中置轴挂车之间机械连接互换性》(ISO 11407：2004),将牵引杆连接器中心距货车厢体最后端距离规定为1400mm、1600mm和1900mm三个类别。

10. 关于工艺与外观质量

由于本标准为产品标准,因此针对中置轴挂车的制造工艺提出了焊接加工、铆接加工、表面耐腐处理、螺栓连接以及相关管路安装等要求,这些要求也是产品外观质量的有效保证。

11. 关于中置轴挂车整车性能

对于中置轴挂车整车性能,在制动方面提出了满足相关强制性标准的要求。针对汽车列车行驶稳定性要求,提出了侧向加速度放大系数不大于 2.0 的要求。在标准审查会上,根据专家建议和实际试验情况,增加了试验车速 80km/h 的限制条件。考虑稳定性,提出了静态侧倾稳定角应不小于 35°的要求。同时对中置轴挂车运行过程中的其他相关性能提出了要求。

12. 审查会上相关意见

由于标准发布实施后,相关制造企业按照标准要求设计生产和试验中置轴挂车、实际进行了产品公告/认证后,在没有较大的技术变化的情况下,车辆生产企业不会再进行型式试验。为减轻企业负担,在标准审查会上审查专家建议取消正常生产两年进行一次定型试验的要求条款。

在标准审查会上,按照审查专家意见和建议,增加中置轴挂车应配备符合标准要求的电气连接装置、长车标识、停车楔等要求。为此,在标准报批稿中增加了4.4.8条款"中置轴挂车应配备符合《道路车辆 牵引车与挂车之间电连接器7芯24V标准型(24N)》(GB/T 5053.1—2006)、《牵引车与挂车之间气制动管连接器》(GB/T 13881—1992)和《道路车辆 牵引车和挂车之间的电连接器 第1部分:24V标称电压车辆的制动系统和行走系统的连接》(GB/T 20716.1—2006)要求的气电连接装置。"增加了4.4.12条款"中置轴挂车后部醒目位置应安装1块~2块具有'长车'字样的矩形标志牌。标志牌长度为500mm±10mm,宽度为 200_0^{+10} mm,底色为黄色,文字颜色为红色。标志牌的色度性能和光度性能应符合《车辆尾部标志板》(GB 25990—2010)的规定。字体应使用规范汉字,按从左至右或从上至下顺序排列,字高为180mm±5mm,字宽和字高相等。"增加了4.4.14条款"中置轴挂车应配备至少2个停车楔(如三角垫木)。"

第四节 标准条款释义

一、关于"1 范围"的释义

范围是标准的规范性一般要素,同时也是一个必备要素。每一项标准都应有范围,并且应位于每一项标准正文的起始位置,它永远是标准的"第1章"。本部分明确了标准规范的主要范围和标准的适用对象等。

1 范围

本标准规定了中置轴挂车的术语和定义、技术要求、试验方法、检验规则、标识、随车文件、运输与贮存及出厂要求。

本标准适用于在道路上行驶的中置轴挂车,其他中置轴挂车参照执行。

条文释义

本标准是中置轴挂车产品标准,按照产品标准的编写要求,本标准应规定中置轴挂车的技术要求、试验方法、检验规则、标识、随车文件、运输与贮存及出厂要求。由于本标准内容的需要,增加了第 3 章中置轴挂车的术语和定义。在我国 2004 年颁布的《中华人民共和国道路交通安全法》第六十七条明确规定,全挂拖斗车不能进入高速公路行驶,但没有限制中置轴挂车列车。因此,标准适用范围为用于在道路上行驶的中置轴挂车,也适用于专门运输二、三类底盘和商用车辆的中置轴挂车,不在道路上行驶的中置轴挂车参照执行。

二、关于"2 规范性引用文件"的释义

"规范性引用文件"是标准的规范性一般要素,同时又是一个可选要素。所谓"引用文件",实际上包括两类:一类是标准,另一类是标准之外的文件,所以统称为"引用文件"而非"引用标准",这是《标准化工作导则 第 1 部分:标准的结构和编写》(GB/T 1.1—2009)中的规定。因此,本部分主要是对在本标准中引用的相关国家和行业标准及有关文件进行的归纳,并按照国标在先、行标在后顺序排列,各类标准按照标准号从小到大排列,不同类行业标准按照字母先后顺序排列。

2 规范性引用文件

下列文件对于本文件的应用是必不可少的。凡是注日期的引用文件,仅注日期的版本适用于本文件。凡是不注日期的引用文件,其最新版本(包括所有的修改单)适用于本文件。

GB 1589　　　　　　汽车、挂车及汽车列车外廓尺寸、轴荷及质量限值

GB/T 3730.1—2001	汽车和挂车类型的术语和定义
GB/T 3730.2	道路车辆　质量　词汇和代码
GB/T 3730.3	汽车和挂车的术语及其定义　车辆尺寸
GB/T 4781	道路车辆　50毫米牵引杆挂环的互换性
GB 4785	汽车及挂车外部照明和光信号装置的安装规定
GB/T 5053.1	道路车辆　牵引车与挂车之间电连接器　7芯24V标准型(24N)
GB 7258	机动车运行安全技术条件
GB 11567	汽车及挂车侧面和后下部防护要求
GB 12676	商用车辆和挂车制动系统技术要求及试验方法
GB/T 13594	机动车和挂车防抱制动性能和试验方法
GB/T 13873	道路车辆　货运挂车试验方法
GB/T 13881	牵引车与挂车之间气制动管连接器
GB/T 15087	道路车辆　牵引车与牵引杆挂车机械连接装置　强度试验
GB 15741	汽车和挂车号牌板(架)及其位置
GB/T 17350	专用汽车和专用挂车术语、代号和编制方法
GB/T 17382	系列1集装箱　装卸和拴固
GB/T 18411	道路车辆　产品标牌
GB/T 20716.1	道路车辆　牵引车和挂车之间的电连接器　第1部分：24V标称电压车辆的制动系统和行走系统的连接
GB 23254	货车及挂车　车身反光标识
GB/T 25979	道路车辆　重型商用汽车列车和铰接客车　横向稳定性试验方法
GB 25990	车辆尾部标志板
GB/T 26774	车辆运输车通用技术条件
GB/T 26777	挂车支承装置
GB/T 26778	汽车列车性能要求及试验方法
GB 29753	道路运输　食品与生物制品冷藏车　安全要求及试验方法
GB/T 32860	道路车辆　牵引杆连接器的互换性
GB/T 32861	道路车辆　牵引车与挂车之间的电气和气动连接位置

GB/T 35782	道路甩挂运输车辆技术条件
JB/T 5943	工程机械 焊接件通用技术条件
GB/T 36121	旅居挂车技术要求
JT/T 389	厢式挂车技术条件
QC/T 484	汽车油漆涂层
ISO 11407	商用道路车辆 牵引连接器前下置的牵引车辆和中置轴挂车之间机械连接互换性(Commercial road vehicles — Mechanical coupling between towing vehicles with coupling mounted forward and below, and centre-axle trailers — Interchangeability)
ISO 12357	道路车辆 牵引车辆和刚性杆挂车机械连接装置 强度试验(Road vehicles-Drawbar couplings and eyes for rigid drawbars-Strength tests)

条文释义

引用标准是支撑本标准技术内容的重要文件,在理解本标准技术内容时,应搜集使用相关引用文件的有效版本。截至2018年底,本标准未注日期的引用文件,其最新版本如下:

GB 1589 汽车、挂车及汽车列车外廓尺寸、轴荷及质量限值(GB 1589—2016)

GB/T 3730.1—2001 汽车和挂车类型的术语和定义(GB/T 3730.1—2001)

GB/T 3730.2 道路车辆 质量 词汇和代码(GB/T 3730.2—1996)

GB/T 3730.3 汽车和挂车的术语及其定义 车辆尺寸(GB/T 3730.3—1992)

GB/T 4781 道路车辆 50毫米牵引杆挂环的互换性(GB/T 4781—2006)

GB 4785 汽车及挂车外部照明和光信号装置的安装规定(GB 4785—2007)

GB/T 5053.1 道路车辆 牵引车与挂车之间电连接器 7芯24V标准型(24N)(GB/T 5053.1—2006)

GB 7258 机动车运行安全技术条件(GB 7258—2017)

GB 11567 汽车及挂车侧面和后下部防护要求(GB 11567—2017)

GB 12676 商用车辆和挂车制动系统技术要求及试验方法(GB 12676—2014)

GB/T 13594 机动车和挂车防抱制动性能和试验方法(GB/T 13594—2003)

第四章 《中置轴挂车通用技术条件》(GB/T 37245—2018)释义

GB/T 13873　道路车辆　货运挂车试验方法(GB/T 13873—2015)

GB/T 13881　牵引车与挂车之间气制动管连接器(GB/T 13881—1992)

GB/T 15087　道路车辆　牵引车与牵引杆挂车机械连接装置　强度试验(GB/T 15087—2009)

GB 15741　汽车和挂车号牌板(架)及其位置(GB 15741—1995)

GB/T 17350　专用汽车和专用挂车术语、代号和编制方法(GB/T 17350—2009)

GB/T 17382　系列1集装箱　装卸和栓固(GB/T 17382—2008)

GB/T 18411　道路车辆 产品标牌(GB/T 18411—2018)

GB/T 20716.1　道路车辆　牵引车和挂车之间的电连接器　第1部分:24V标称电压车辆的制动系统和行走系统的连接(GB/T 20716.1—2006)

GB 23254　货车及挂车　车身反光标识(GB 23254—2009)

GB/T 25979　道路车辆　重型商用汽车列车和铰接客车　横向稳定性试验方法(GB/T 25979—2010)

GB 25990　车辆尾部标志板(GB 25990—2010)

GB/T 26774　车辆运输车通用技术条件(GB/T 26774—2016)

GB/T 26777　挂车支撑装置(GB/T 26777—2011)

GB/T 26778　汽车列车性能要求及试验方法(GB/T 26778—2011)

GB 29753　道路运输　食品与生物制品冷藏车　安全要求及试验方法(GB 29753—2013)

GB/T 32860　道路车辆　牵引杆连接器的互换性(GB/T 32860—2016)

GB/T 32861　道路车辆　牵引车与挂车之间的电气和气动连接位置(GB/T 32861—2016)

GB/T 35782　道路甩挂运输车辆技术条件(GB/T 35782—2017)

GB/T 36121　旅居挂车技术要求(GB/T 36121—2018)

JB/T 5943　工程机械　焊接件通用技术条件(JB/T 5943—2018)

JT/T 389　厢式挂车技术条件(JT/T 389—2010)

QC/T 484　汽车油漆涂层(QC/T 484—2009)

ISO 11407　商用道路车辆　牵引连接器前下置的牵引车辆和中置轴挂车之间机械连接互换性(Commercial road vehicles — Mechanical coupling between towing vehicles with coupling mounted forward and below, and centre-axle trailers — Interchangeability)(ISO 11407:2004)

ISO 12357 道路车辆 牵引车辆和刚性杆挂车机械连接装置 强度试验(Road vehicles - Drawbar couplings and eyes for rigid drawbars-Strength tests)(ISO 12357:2007)

另外,《挂车支撑装置》(GB/T 26777—2011)和《汽车列车性能要求及试验方法》(GB/T 26778—2011)两项标准正在研究修订中;《牵引车与挂车之间气制动管连接器》(GB/T 13881—1992)修订后已报批,待发布;两项 ISO 标准 ISO 11407:2004 和 ISO 12357:2007 正在转化为国家标准。本标准的使用者应及时跟踪上述标准的制修订和发布情况,按照规定使用所引用文件的最新有效版本。

三、关于"3 术语和定义"的释义

本标准的第 3 章是术语和定义。"术语和定义"在非术语标准中是一个可选要素,如果标准中以"术语和定义"为标题单独设一章,则其为该标准的规范性技术要素。本部分对本标准涉及的中置轴挂车及其列车、厢式、旅居和车辆运输中置轴挂车等相关名词、术语进行定义,便于对本标准的理解。本章术语和定义共 5 条内容。

3 术语和定义

GB 1589、GB/T 3730.1 ~ 3730.3、GB/T 17350 界定的以及下术语和定义适用于本文件。

为了便于使用,以下重复列出了 GB/T 3730.1 中的一些术语和定义。

条文释义

《汽车、挂车及汽车列车外廓尺寸、轴荷及质量限值》(GB 1589—2016)第 3 章规定了相关车辆术语,《汽车和挂车类型的术语和定义》(GB/T 3730.1—2001)规定了中置轴挂车等车型的术语和定义,《道路车辆 质量 词汇和代码》(GB/T 3730.2—1996)规定了道路车辆质量的词汇和代码,《汽车和挂车的术语及其定义 车辆尺寸》(GB/T 3730.3)规定了车辆尺寸的相关术语和定义,《专用汽车和专用挂车术语、代号和编制方法》(GB/T 17350—2009)规定了专用车及专用挂车的术语和定义。这些标准均是汽车、挂车的基础标准,这些标准规定的相关术语和定义适用于本标准。

第四章 《中置轴挂车通用技术条件》(GB/T 37245—2018)释义

3.1

中置轴挂车 centre-axle trailer

牵引装置不能垂直移动(相对于挂车),车轴位于紧靠挂车重心(当均匀载荷时)的挂车。这种车辆只有较小的垂直静载荷作用于牵引车,不超过相当于挂车最大总质量的10%或10000N的载荷(两者取较小者)。其中一轴或多轴可由牵引车来驱动。

[GB/T 3730.1—2001,定义2.2.3]

本条是为了便于使用,重复列出了GB/T 3730.1—2001的定义2.2.3,但原标准由于笔误,将10000N载荷写成了1000N载荷,本定义进行了更改。

中置轴挂车列车的牵引装置相对于挂车车身不能上下垂直移动,不像牵引杆挂车能够围绕着牵引臂轴销上下垂直移动;中置轴挂车在均匀载荷情况下,挂车车轴在挂车重心偏后位置,这样有一定的载荷作用于前面的牵引车,不允许中置轴挂车的重心在挂车车轴后面,否则将导致前面牵引车轴荷降低、驱动力减小进而影响正常行驶安全。中置轴挂车作用于前面牵引货车的载荷不能超过中置轴挂车总质量的10%或10000N,这两个数取较小的作为设计依据。某些车型设计使用浮动车轴或提升轴技术,只有满载或载荷到一定程度后该轴才落地承载。

3.2

中置轴货车列车 centre-axle trailer combination

货车和中置轴挂车的组合。

挂车只有与牵引车连接才能具有运输功能;中置轴货车列车指的是由牵引货车与中置轴挂车通过机械连接器、气电连接器等组成的列车,即货车和中置轴挂车的组合。

3.3

厢式中置轴挂车 van centre-axle trailer

具有独立的封闭车厢结构,包括固定箱体及可交换箱体,并能承受规定载荷的中置轴挂车。

厢式中置轴挂车是中置轴挂车的一种形式,只不过装货空间为厢式。值得一提的是厢式中置轴挂车包括车体与车厢一体的固定箱体结构,也包括厢体可以与车体分离的可交换结构两种结构。厢式中置轴挂车的车体应能承受规定的载荷,能够运输货物。

3.4

车辆运输中置轴挂车 centre-axle trailer of car carrier

具有单层或多层货台,用于装载运输乘用车的中置轴挂车。

车辆运输中置轴挂车是中置轴挂车的一种形式,也是运输车辆的中置轴挂车。这种挂车车体上一般具有一层或多层(一般为两层)货台,是用于装载并运输乘用车的中置轴挂车。

3.5

旅居中置轴挂车 centre-axle caravans

满足居住要求和道路使用要求的中置轴挂车。

旅居中置轴挂车是中置轴挂车的一种形式,一定情况下也是厢式中置轴挂车的一种形式。它应该具备三个方面的功能或特征,一是应具备作为旅居挂车的人员居住和生活功能,二是应具备作为挂车能够在牵引车的牵引下在道路上行走的功能,三是应具备中置轴挂车定义中应有的要求。

四、关于"4 技术要求"的释义

标准的第 4 章"技术要求"是本标准的核心内容之一。为准确、全面地理解和掌握本标准的技术要求,本章按照中置轴挂车的结构组成、制造工艺和主要性能共分为整车、车架、厢体、主要总成、机械连接要求、工艺与外观要求和性能要求等 7 节进行编写。

标准条文

4.1 整车

4.1.1 中置轴挂车应按照规定程序批准的图样和技术文件制造。

条文释义

"4.1 整车"是对中置轴挂车整车提出的总体要求,共由 11 条要求组成。与后面的车架等要求并列提出便于全面、系统掌握和理解,使标准条理更清晰。

本条内容是对中置轴挂车在生产制造时所提出的基本要求。中置轴挂车设计生产的图样一般包括零件工作图、焊合图、总成图、总图;产品图样应符合相关国家制图标准要求,并能清楚表达零部件和总成的结构、轮廓、尺寸、装配关系及技术要求等。中置轴挂车的技术文件一般包括设计任务书、设计说明书、技术经济分析报告、技术协议书、产品标准、试验大纲、试验分析报告、设计评审报告等,这些文件应经主管部门批准后,作为产品设计、制造、试验分析以及产品改进措施等方面的依据。

标准条文

4.1.2 外购、外协件应符合相关标准的规定,并有制造厂的合格证,经整车厂检验合格后方可使用;所有自制零部件经检查合格后方可装配。

条文释义

外购件一般是指没有标准化的零部件,需要单独进行设计和定做,当然也包括基础、标准件,都是从组织外部订采购获得,所以称为外购件。外协件主要指产品外包商生产的产品或服务外包商提供的服务,外协件直接受组织控制,一般在组织的生产范围内按组织的要求作业和服务,并由组织验收。自制零部件是指本单位内部有能力制作加工的零部件。无论是外购件、外协件或者自制件都应进行检验,并符合制造企业的要求。外购件和外协件要分别列入合格供方和受生产一致性控制,以保证中置轴挂车的产品质量。

标准条文

4.1.3 中置轴挂车的外廓尺寸、轴荷及质量限值应符合 GB 1589 的规定。

条文释义

《汽车、挂车及汽车列车外廓尺寸、轴荷及质量限值》(GB 1589—2016)是国家的强制性标准,也是基本技术要求。中置轴挂车作为国内新兴的一个车型,在开展设计时应符合 GB 1589—2016 的要求。本条强调性提出了中置轴挂车的外廓尺寸、轴荷及质量限值应符合 GB 1589—2016 的要求。GB 1589—2016 规定中置轴挂车的长度限值为 12m、宽度限值为 2.55m(冷藏车限值为 2.6m)、高度限值为 4m,另外,中置轴车辆运输列车长度最大限值为 22m;最大允许总质量限值根据一轴、两轴和三轴分为 10t、18t 和 24t 三种。需要说明的是,列车长度限值较欧洲法规有所增加,车辆设计生产企业在设计时要全面、综合考虑匹配是否合理与安全,结构、尺寸设计要服从安全需要。

标准条文

4.1.4 满载时,中置轴挂车质心应相对挂车轴组中心向前偏移,确保牵引挂环处垂直负荷小于挂车最大总质量的 10% 或 10000N(两者取较小者)。

条文释义

该要求是按照中置轴挂车的定义进行确定,也是为了确保中置轴挂车转移到牵引货车上的负荷不影响牵引货车的安全运行,达到最佳的载荷分配。绝不允许中置轴挂车满载时,牵引杆挂环处垂直负荷为负数,也就是不允许中置轴挂车质心相对挂车轴组中心向后偏移。应在装载货物区域明显标识出车辆纵向重心位置。必须保证列车满载时中置轴挂车总质量小于或等于牵引货车总质量以及准拖总质量。

标准条文

4.1.5 中置轴货车列车满载且车速不小于 90km/h 时,中置轴挂车的结构、配置和性能应符合设计和使用要求。

条文释义

本条是针对中置轴挂车的设计强度及相关性能提出的要求。中置轴挂车自身没有动力,需要与牵引货车连接后才能运行。中置轴挂车的设计应综合考虑与牵引车的匹配。尤其是在满载状态下,列车车速在 90km/h 时,中置轴挂车机构设计、焊接强度、相应外购件、外协件等配置的强度等均应满足设计和使用要求。相关性能包括制动性能、可靠性、行驶稳定性等。这一条款要求产品定型试验中要充分考核挂车及列车性能，以确认是否满足相关标准及产品设计要求。

标准条文

4.1.6 货车和中置轴挂车之间电气连接器的安装位置应符合 GB/T 32861 的规定，中置轴挂车电气连接器安装板距牵引挂环中心的距离宜不小于 1400mm，必要时增加管线防护装置。

条文释义

牵引货车和中置轴挂车通过气制动连接器件、电路连接器件、挂车制动控制器件进行车辆控制。气制动连接器件包括气制动螺旋管和气制动管连接器；电路连接器件包括电连接器（插头或插座）和电缆线；挂车制动控制器件包括制动控制连接器（插头或插座）和电缆线。这三种连接器件的连接可靠性直接关系到汽车列车的灯光信号、电气信号和制动气源的正确匹配，影响行车安全；连接器件的操作方便性影响线路的合理布置和接头安装的可靠性。此前，我国缺乏牵引货车与挂车之间的电器和气动连接位置要求的标准，同时，牵引货车厂家与挂车厂家缺乏一致的产品技术标准，导致牵引货车与挂车之间的相关接线在列车运动时易交错连接，造成线路交叉磨损和缠绕，也不利于接头的安放，制约了公路货运行业的发展。GB/T 32861—2016 规定了牵引车辆和挂车之间电气连接器的安装位置、尺寸以及间隙空间等位置要求。标准为了提高牵引货车和挂车之间电气连接器的位置要求的互换性，进行了国际标准修改转化。GB/T 32861—2016 相关主要内容摘录如下：

牵引杆连接器后置的牵引车电、气连接器应按照图 4-1 和图 4-2 进行布置，牵引杆连接器前下置的牵引车电、气连接器应按照图 4-3 进行布置。电、气连接器应布置在规定的图示区域内。

中置轴挂车电、气连接器安装板距牵引杆挂环中心的距离宜不小于 1400mm，必要时增加管线防护装置。这是综合考虑四种螺旋管长度和汽车列车转弯时需要伸长的长度推荐性确定的，当小于 1400mm 时，应考虑增加管线防护装置且不影响其伸缩。

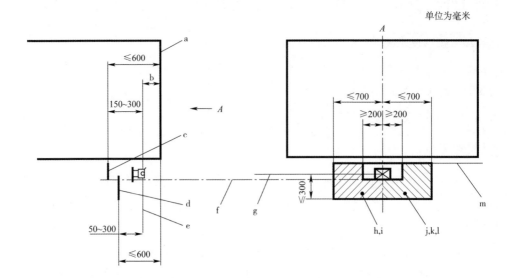

电、气连接器宜布置在阴影区内两侧的位置,以便于在牵引杆一侧进行电、气连接器的操作。当电、气连接器不在车辆纵轴线的左右两侧布置时,电、气连接器应安装在右侧的阴影区域内。

a 牵引车辆后端。

b 牵引杆连接器中心至牵引车辆后端的距离,不大于550mm。

c 上安装面。

d 下安装面。

e 牵引杆连接器垂直中心线。

f 牵引杆连接器下端。

g 牵引杆连接器水平中心线。

h 控制管路(见 GB/T 13881)。

i 7 芯标准型/15 芯(见 GB/T 5053.1,GB/T 20717)。

j 供能管路(见 GB/T 13881)。

k 7 芯辅助型(见 GB/T 25088)。

l ABS 插座(见 GB/T 20716.1)。

m 参考线,底盘结构顶部。

图 4-1 牵引杆连接器后置的牵引车电、气连接器安装位置(A 型位置区域)

第四章 《中置轴挂车通用技术条件》(GB/T 37245—2018)释义

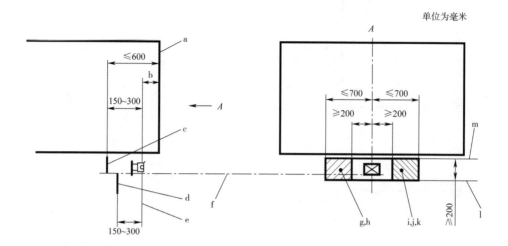

电、气连接器宜布置在阴影区内两侧的位置,以便于在牵引杆一侧进行电、气连接器的操作。当电、气连接器不在车辆纵轴线的左右两侧布置时,电、气连接器应安装在右侧的阴影区域内。

注:当在 C 型(图4-3)基础上增加其他牵引杆连接器安装时,宜按照 B 要求进行布置。

a 牵引车辆后端。

b 牵引杆连接器中心至牵引车辆后端的距离,不大于550mm。

c 上安装面。

d 下安装面。

e 牵引杆连接器垂直中心线。

f 牵引杆连接器下端。

g 控制管路(见 GB/T 13881)。

h 7 芯标准型/15 芯(见 GB/T 5053.1,GB/T 20717)。

i 供能管路(见 GB/T 13881)。

j 7 芯辅助型(见 GB/T 25088)。

k ABS 插座(见 GB/T 20716.1)。

l 参考线:牵引杆连接器或底盘结构下端,取较低的。

m 底盘结构顶部;若无法达到最小值220mm,安装界限可超过底盘结构顶部。

图4-2 牵引杆连接器后置的牵引车电、气连接器安装位置(B 型位置区域)

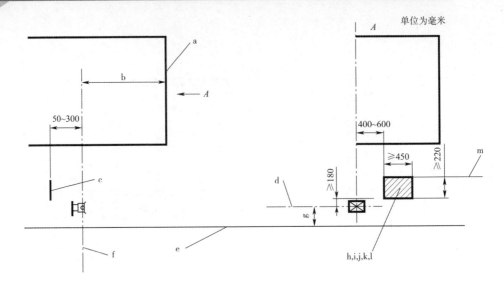

当牵引车后横梁装有附加的牵引杆连接器时,电、气连接器宜按照 B 型要求进行布置。全部电、气连接器应安装在右侧。

a 牵引车辆后端。

b 牵引杆连接器中心至牵引车辆后端的距离,分 1300mm~1400mm,1500mm~1600mm,1800mm~1900mm 三档。

c 安装面。

d 牵引杆连接器水平中心线。

e 道路平面。

f 牵引杆连接器垂直中心线。

g 满载状态下杆连接器的高度,355mm~405mm。

h 控制管路(见 GB/T 13881)。

i 供能管路(见 GB/T 13881)。

j ABS 插座(见 GB/T 20716.1)。

k 7 芯标准型/15 芯(见 GB/T 5053.1,GB/T 20717)。

l 7 芯辅助型。

m 底盘结构顶部:若 220mm 最小值无法达到,安装界限可以超过底盘结构顶部。

图 4-3 牵引杆连接器前下置的牵引车电、气连接器安装位置(C 型位置区域)

4.1.7 中置轴挂车牵引挂环中心在水平面上的投影点至中置轴挂车第一轴左、右轮中心在水平面上投影点的距离差应不大于 3mm;相邻车轴之间的左右轮中心距

离差应不大于2mm。

条文释义

中置轴挂车牵引挂环中心在水平面上的投影点至中置轴挂车第一轴左、右轮中心在水平面上的投影点的距离差是中置轴挂车生产和使用过程中应控制的重要、关键尺寸之一。该距离差如果超过标准要求,将影响中置轴汽车列车的正常行驶,导致中置轴挂车后轴组跑斜、吃胎,增加挂车行驶阻力,影响驾驶员后视野范围等。考虑到该距离差的重要性以及我国挂车行业制造工艺水平和检测手段的提高,这次标准制定参考相关的车型距离差要求,并进行了加严,更贴近于实际情况并提高中置轴挂车产品质量。

相邻车轴之间的左右轮中心距离差应不大于2mm,这是在控制了第一轴左右轮中心相对于牵引杆挂环中心距离之后,对后面第二轴、第三轴轴距及装配效果的控制,使其成为"矩形"而不是"菱形",从而控制整个行走系统正确工作。

标准条文

4.1.8 厢式中置轴挂车与货车连接后,在中置轴挂车支承装置收起时,最小离地间隙应不小于320mm。

条文释义

车辆的最小离地间隙是考核车辆通过性的重要技术指标。中置轴挂车由于自身结构,不能够独立水平停放,需要由支承装置支撑,当中置轴挂车与牵引货车连接后,正式运行前,中置轴挂车支承装置应收起固定。结合相关标准要求和厢式中置轴挂车行驶路线,本标准要求最小离地间隙应不小于320mm。

标准条文

4.1.9 中置轴挂车(旅居挂车除外)连接装置的尺寸参数及与其适配的货车连接器的位置参数应在车架前端梁明显位置标注并在技术文件中明确。

条文释义

为了使牵引货车和中置轴挂车在匹配连接后,不出现列车超长、回转异常等现象,基于现行我国汽车和挂车行业管理要求,本标准规定中置轴挂车(旅居挂车除外)连接装置的尺寸参数及与其适配的货车连接器的位置参数应在车架前端梁明显位置标注并在技术文件中明确。该要求便于汽车物流企业和试验检测机构依据产品技术文件、标牌的标注进行牵引车和挂车的连接匹配,提高主挂互换的合理性、便利性。

标准条文

4.1.10 车辆运输中置轴挂车应符合 GB/T 26774 中的相关整车要求;旅居中置轴挂车应符合 GB/T 36121 中的相关整车要求。

条文释义

GB/T 26774—2016 规定了车辆运输车的术语和定义、技术要求、试验方法、检验规则、标志、随车文件、运输、贮存等,适用于在道路上行驶的专门为运输乘用车设计的货车、挂车及列车,运输其他类车辆的专用车可参照执行。车辆运输中置轴挂车是车辆运输车的一种形式,因此,其相关要求也应符合 GB/T 26774—2016 的整车要求。其整车要求条款摘录如下:

4.1.3 牵引车与挂车的设计安装应保证匹配合理、连接可靠,相关电、气、液压及其控制使用安全。

4.1.4 牵引车和挂车的产品技术文件中,应明确其适配的挂车或牵引车的外廓、连接等关键尺寸和质量限值等参数。

4.1.5 车辆运输半挂车应符合 GB/T 23336 的规定,中置轴挂车参照 GB/T 23336 执行。

4.1.6 车辆运输车的外廓尺寸、轴荷及质量限值,以及通道圆和外摆值等应符合 GB 1589 的规定。

4.1.7 中置轴车辆运输列车的设计应符合二级及以上等级公路的行驶要求。

4.2 性能要求

4.2.1 车辆运输车的制动性能应符合 GB 7258、GB 12676 和 GB/T 13594 的规定。

4.2.2 车辆运输车的比功率[发动机最大净功率/汽车(列车)总质量]应不小于 5.4kW/t,且满载最高车速应不小于 90km/h。

4.2.3 车辆运输列车的侧向加速度后部放大系数不宜大于 2.0。

4.2.4 车辆运输列车在平坦、干燥的路面上以 30km/h 的车速直线行驶时,挂车后轴轮迹中心线相对于牵引车前轴轮迹中心线的最大偏移量应不大于 110mm。

第四章 《中置轴挂车通用技术条件》(GB/T 37245—2018)释义

《旅居挂车技术要求》(GB/T 36121—2018)规定了旅居挂车的分类、整车要求、专用设备设施要求、可靠性要求、试验方法及检验规则,适用于有配备专用牵引装置的机动车牵引行驶的旅居挂车,作为永久住所的宿营挂车可参照执行。旅居中置轴挂车是旅居挂车的特殊型式,因此,其相关要求也应符合 GB/T 36121—2018 中整车的要求。其整车要求条款摘录如下:

5 整车要求

5.1 一般要求

5.1.1 旅居挂车应符合 GB 1589、GB 7258 标准的技术要求。

5.1.2 旅居挂车应按规定程序批准的产品图样和技术文件制造。

5.1.3 外购件、外协件应符合相关标准的规定,并经旅居挂车生产厂检验部门检验合格后,方可使用。

5.1.4 旅居半挂车应符合 GB/T 23336 的相关要求。

5.1.5 旅居挂车车厢内应至少配备一个烟雾报警器。微型、小型旅居挂车应至少配备 1 个 2kg 的灭火器,中型、大型旅居挂车应至少配备 2 个 2kg 的灭火器。灭火器应固定可靠,取用方便。配备液化气燃料的旅居挂车,车厢内应配备一套液化气安全探测器及 CO 报警器。

5.1.6 旅居挂车车厢内空气质量应符合 GB/T 18883 的要求。

5.1.7 旅居挂车内部安装的玻璃等易碎制品应固定可靠。

5.1.8 旅居挂车应具有备胎安装装置,备胎应固定可靠,装卸方便。

5.1.9 旅居挂车应配备与车辆使用条件相适应的停车楔。

5.1.10 旅居中置轴挂车应配备挂车驻车停放时的专用支承装置。

5.1.11 旅居挂车内专用装备设施应明示相应的安全使用要求。

5.1.12 旅居中置轴挂车应安装可收起的前导向轮,其承载能力应与作用于前车的垂直载荷匹配。

5.2 性能要求

5.2.1 微型旅居挂车宜采用惯性制动系统,其他类型旅居挂车宜采用电力制动系统或气压制动系统。制动性能应符合 GB 12676、GB 21670、GB/T 13594 和 GB 7258 的规定。

5.2.2 旅居中置轴挂车应安装紧急制动系统,在机械连接失效时,确保中置轴挂车起到制动作用。

5.2.3 旅居挂车列车的侧向加速度后部放大系数(试验车速 80km/h)不宜大于2.0。

5.2.4 旅居挂车列车在平坦、干燥的路面上以 30km/h 的车速直线行驶时,挂车后轴轮迹中心线相对于牵引车前轴轮迹中心线的最大偏移量应不大于110mm。

5.2.5 旅居挂车列车的通过性应符合 GB 1589 的要求。

5.3 连接匹配要求

5.3.1 旅居中置轴挂车牵引连接装置的机械强度、尺寸等应符合 GB/T 25980 和 GB/T 25988 中的相关要求。旅居半挂车应采用符合 GB/T 4606 和 GB/T 15088 规定的 50 号牵引销。

5.3.2 由 M_1、N_1 类车牵引的旅居中置轴挂车的连接点中心离地高度应为 380mm±50mm,旅居半挂车牵引销座板离地高度应为 1080mm~1110mm。

5.3.3 旅居挂车列车前后回转应符合相关标准的规定。

5.3.4 旅居中置轴挂车牵引杆应配备安全链,安全链长度应大于控制连接线长度,其强度应确保车辆在失控时不能断裂。

5.3.5 旅居挂车的外部照明和光信号装置应符合 GB 4785 的规定。

5.3.6 旅居挂车应采用符合 GB/T 5053.2—2006 的电连接器,其中 2 号线应接位置灯、示廓灯和牌照灯,6 号线应接后雾灯,7 号线应接倒车灯,其余接线方式应符合 GB/T 5053.1—2006 中 5.4 或 GB/T 5053.2—2006 中 5.4 的规定。旅居挂车应安装符合 GB/T 25088 规定的电连接器,用于其他电设备的连接。

标准条文

4.1.11 冷藏厢式中置轴挂车冷藏保温性能应符合 GB 29753 的规定。

条文释义

《道路车辆 食品与生物制品冷藏车安全要求及试验方法》(GB 29753—2013)规定了冷藏车的术语和定义、分类、要求及试验方法。标准适用于冷藏半挂车。

冷藏厢式中置轴挂车不在 GB 29753—2013 的适用范围内。因此,该标准特别提出冷藏厢式中置轴挂车冷藏保温性能应符合 GB 29753—2013 的规定。主要条款包括:

5.2.1 车厢应选用吸水性低、透气性小、导热系数小、抗腐蚀性好的隔热材料。隔热材料采用泡沫塑料时,应选用环保的泡沫塑料。

5.2.2 车厢内应设置保证气密性能的排水孔。

5.2.3 车厢外部应设置紧急报警装置,其操作按钮应设置在车厢内靠近后门的侧壁上且标识明显。

5.2.4 运输生物制品的冷藏车车厢内应多点检测温度,测温点不得少于6个,以保证生物制品运输安全。车厢内温度应能自动调控、实时显示、自动报警、自动记录。

5.2.5 车厢应具有良好的防雨密封性。在进行防雨密封性能试验时,车厢顶部、侧壁、门及制冷机与车厢联接处不应有渗漏现象。

5.2.6 车厢应有一定的气密性。冷藏车的车厢漏气倍数要求应符合表4-1的规定。

漏气倍数限值要求　　　　　　　　　　　　　　　表4-1

厢体的传热面积(m^2)	漏气倍数(h^{-1})
>40	≤3.0
≥20~≤40	≤3.8
<20	≤6.3

5.2.7 车厢应有一定的隔热性能。冷藏车的车厢总传热系数应符合表4-2的规定。

车厢隔热性能限值要求　单位为瓦每(平方米·开尔文)　　表4-2

类别	I	II
总传热系数	≤0.4	>0.4~0.7

注:II类不得用于B、C、E、F、G、H类冷藏车。

5.2.8 车厢应有一定的机械性能。冷藏车车厢强度试验完成后,车厢各试验部件不允许有大于12mm的残余变形,并且试验部件的变形不影响其功能。N_1类冷藏车和客厢式冷藏车除外。

4.2 车架

4.2.1 车架总长度不大于8000mm时,其长度尺寸偏差为±5mm;长度每增加1000mm(不足1000mm按1000mm计),长度尺寸偏差增加1mm;在任意测量点测量宽度尺寸偏差均为±4mm。

《营运货车安全技术条件 第 2 部分：牵引车辆与挂车》(JT/T 1178.2—2019)

条文释义

这是对中置轴挂车车架长度尺寸偏差和车架宽度尺寸偏差的控制要求，是为了更好地控制中置轴挂车的外廓尺寸和产品质量。在中置轴挂车车架总长度不大于 8000mm 时，标准规定其长度尺寸偏差为 ±5mm，例如：当车架总长度设计为 7000mm 时，车架的实际尺寸在 6995mm 至 7005mm 之间为合格。当中置轴挂车车架总长度大于 8000mm 时，长度每增加 1000mm，长度尺寸偏差增加 1mm，不足 1000mm 按 1000mm 计，例如：当中置轴挂车车架总长度为 8600mm 时，其合格尺寸应该在 8594mm 至 8606mm 之间（不足 1000mm 按 1000mm 计算）。

中置轴挂车车架宽度在任意测量点测量时，其尺寸偏差均为 ±4mm，也就是车架宽度设计为 2500mm 时，其制造过程中在任意测量点测量时，宽度尺寸应在 2496mm 至 2504mm 之间。

标准条文

4.2.2 纵梁腹板的纵向直线度公差，在任意 1000mm 长度上为 2mm，在全长上为其长度的千分之一。

条文释义

车架是中置轴挂车的主要部件，其前部通过与牵引杆连接后再与牵引货车连接，中部通过悬架系统与车轴等行走机构连接，上部用于承载货物。

车架纵梁又是车架的重要组成部件，一个中置轴挂车车架一般由两根纵梁和若干横梁组成。中置轴挂车的纵梁一般有工字型和槽型两种，有型材、钢材拼焊等多种形式。上下翼板之间的是纵梁腹板，其决定纵梁的截面高度。在纵梁加工过程中，纵梁腹板的直线度控制尤为重要，它决定车辆的承载能力和产品质量。

标准规定车架纵梁腹板的直线度在整个纵梁总长范围内不超过总长的千分之一，如果纵梁腹板全长是 8000mm，其整个直线度不能超过 8mm。标准同时还规定，在全长范围内测量，任何 1000mm 范围内，其直线度不应大于 2mm，这是为了防止纵梁腹板突然歪斜，影响质量。

标准条文

4.2.3 在纵、横梁的任意横截面上，上、下翼面对腹板的垂直度公差不大于翼板宽度的百分之一。

条文释义

纵梁、横梁截面有工字型和槽型等，纵梁、横梁的上、下翼面对纵梁腹板的垂直度决定整个车架上、下的平面度（平整度），决定整个车辆的外观质量和其他加工工序的产品质量。因此，纵梁、横梁的上、下翼面对纵梁腹板的垂直度控制极为重要，标准规定其垂直度不超过纵梁高度的百分之一，例如当纵梁、横梁截面高度为 280mm 时，其上、下翼板对腹板的垂直度不大于 2.8mm。

标准条文

4.2.4 车架总成左、右纵梁对称上平面应在同一平面内，其平面度公差为被测平面长度的千分之一。

条文释义

车架一般是由左、右两根纵梁和若干横梁组成，在两根纵梁组对成车架时应控制其平面度，在 4.2.3 条款控制了翼板对腹板的垂直度后，应进一步控制车架左、右纵梁上平面平面度。标准要求，车架总成的左、右纵梁（实际为上、下翼面）对称上平面应在同一平面内，其平面度为被测平面长度的千分之一。例如被测平面长度为 2000mm 时，其平面度应不超过 2mm。

标准条文

4.2.5 车架主要横梁对纵梁腹板的垂直度公差不大于横梁长度的千分之三。

条文释义

车架横梁也是组成车架的重要部件，其结构根据受力状况，有工字型和槽型两种形式。控制车架横梁对纵梁腹板的垂直度实际上就是控制横梁在两根纵梁之间的位置，该要求确保两根纵梁与两根横梁之间是一个矩形而不是平行四边形，确保车架的产品质量，从而确保整个车辆的质量。标准规定车架主要横梁对纵梁腹板的垂直度不大于横梁长度的千分之三，例如当车架横梁长度为 1500mm 时，其垂直度应不大于 4.5mm。

标准条文

4.2.6 当车架长度不大于4000mm时,车架对角线之差不大于6mm;长度每增加1000mm(不足1000mm按1000mm计),车架对角线之差允许增加1mm。

条文释义

本条是控制中置轴挂车车架矩形尺寸形状的要求,即生产制造的中置轴挂车车架应为"矩形"而不是"菱形",根据实际制造工艺水平,标准根据车架长度给出了车架对角线差值要求,即当车架长度不大于4000mm时,车架对角线之差不大于6mm,如果设计中置轴挂车车架长度在4000mm以内,则在制造过程中,车架的对角线差值应控制在6mm以内。根据设计要求,以4000mm为基础,车架长度每增加1000mm(不足1000mm按1000mm计),车架对角线之差允许增加1mm,例如设计车架长度为7500mm时,车架对角线之差应控制在10mm以内(7500mm比4000mm长了3500mm,不足4000mm,按4000mm计算)。

标准条文

4.2.7 装运可交换厢体的车架应装备符合GB/T 17382相关要求的锁止机构。

条文释义

可交换厢体是一种标准尺寸的车厢,该厢体安装有四个能够收起的、可调节的支承装置,同时在厢体的四个底脚上安装有四个集装箱锁座,锁座位置尺寸也已标准化,图4-4所示为装载了可交换厢体的中置轴挂车列车。为实现高效甩箱化运输,标准化的交换厢体应运而生。对于能够装运标准化交换厢体的中置轴挂车,应该装备与集装箱锁座相匹配的符合GB/T 17382—2008要求的锁止机构,为便于交换厢体的装卸,应装备有举升装置。

标准条文

4.3 厢体

4.3.1 厢式中置轴挂车厢体内、外长度尺寸偏差均为±8mm,且最大外长不大于8000mm。

图 4-4　装载可交换厢体的中置轴挂车列车

条文释义

根据我国货运车型标准化的要求，GB/T 6420—2017 规定中置轴挂车只有厢式和车辆运输车式两种类型，厢式包括干式中置轴厢式车和冷藏式保温中置轴厢式车两种结构。本节对厢式中置轴挂车厢体提出相关技术要求，以提高车厢质量。

本条规定了厢式中置轴挂车厢体内外长度的尺寸偏差要求。GB 1589—2016 规定，中置轴挂车的车厢长度限值为 8000mm。因此，本标准规定车厢的最大外长不大于 8000mm，也就是当设计车厢外廓长度尺寸为 8000mm 时，其尺寸偏差为负值，不允许加。

本条规定厢式中置轴挂车厢体内、外长度尺寸在名义设计尺寸上，其制造偏差在 ±8mm 内，外廓长度设计尺寸为 8000mm 时，制造偏差只能是负值，不能加。

标准条文

4.3.2　厢式中置轴挂车厢体内、外宽度及车厢内部高度尺寸偏差均为 ±5mm，且最大外宽不大于 2550mm（冷藏挂车不大于 2600mm）。

条文释义

GB 1589—2016 规定，挂车外廓尺寸宽度最大为 2550mm，冷藏保温挂车宽度最大为 2600mm。

本条规定厢式中置轴挂车厢体内、外宽度尺寸、车厢内部高度尺寸在名义设计尺寸上，其制造偏差在 ±5mm 内，外廓宽度设计尺寸为 2550mm 时（冷藏保温挂车宽度设计尺寸为 2600mm），制造偏差只能是单向负值，不能增加。

《营运货车安全技术条件 第 2 部分：牵引车辆与挂车》（JT/T 1178.2—2019） 释义

标准条文

4.3.3 厢式中置轴挂车厢体纵向对称中心面与车架纵向对称中心面应重合，其偏差不大于 2mm。

条文释义

中置轴挂车车厢与车架有一体式和分离式。车厢纵向对称中心与车架纵向对称中心重合是确保装载的货物重心能够左右不偏离的基础，使车辆能够安全行驶。在生产过程中，由于测量、加工等会产生误差，根据实际生产过程中质量保证条件，确定中置轴挂车厢体纵向对称中心面与车架纵向对称中心偏差不大于 2mm。

标准条文

4.3.4 厢式中置轴挂车厢体底板应符合设计要求，其对角线差不大于车厢总长的千分之一。

条文释义

厢式挂车需要在车架上方加装底板才能进行正常的货物装载和运输，底板在加装过程中其对角线控制也极为重要，是影响产品质量的因素之一。本条结合行业实际，对厢式中置轴挂车底板的对角线进行了控制和要求，即不能形成菱形。底板对角线差不大于车厢总长的千分之一，例如当车厢为 8000mm 长时，其底板对角线差不大于 8mm。

标准条文

4.3.5 厢式中置轴挂车厢体强度和密封性应符合 JT/T 389 的规定。

条文释义

《厢式挂车技术条件》（JT/T 389—2010）规定了厢式挂车的技术要求、试验方法、检验规则、标志、包装、运输及储存，适用于货物运输的厢式半挂车、厢式牵引杆挂车和厢式中置轴挂车。其中 4.1.7 和 4.2.6 对厢体的强度和密封性提出了要求和试验方法。所以本条款提出厢式中置轴挂车厢体强度和密封性应符合 JT/T 389—2010 的规定。

第四章 《中置轴挂车通用技术条件》(GB/T 37245—2018)释义

标准条文

4.4 主要总成

4.4.1 中置轴挂车宜安装 50mm 牵引挂环,其互换性及机械强度应符合 GB/T 4781、GB/T 15087 的规定,与其匹配的货车安装的连接器及其机械强度应符合 GB/T 32860、ISO 12357 的规定。

条文释义

中置轴挂车前部的牵引杆是重要部件,其前部通过牵引杆挂环与牵引货车尾部的连接器连接,中后部通过机械连接方式与中置轴挂车车架相连接,中置轴挂车牵引杆承受牵引力和转弯、上下坡时的各种扭力。

参照国际标准并结合我国实际设计要求,根据中置轴挂车实际需要,本标准推荐使用 50mm 的牵引杆挂环。牵引杆挂环的互换性尺寸和机械强度要求已有国际标准,并转化为国家标准,互换性对应的国家标准为《道路车辆 50 毫米牵引杆挂环的互换性》(GB/T 4781—2006),机械强度要求对应的国家标准为《牵引车与牵引杆挂车机械连接装置 强度试验》(GB/T 15087—2009)。

在牵引货车上安装的连接器互换性和强度也应符合相应的国家标准和国际标准要求,分别是《道路车辆 牵引杆连接器的互换性》(GB/T 32860—2016)和《道路车辆 牵引车辆和刚性杆挂车机械连接装置 强度试验》(ISO 12357:1999)。ISO 12357:1999 正在国标转化中。

标准条文

4.4.2 中置轴挂车(旅居挂车除外)应安装供能管路、控制管路分别独立的双管路制动系统,气制动性能应符合 GB 7258、GB 12676 的要求。

条文释义

我国对于机动车实行强制认证和新产品公告制度,中置轴挂车属于机动车并被列入其中。在认证检测过程中相关强制性国家标准对一些总成、配置进行了明确要求,在本标准的 4.4 中列出了本产品应符合的相关标准要求,更便于标准的实施。

本条明确了中置轴挂车应安装双管路气制动系统,一条为供能管路(长充气管路),一条为控制管路(牵引车给出制动信号后,管路才有气通往挂车紧急制动阀)。本标准要求的双管路制动相对于单管路断气制动系统更安全、可靠。中置轴挂车的制动性能要求包括气密性、制动距离等要求,在国家强制性标准 GB 7285—2017 和 GB 12676—2014 中均有要求,本标准只提出了制动性能要求应符合该两项标准的规定。

由于旅居中置轴挂车一般不运输货物、行驶在比较好的道路上和总质量较小,且乘用车牵引车也不能够提供气源等因素,旅居中置轴挂车可以不安装双管路气制动系统。

标准条文

4.4.3 中置轴挂车(旅居挂车除外)应安装符合 GB/T 13594 要求的防抱制动系统。

条文释义

由于在某些恶劣路况(如路面湿滑或有冰雪)下,车轮抱死将难以保证车辆的行车安全,且制动时车轮抱死,导致轮胎局部急剧摩擦,将会大大降低轮胎的使用寿命。因此,为了保证制动时的人身和货物安全,国家强制性标准 GB 7258—2017 中明确要求"所有汽车(三轮汽车、五轴及五轴以上专项作业车除外)及总质量大于 3500kg 的挂车应装备符合规定的防抱制动装置。"本条是对 GB 7258—2017 规定的进一步强调,也是对总质量不大于 3500kg 的中置轴挂车的加严。同时要求安装的防抱制动系统应符合国标 GB/T 13594—2003。

由于旅居中置轴挂车一般行驶在比较好的道路上和总质量较小,而且轴荷较小,采用电磁制动和惯性制动不符合 GB 13594—2003 安装防抱制动的要求,因此旅居中置轴挂车不强制要求安装防抱制动系统。

标准条文

4.4.4 中置轴挂车(旅居挂车除外)应安装子午线轮胎,宜使用无内胎子午线轮胎,各轮胎负荷之和应满足轴荷要求。

条文释义

子午线轮胎与斜交轮胎相比具有以下优点:

(1) 接地面积大,附着性能好,胎面滑移小,对地面单位压力也小,因而滚动阻力小,使用寿命长。

(2) 胎冠较厚且有坚硬的带束层,不易刺穿;行驶时变形小,可降低油耗3%~8%。

(3) 因为帘布层数少,胎侧薄,所以其径向弹性大,缓冲性能好,负荷能力较大。

(4) 散热性能好,更适应高温、高速行驶。

为了提高行车安全和降低行驶油耗,本标准要求中置轴挂车使用子午线轮胎,并规定各轮胎负荷之和应满足轴荷要求,这是 GB 1589—2016 中对轮胎负荷要求的进一步强调。

由于无内胎子午线轮胎相对来说有安全性好、经济性好、环保性好等特点,推荐性提出中置轴挂车使用无内胎子午线轮胎。

由于旅居中置轴挂车一般行驶在比较好的道路上和总质量较小等原因,旅居中置轴挂车不强制安装子午线轮胎。

标准条文

4.4.5 中置轴挂车宜安装空气悬架。

条文释义

标准推荐性地提出了中置轴挂车悬架系统采用空气悬架,以降低车辆整备质量、提高货物运输过程中的平顺性、降低货损。汽车挂车行驶过程中,路面受到汽车静载荷的同时,还受到来自车轮的冲击力,即动载荷。车速越高,动载荷越大,高速行驶时,动载荷是静载荷的 2~3 倍,在车轮垂直力、纵向力和侧向力的综合作用下,形成对路面的剪切力,使道路表面形成拥包、翻浆,以至形成车辙;汽车挂车的吨位越大,对高速公路路面的破坏程度越严重。因此,货运车辆已成为破坏高速公路的主要车型之一。装有空气悬架的挂车高速行驶时,悬架刚度低、车轮动载荷小,减轻了高速行驶车辆对路面的破坏。空气悬架具有以下特性:

(1) 空气悬架的刚度显现可变的非线性,可提供良好的行驶平顺性。

(2) 空气悬架质量轻,空气弹簧刚度低,阻尼好。高速行驶时,轮胎与地面的附着能力强,制动距离短;转向时,过度转向和不足转向倾向减小,转向稳定性强,提高了整车的操纵稳定性。

(3) 空气弹簧内的空气压力直接反映了簧载质量,可取空气压力作为信号,控制制动缸内的气压,来控制制动时的制动力,更好地保证了行驶安全性。

(4)空气悬架可调节车身高度,方便主挂车组合列车的挂接,更适合交换厢体的快速装卸。

(5)减少整车的振动噪声,提高汽车零部件使用寿命。

标准条文

4.4.6 支承装置应满足中置轴挂车摘挂后前、后部载荷的支承要求,应符合 GB/T 26777 相关规定及其产品设计要求。

条文释义

中置轴挂车自身结构特点决定了其与牵引货车摘开后不能够水平独立停放,需要支承装置进行支撑。标准提出中置轴挂车设计和使用的支承装置应满足中置轴挂车摘挂后前、后部载荷的支承要求,这也是基本要求。

GB/T 26777—2011 规定了机械传动的挂车支承装置的形式与基本参数、技术要求、试验方法和检验规则,适用于在挂车上安装使用的支承装置。因此要求中置轴挂车支承装置应符合 GB/T 26777—2011 的规定和企业的产品设计要求。

GB/T 26777—2011 正在研究修订,已申请修订计划。根据需要增加的内容包括相关术语和定义、驱动形式分类、电动支承装置和液压支承装置特殊要求、垂直强度要求、空载运行能力要求和抗冲击要求等。修改的内容包括支承装置焊接、互换性、低速挡升降升程要求等。

标准条文

4.4.7 外部照明及光信号装置的安装应符合 GB 4785 的规定,货车与中置轴挂车之间的电连接器接线方式应符合 GB/T 35782 的规定。

条文释义

外部照明和光信号装置包括远光灯、近光灯、转向信号灯、前位灯、后位灯、前后示廓灯、侧标志灯、后雾灯、牌照灯、回复反射器、指示器等,是车辆用于照明道路、其他车辆以及向其他道路使用者发出光信号的重要装置。《汽车及挂车外部照明和光信号装置的安装规定》(GB 4785—2007)规定了汽车及挂车的外部照明和光信号装置安装的技术要求、试验方法和检验规则等,是国家强制性标准,中置轴挂车应安装符合标准要求的相关装置。按照 GB 4785—2007 规定,中置轴挂车应该安装倒车灯、左转向灯、右转向灯、牌照灯(标志灯)、雾灯和制动灯等 6 类灯具。在使用 7 芯电连接器连接牵引货车与中置轴挂车传递电信号时,接线方式应按照国家标准《道路甩挂运输车辆技术条件》(GB/T 35782—2017)规定或《营运货车安全技术条件 第 2 部分:牵引车辆与挂车》(JT/T 1178.2—2019)相关规定执行。

4.4.8 中置轴挂车应配备符合 GB/T 5053.1、GB/T 13881 和 GB/T 20716.1 要求的气电连接装置。

条文释义

中置轴挂车与牵引货车之间需要灯光信号、制动压缩空气、防抱制动系统信号等传递,在必要时牵引货车与中置轴挂车还需要分离。因此,要求中置轴挂车配备标准化的气电连接装置。

GB/T 5053.1—2006 等同采用《道路车辆 牵引车和挂车之间电气连接用连接器 带 24V 标称电源电压的车辆用 24N(标准)型 7 极连接器》(ISO 1185:2003)。

GB/T 13881—1992 等效采用《道路车辆 机动车和挂车之间的气压制动连接装置互换性》(ISO 1728:1980)。由于 ISO 1728:1980 已经修订并发布实施,2017 年 GB/T 13881 的修订已经完成并报批,在使用本标准时,应注意标准的最新发布情况。修订后该标准的主要技术内容包括了牵引车与挂车之间气制动管连接器的形式及互换性尺寸、性能要求、试验方法、安装使用及标识,适用于装备双管路气压制动系统、用气制动管连接器的汽车列车。修订后的主要技术变化为增加了气制动管连接器的性能要求和试验方法;修改了对安装位置和跨接软管长度的要求、连接器互换性尺寸和颜色要求等。

GB/T 20716.1—2006 等同采用国际《道路车辆 电气连接器制动系统 第 1 部分:连接器为 24V 额定电源电压》(ISO 7638—1:2003),现阶段在我国主要用于 ABS 连接。

标准条文

4.4.9 中置轴挂车车身反光标识的安装和粘贴应符合 GB 23254 和 GB 7258 的规定,车辆尾部标志板的安装应符合 GB 25990 和 GB 7258 的规定。

条文释义

车身反光标识和车辆尾部标志板都能在白天以其鲜艳的色彩对后车起到明显的警示作用,在夜间或光线不足的情况下,其明亮的反光效果可以有效地增强人的识别能力,使人看清目标,引起警觉,从而避免事故发生,减少人员伤亡,降低经济损失。中置轴挂车列车比一般的铰接列车长,为使后方车辆驾驶员清楚识别前方中置轴挂车列车,避免交通事故的发生,增加车辆尾部标志板安装的规定。

标准条文

4.4.10 中置轴挂车侧面及后下部防护装置应符合 GB 11567 的规定。

条文释义

《汽车和挂车侧面及后下部防护要求》(GB 11567—2017)是强制性国家标准,是在《汽车和挂车侧面防护要求》(GB 11567.1—2001)和《汽车和挂车后下部防护要求》(GB 11567.2—2001)的基础上合并修订后发布的 2017 年版标准。本条强调性提出中置轴挂车也应符合该标准要求并通过强制性检测。

标准条文

4.4.11 号牌板(架)的设置应符合 GB 15741 和 GB 7258 的规定。

条文释义

《汽车和挂车号牌板(架)及其位置》(GB 15741—1995)是汽车和挂车基础的强制性标准,标准规定了汽车和挂车号牌板(架)的形状、尺寸、位置及强度要求,适用于 M、N 和 O 类车辆。GB 7258—2017 针对号牌板又提出了两条补充要求,也应满足其规定。

标准条文

4.4.12 中置轴挂车后部醒目位置应安装 1 块~2 块具有"长车"字样的矩形标志牌。标志牌长度为 500mm ± 10mm,宽度为 200_0^{+10} mm,底色为黄色,文字颜色为红色。标志牌的色度性能和光度性能应符合 GB 25990 的规定。字体应使用规范汉字,按从左至右或从上至下顺序排列,字高为 180mm ± 5mm,字宽和字高相等。

条文释义

由于中置轴挂车列车属于长车范围,在转向行驶时可能会占用更多道路空间,为了提醒更多行驶车辆和行人,并便于相关政府主管部门的管理,本标准参考《车辆尾部标志板》(GB 25990—2010)中尾部标志板的形状、尺寸和颜色等要求,规定标志牌的尺寸、颜色、性能、字体等方面的要求。

标准条文

4.4.13 中置轴挂车应配备备胎,备胎应固定牢靠、装卸方便。

条文释义

为了确保中置轴挂车在行驶过程中,不因为爆胎而出现中途抛锚的情况,本标准要求中置轴挂车应配置备胎。备胎的配置一方面要保证固定牢靠不影响行车安全,另一方面要保证在车辆发生爆胎时方便装卸。

标准条文

4.4.14 中置轴挂车应配备至少2个停车楔(如三角垫木)。

条文释义

为保证车辆长时间坡道停车安全,本标准提出了车辆应配备至少两个停车楔的要求。停车楔可以是三角木等相关工具,该停车楔要与车辆最大总质量、轮胎规格相适应,并能阻挡车辆坡道自行移动。本标准不对停车楔的材质做要求,但应轻便、便于取放。配备至少两个停车楔,是为了在使用过程中同时阻挡住左右两侧车轮。

标准条文

4.5 机械连接要求

4.5.1 厢式中置轴挂车牵引挂环中心在水平面上的投影点距货车最后端在水平面上的投影的纵向距离 A(见图4-3)应符合表4-3的规定。

4.5.2 中置轴挂车牵引杆绕牵引连接器上下摆动角度 α(见图4-5)应不小于 $6°$,且牵引杆上平面与货车下端的最小间隙不小于 $125\,mm$(见图4-5)。

4.5.3 满载状态下,中置轴挂车牵引挂环中心距车辆支承水平面垂直距离为 $(380\pm25)\,mm$(见图4-5)。

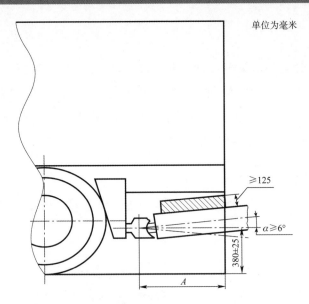

图 4-5　中置轴挂车牵引杆距货车厢体最后端尺寸、间隙角度、间隙距离示意图

牵引挂环中心距货车最后端水平距离 A 及匹配的 C_{min}　　　　表 4-3

规定类别	A_{-100}^{0} (mm)	$C_{min}{}_{-80}^{0}$ (mm)
1400	1400	2150
1600	1600	2300
1900	1900	2540

条文释义

中置轴挂车与牵引货车之间的机械连接是列车正常安全运行的必要条件。4.5 节规定了机械连接的互换性尺寸、角度及牵引杆结构等要求。

厢式中置轴挂车牵引杆挂环中心在水平面上的投影点距货车最后端在水平面上的投影的纵向距离 A 是中置轴挂车与牵引货车之间设计的关键参数，关系到汽车列车是否超长、能否正常回转和汽车列车运行的稳定性。本标准根据国际相关标准要求给出了 3 个数值并列在表 4-3 中，分别是 1400 mm、1600 mm 和 1900 mm。

中置轴挂车与牵引货车连接后在运行过程中，由于转弯、路面高低不平、上下坡道等，牵引杆会绕牵引连接器上下摆动，参照相关国际标准，本标准规定牵引连接器上下摆动角度 α（图 4-5）应大于或等于 6°，且牵引杆上平面与货车下端的最小间隙大于或等于 125mm（图 4-5）。

规定满载状态下，中置轴挂车牵引杆挂环中心距车辆支承水平面垂直距离是为了便于牵引货车与中置轴挂车的互换,且也是降低承载面和重心高度的措施。参考国内外中置轴挂车列车设计和使用,标准规定了满载状态下该距离为355至405mm之间(图4-5)。

4.5.4 厢式中置轴挂车前回转半径 C 应不小于 C_{min}(见图4-6),C_{min} 应符合表4-3的要求,其计算方法为:

$$C_{min} = \sqrt{\left(\frac{W}{2}\right)^2 + A^2} + S \tag{4-1}$$

式中:A——牵引挂环中心距货车厢体最后端纵向距离(见图4-6);

W——货车宽度;

S——货车回转安全距离250mm(牵引杆与货车后端安全摆动角度 α 为6°(见图4-5);货车和中置轴挂车铰接角度 β 为40°(见图4-6)。

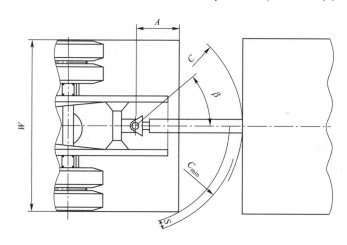

图4-6 货车与中置轴挂车间隙半径计算示意图

本条给出了厢式中置轴挂车间隙半径的最小值计算公式。车辆宽度为2550mm、牵引货车后回转安全距离为250mm时,表4-3给出了在牵引杆挂环中心距货车最后端水平距离 A 为1400mm、1600mm、1900mm时的厢式中置轴挂车间隙半径的最小值。

另外说明了牵引货车回转安全距离250mm是在满足牵引杆与牵引货车后端安

全摆动角度 α 为 6°(图 4-5);牵引货车和中置轴挂车铰接角度 β 为 40°(图 4-6)的前提下确定的。

关于表 4-3 中的相关数据说明如下:

该表数据取自 ISO 11407:2004 并做了适当修改。原标准中的表只把 A 值分为 1400,1600,1900 三个类别并对其公差作了规定,在此基础上,本标准根据 4.5.4 中的公式将其对应的 C_{min} 值分别求出。其中,C_{min} 的基数是根据 A 值基数得出的,C_{min} 的公差是依据 A 值的公差得出的,根据 A 值求得的 C_{min} 值均进行了圆整。

T 值:

$$T = C_{min} - A = \sqrt{\left(\frac{W}{2}\right)^2 + A^2} + S - A \quad (4\text{-}2)$$

本标准中,将 W 设为 2550mm,S 值不得超过 250mm,因此 T 值公式变为:

$$T = C_{min} - A = \sqrt{\left(\frac{2550}{2}\right)^2 + A^2} - A + 250 \quad (4\text{-}3)$$

该公式两边对 A 求导得:

$$T' = \frac{A}{\sqrt{\left(\frac{2550}{2}\right)^2 + A^2}} - 1 < 0 \quad (4\text{-}4)$$

则公式(4-2)为单调递减函数,T 值随 A 值的增大而减小,A 值范围是 [1300, 1900]mm,$A = 1300$mm 时求得 T 最大为 770.9mm,将其圆整为 770mm。即有 4.1.5 中规定的 T 值不大于 770mm。由于 T 值是个计算出的差值,在标准审查会上,根据专家建议,删除了该要求,同时删除了原图 1。

标准条文

4.5.5 牵引杆的结构宜符合 ISO 11407 的要求。

条文释义

牵引杆是中置轴挂车的重要部件之一,其承受拉力、扭力等各种复杂的外力。ISO 11407:2004 规定了中置轴挂车与牵引货车的机械连接互换性尺寸,因此相关尺寸参数和结构设计可以参考该标准要求,该标准在国标转化中。牵引杆的结构应符合图 4-7 和表 4-4。

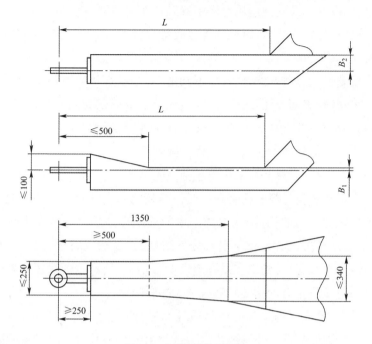

图 4-7 牵引杆结构示意图

牵引杆结构参数　　　　　　　　　表 4-4

A	Class		L min.
	High	Low	
	B_2 max.	B_1 max.	
1400	125	0	1950
1600	125	0	2100
1900	125	0	2350

标准条文

4.6 工艺与外观要求

4.6.1 焊接件的焊接质量应符合 JB/T 5943 的规定,焊缝应平整均匀,无焊穿、漏焊、裂纹、气孔、夹渣等缺陷,焊渣清除干净。

条文释义

工艺与外观要求是产品标准应该具有的特殊要求,主要规定产品的焊接、装配、涂装等要求,以提高产品的制造质量。中置轴挂车的主要结构包括车架、牵引杆、上装等,大部分通过焊接而成,焊接件的焊接质量直接影响中置轴挂车的产品质量。

一般常见的焊接缺陷可分为四类:一是焊缝尺寸不符合要求,如焊缝超高、超宽、过窄、高低差过大、焊缝过渡到母材不圆滑等;二是焊接表面缺陷,如咬边、焊瘤、内凹、满溢、未焊透、表面气孔、表面裂纹等;三是焊缝内部缺陷,如气孔、夹渣、裂纹、未熔合、夹钨、双面焊的未焊透等;四是焊接接头性能不符合要求,如因过热、过烧等原因导致焊接接头的机械性能、抗腐蚀性能降低等。

焊接缺陷对焊接构件的危害,主要包括以下几方面:一是引起应力集中,当应力超过缺陷前端部位金属材料的断裂强度时,材料就会开裂破坏;二是缩短使用寿命,对于承受低周疲劳载荷的构件,如果焊缝中的缺陷尺寸超过一定界限,循环一定周次后,缺陷会不断扩展、长大,直至引起构件断裂;三是造成脆裂,危及安全,脆性断裂是一种低应力断裂,是结构件在没有塑性变形情况下,产生的快速突发性断裂,其危害性很大。焊接质量对产品的脆断有很大的影响。

因此,为了保证中置轴挂车的产品质量和运行安全,本标准规定焊接件的焊接质量应符合《工程机械 焊接件通用技术条件》(JB/T 5943—1991)的规定,焊缝应平整均匀,无焊穿、漏焊、裂纹、气孔、夹渣等缺陷,焊渣应清除干净。

标准条文

4.6.2 铆接应牢固,铆钉排列整齐,铆钉头不允许有裂纹、偏斜、残缺现象,铆钉头与金属贴合面的间隙应不大于 0.1 mm。

条文释义

铆接是中置轴挂车制造的重要装配工艺之一,为了确保铆接连接的强度、可靠性和美观性,本标准规定铆接应牢固,铆钉排列应整齐。铆接时操作方法及工艺规范选择不合适均会产生铆接缺陷,如铆钉头偏移或钉杆歪斜、铆钉头四周未与板件表面紧密贴合、铆钉头局部未与板件表面紧密贴合、板件结合面间有缝隙、铆钉形成突头及刻伤板料、铆钉头有裂纹等。为了保证铆接质量,本标准规定铆钉头不应有裂纹、偏斜、残缺现象,铆钉头与金属贴合面的间隙应不大于 0.1mm,铆钉头与金属贴合面的间隙应用塞尺进行检查。

标准条文

4.6.3 油漆涂层应符合 QC/T 484 及产品设计的规定。

条文释义

中置轴挂车在出厂前应进行表面油漆处理,以防止表面锈蚀、降低寿命和影响美观。油漆涂层质量应符合《汽车油漆图层》(QC/T 484—2009)。标准规定了油漆涂层代号的规定、技术要求、标注和检验等,标准适用于汽车油漆涂层,不适用于汽车电器和仪表产品的油漆涂层。在使用该标准时,首先,根据车辆结构选定油漆涂层的分组和等级,在此基础上,确定相应的要求并进行检验。其次,企业产品设计时有其他特殊要求的,需要满足企业产品设计的规定。

标准条文

4.6.4 所有连接件和紧固件均进行表面防锈处理,各连接部位应牢固可靠,满足规定的力矩要求。

条文释义

中置轴挂车的紧固件、连接件是连接不同构件的重要零部件,为了防止紧固件因雨水、空气等引起的表面锈蚀而降低其使用性能、减少使用寿命和影响美观,应对紧固件的表面进行防锈处理。常用的处理方式有电镀、热喷涂、热浸镀、表面转化改性、表面扩散渗入技术、使用防锈油、使用钝化液、镀其他金属(锌、铝)等,牵引杆挂车制造企业应按需求选择适合的表面防锈处理方式。中置轴挂车的紧固件、连接件扭矩应符合相关标准的规定,对于技术要求中另有规定的螺纹扭紧力矩,如悬架系统钢板弹簧U型螺栓扭矩,应按技术要求执行,保证各连接部件牢固可靠。

标准条文

4.6.5 油杯油嘴装配齐全并注满润滑油脂,其他摩擦表面按规定涂加润滑油脂。

条文释义

润滑脂是一种稠厚的油脂状半固体,用于机械运动件的摩擦副部分,起到降低机械摩擦、防止机械磨损的作用,同时还兼起防止金属腐蚀的保护作用及密封防尘作用。为了保证中置轴挂车各总成和零部件的运动平顺,本标准规定润滑脂加注油杯油嘴应装配齐全并注满润滑脂,其他摩擦表面应按规定涂加润滑脂。

标准条文

4.6.6 所有管路和电路应分布合理,固定牢固,夹持可靠,在车辆行驶过程中不准许发生摩擦干涉现象,油、气、水管路不应有渗漏现象。

条文释义

中置轴挂车从前至后布置有两条气制动管路和两条电路电缆线,用于传递挂车行驶过程中制动和灯光信号。在中置轴挂车与牵引货车之间应留足转向用管线长度。各线卡、管卡应按要求布置并固定牢靠,各管路、线路穿过线卡、管卡后应夹持牢靠。车辆行驶过程中存在振动、抖动、转弯等各种运动,在这个过程中,各管路、线路不应与车体存在摩擦、干涉、交叉等现象。

标准条文

4.7 性能要求

4.7.1 中置轴挂车和中置轴货车列车的制动性能应符合 GB 7258 和 GB 12676 的规定。

条文释义

本节针对中置轴挂车的制动性、行驶稳定性、通过性和密封性提出了具体的要求。

GB 7258—2017 规定了在用车辆的制动性能要求,GB 12676—2014 规定了新车型式认证时的制动性能要求,GB/T 13594—2003 规定了机动车和挂车防抱制动性能和试验方法,该三项标准是我国制动性能方面的重要标准,中置轴挂车的制动性能都应符合这三个标准的要求。气压制动的主挂车间气压管路接头到制动气室响应时间应小于或等于 0.4s,列车制动协调时间应小于或等于 0.6s。

标准条文

4.7.2 厢式中置轴货车列车的侧向加速度放大系数(试验车速 80km/h)宜不大于 2.0。

条文释义

汽车横向稳定性是指汽车抵抗横向翻车和横向侧滑的能力,是汽车的安全性能的重要指标之一,中置轴挂车汽车列车由于存在铰接点,牵引货车与中置轴挂车在铰接点存在力的相互作用,若牵引货车和挂车的结构参数和性能参数不匹配,中置轴挂车汽车列车在制动和转弯时可能会发生折叠、甩尾以及跑偏等失稳现象,影响行车安全。《道路车辆 重型商用汽车列车和铰接客车 横向稳定性试验方法》(GB/T 25979—2010)给出了评价重型商用汽车列车和铰接客车横向稳定性的三个试验方法:伪随机输入、单车道变换和脉冲输入道路试验,侧向加速度后部放大系数是重要的指标之一。GB/T 25979—2010 虽然规定了试验方法,但未给出评价指标的限值要求。本标准参照 SAE J2179—2000 要求,提出了在试验车速 80km/h 的前提下,侧向加速度后部放大系数不宜大于 2.0 的要求。今后还需对牵引杆挂车列车的侧向加速度后部放大系数进行实车验证,试验检测机构需开展相关试验,增加 GB/T 25979—2010 试验检测能力。

【标准条文】

4.7.3 中置轴货车列车在空载、静态状态下,左、右倾斜稳定角应不小于 35°。

【条文释义】

本条是对国家强制性标准 GB 7258—2017 相关要求的进一步强调。GB 7258—2017 的"4.6 侧倾稳定性及驻车稳定角"中规定了中置轴挂车列车在空载、静态状态下的侧倾稳定角的要求,即左右不小于 35°。

【标准条文】

4.7.4 中置轴货车列车在平坦、干燥的路面上以 30km/h 的车速直线行驶时,中置轴挂车后轴轮迹中心线相对于牵引车前轴轮迹中心线的最大偏移量应不大于 110mm。

【条文释义】

本条要求是对 GB 7258—2017 要求的强调。中置轴汽车列车中由于牵引货车转向盘的操作、路面不平、铰接点多、制造装配误差和外部干扰(如侧风)的影响,中置轴挂车轨迹会偏移牵引车轨迹。挂车直线跟随能力描述汽车列车在预定的直线轨迹上运动时,最后挂车运动轨迹与牵引车辆运动轨迹的重合程度。我国评价挂车直线跟随能力的指标是挂车后轴中心相对于牵引车前轴中心的最大摆动幅度,对铰接列车、乘用车列车和中置轴挂车列车不应大于110mm。

标准条文

4.7.5 中置轴货车列车的通过性和外摆值应符合GB 1589的规定。

条文释义

GB 1589—2016是我国对道路上使用的汽车、挂车及汽车列车管理的最重要、最基本的一项强制性标准,是其他技术法规建立的基础,是车辆产品定型试验、强制性认证的主要依据,标准规定了中置轴挂车列车总长不超过20m,中置轴挂车总长不超过12m,且车厢长度不超过8m。

中置轴挂车列车与铰接列车相比,铰接点偏后,挂车车轴偏前,挂车后悬较大,在合理设计中置轴挂车列车尺寸匹配的情况下,其通过性和外摆值应符合GB 1589—2016的要求。

五、关于"5 试验方法"的释义

本部分为本标准的主要技术内容之一。作为产品标准,对于标准中提出的相关技术要求,应有对应的试验方法进行检验。本章对技术要求中主要性能条款提出了试验方法,对于相对简单的试验或检验按照常规试验进行。

标准条文

5.1 中置轴挂车主要质量参数的测定按GB/T 13873的有关规定进行。

条文释义

《道路车辆 货运挂车试验方法》(GB/T 13873—2015)规定了货运挂车的主要结构和技术特性参数的测定方法、半挂车牵引座连接区域强度和支承装置连接强度试验方法,以及挂车制动性能和可靠性的试验方法,适用于在公路及城市道路上行驶的挂车试验。其中在标准的6.1.4条款给出了牵引杆挂车质量参数测量方法。

标准条文

5.2 中置轴挂车及其列车尺寸、行驶稳定性等按GB/T 26778的规定进行。

第四章 《中置轴挂车通用技术条件》(GB/T 37245—2018)释义

条文释义

《汽车列车性能要求及试验方法》(GB/T 26778—2011)正在启动研究修订工作,使用该标准时,应注意最新版本发布情况。GB/T 26778—2011 规定了汽车列车的性能要求及试验方法,其中 5.5 节试验项目及方法中,规定了汽车列车主要尺寸参数测量,应按照该标准的 5.5 节规定进行尺寸测量和行驶稳定性测试。

标准条文

5.3 中置轴货车列车的通过性和外摆值的测试按 GB 1589 的规定进行。

条文释义

GB 1589—2016 的 4.4 规定了车辆通过性要求,其中包括通道圆和外摆值要求,中置轴货车列车的通过性和外摆值也应符合该标准要求。GB 1589—2016 的附录 B (规范性附录)给出了车辆通道圆和外摆值测量方法,因此,中置轴货车列车的通过性和外摆值测试应按照该方法执行。

标准条文

5.4 中置轴货车列车的横向稳定性试验按 GB/T 25979 规定的单车道变换试验方法,以 80km/h 的试验车速进行。

条文释义

《道路车辆 重型商用汽车列车和铰接客车 横向稳定性试验方法》(GB/T 25979—2010)给出了评价重型商用汽车列车和铰接客车横向稳定性的三个试验方法:伪随机输入、单车道变换和脉冲输入道路试验,侧向加速度后部放大系数是重要的指标之一。中置轴货车列车的横向稳定性试验按单车道变换试验方法进行,目前部分试验检测机构已具备部分试验条件,GB/T 25979—2010 规定的试验车速为 80km/h、90km/h 或 100km/h,车速较高,车辆运输车容易发生侧翻危险,在目前缺少防止挂车侧翻的安全支架的情况下,本标准规定试验车速为 80km/h,同时,建议相关试验检测机构积极开发、购置、使用相关的防侧翻装置,以保证试验安全。

标准条文

5.5 中置轴挂车及其列车的制动性能试验按 GB 7258、GB 12676 的规定进行。

条文释义

GB 7258—2017 规定了机动车的整车及主要总成、安全防护装置等有关运行安全的基本技术要求,以及消防车、救护车、工程救险车和警车及残疾人专用汽车的附加要求。相关中置轴挂车制动性能要求描述可作为试验方法使用;GB 12676—2014 规定了商用车辆和挂车制动系统技术要求及试验方法,标准适用于《机动车辆及挂车分类》(GB/T 15089—2001)规定的 M_2、M_3 及 N 类机动车和 O 类挂车。中置轴挂车属于 O 类挂车,因此,相关制动性能试验按照该标准执行。

标准条文

5.6 中置轴挂车的灯光信号、气制动密封性、制动协调性等静态安全项目按 GB/T 13873 的规定进行。

条文释义

对中置轴挂车的灯光信号、气制动密封性、制定协调性等静态安全项目进行例行检验对行车安全非常重要。其检验方法参照《营运半挂车安全性能要求与检测方法》(JT/T 885—2014)进行。GB/T 13873—2015 进行修订时会将相关挂车的灯光信号、气制动密封性、制动协调性等静态安全项目试验方法增加进去。

标准条文

5.7 中置轴挂车与牵引车机械连接装置强度试验按 GB/T 15087 和 ISO 12357 的规定进行。

条文释义

GB/T 15087—2009 等同采用 ISO 8718:2001。标准规定了牵引车牵引装置和与之配套的 40mm 和 50mm 牵引杆挂环强度试验的条件和要求,标准适用于牵引车牵引装置试验,但牵引装置应符合 GB/T 32860—2016,牵引杆挂环应符合 GB/T 4781—2006。ISO 12357:1999 正在转化中,现阶段,相关试验按照该标准规定执行。

牵引杆连接器和牵引杆挂环匹配后的静态和动态强度试验通过台架实现,台架试验时连接装置的安装布置应与车辆实际布置相同。动态试验的测试力为垂直方向和水平方向的合力,见表 4-5,并通过图 4-8 所示台架配置进行试验。垂直方向和水平方向合力应为正弦曲线(图 4-9)。表 4-5 中出现的参数 D 值和 V 值根据牵引杆连接器和与之匹配的挂车形式来确定,具体计算公式参见 ISO 12357:1999;静态试验主要考核牵引杆连接器关闭和锁紧装置,以保证连接装置的安全性能。

动态试验载荷(单位为千牛)　　　　　表 4-5

载荷类别	平 均 值	振 幅
水平载荷	0	±0.6D
垂直载荷	$g \times G_S^a /1000$	±0.6V

a G_S 为中置轴挂车最大设计总质量状态下,作用在连接器上的垂直静载荷,单位为千克(kg)。

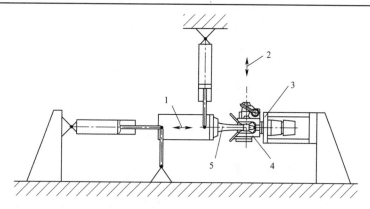

说明:
1——水平载荷;
2——垂直载荷;
3——牵引杆连接器安装支架;
4——牵引杆连接器;
5——牵引杆挂环刚性连接杆。

图 4-8　台架布置图例

5.8　厢式中置轴挂车厢体密封性按 JT/T 389 的规定进行。

厢式中置轴挂车是厢式挂车的一种结构形式。JT/T 389—2010 规定了厢式挂车的技术要求、试验方法、检验规则、标志、包装、运输及储存,适用于货物运输的厢式半挂车、厢式牵引杆挂车和厢式中置轴挂车。标准的第 5 章规定了相关试验方法。其中 5.3 为防雨密封性试验。因此,厢式中置轴挂车的密封性按照该规定执行。

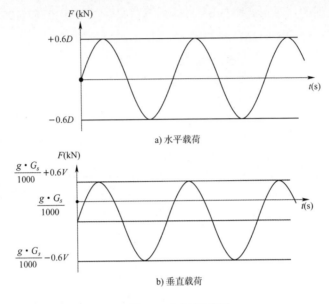

图 4-9　动态试验载荷

六、关于"6 检验规则"的释义

作为产品标准,本部分为标准不可缺少的章节之一。本章规定了中置轴挂车产品的出厂检验要求、检验内容和对应条款;规定了型式检验的前提要求和分别对应的检验内容和条款,更便于企业实施。

标准条文

6.1　出厂检验

6.1.1　每辆中置轴挂车均应经制造厂质量检验部门进行检验,检验合格并附有产品合格证后方可出厂。

条文释义

为了确保出厂产品进行了规定的检验和试验,达到产品有关技术标准和用户特殊的要求,中置轴挂车在经制造厂质量检验部门应检验合格并附有产品合格证后方可出厂。

标准条文

6.1.2　中置轴挂车出厂检验项目为:

a) 外观,见4.6.1、4.6.2、4.6.3、4.6.4、4.6.5;
b) 制动性能,见4.7.1;
c) 整车装配调整,见4.1.7、4.1.8、4.1.9、4.1.10;
d) 灯光、信号装置,见4.4.7、4.4.8、4.4.9、4.4.12。

本条分外观、制动性能、整车装配调整和灯光、信号装置4类检验项目并分别给出了检验项目,给出每一类对应的标准条款号,使用本标准时更清晰。

6.2 型式试验

6.2.1 凡属下列情况之一者应进行型式检验,检验项目为本标准第4章规定的全部检验项目。

a) 新产品试制完毕,投产前;
b) 停产两年的产品再生产;
c) 产品转厂生产;
d) 因产品设计、工艺或材料的改变而影响产品的主要性能;
e) 国家或上级质量监督机构提出型式检验要求。

本条给出了中置轴挂车应进行型式试验的五种情况,凡出现其中任何一种情况时,均应进行型式试验。型式检验是依据产品标准,由质量技术监督部门或有资质的检验机构对产品各项指标进行的抽样全面检验,检验项目为技术要求中规定的所有项目。

6.2.2 产品检验数量为1辆。

由于中置轴挂车车辆比较大、生产量较小、成本较高等因素,标准规定产品检验数量为1辆。进行试验时,出现不合格时,允许调整后,重新试验。

附件 《营运货车安全技术条件 第2部分:牵引车辆与挂车》(JT/T 1178.2—2019)

1 范围

JT/T 1178 的本部分规定了牵引车辆与挂车的整车、制动系统、安全防护、机械连接、气电连接、载荷布置标识与系固点、报警与提示等安全技术要求和试验方法。

本部分适用于 N_2 类和 N_3 类的牵引车辆、O_3 类和 O_4 类的挂车及其组成的汽车列车。

2 规范性引用文件

下列文件对于本文件的应用是必不可少的。凡是注日期的引用文件,仅注日期的版本适用于本文件。凡是不注日期的引用文件,其最新版本(包括所有的修改单)适用于本文件。

GB 1589	汽车、挂车及汽车列车外廓尺寸、轴荷及质量限值
GB/T 3730.1	汽车和挂车类型的术语和定义
GB/T 3730.2	道路车辆 质量 词汇和代码
GB 4094	汽车操纵件、指示器及信号装置的标志
GB/T 4606	道路车辆 半挂车牵引座50号牵引销的基本尺寸和安装、互换性尺寸
GB/T 4781	道路车辆 50毫米牵引杆挂环的互换性
GB 4785	汽车及挂车外部照明和光信号装置的安装规定
GB/T 5053.1—2006	道路车辆 牵引车与挂车之间电连接器 7芯24V标准型(24N)

GB/T 5922	汽车和挂车　气压制动装置压力测试连接器技术要求
GB/T 6323—2014	汽车操纵稳定性试验方法
GB 7258—2017	机动车运行安全技术条件
GB 11567	汽车及挂车侧面和后下部防护要求
GB/T 12534	汽车道路试验方法通则
GB 12676	商用车辆和挂车制动系统技术要求及试验方法
GB/T 13594	机动车和挂车防抱制动性能和试验方法
GB/T 13880	道路车辆　牵引座互换性
GB/T 13881	牵引车与挂车之间气制动管连接器
GB/T 14172	汽车静侧翻稳定性台架试验方法
GB 15084	机动车辆　间接视野装置　性能和安装要求
GB/T 15087	道路车辆　牵引车与牵引杆挂车机械连接装置　强度试验
GB/T 15088	道路车辆　牵引销　强度试验
GB/T 15089	机动车辆及挂车分类
GB/T 17619	机动车电子电器组件的电磁辐射抗扰性限值和测量方法
GB/T 18655	车辆、船和内燃机　无线电骚扰特性用于保护车载接收机的限值和测量方法
GB 19239	燃气汽车专用装置的安装要求
GB/T 20069	道路车辆　牵引座强度试验
GB/T 20716.1	道路车辆　牵引车和挂车之间的电连接器　第1部分：24V标称电压车辆的制动系统和行走系的连接
GB/T 20717	道路车辆　牵引车和挂车之间的电连接器　24V15芯型
GB/T 22309	道路车辆　制动衬片　盘式制动块总成和鼓式制动蹄总成剪切强度试验方法
GB/T 22311	道路车辆　制动衬片　压缩应变试验方法
GB/T 25088	道路车辆　牵引车和挂车之间的电连接器　24V7芯辅助型(24S)
GB/T 25979	道路车辆　重型商用汽车列车和铰接客车　横向稳定性试验方法

标准号	名称
GB 25990	车辆尾部标志板
GB 26149	乘用车轮胎气压监测系统的性能要求和试验方法
GB 26511	商用车前下部防护要求
GB/T 26774	车辆运输车通用技术条件
GB/T 26777	挂车支撑装置
GB 29753	道路运输 食品与生物制品冷藏车 安全要求及试验方法
GB/T 31083	乘用车公路运输栓紧带式固定技术要求
GB/T 31879	道路车辆 牵引座通用技术条件
GB/T 32692	商用车辆缓速制动系统性能试验方法
GB/T 32860	道路车辆 牵引杆连接器的互换性
GB/T 32861	道路车辆 牵引车与挂车之间的电气和气动连接位置
GB/T 33577	智能运输系统 车辆前向碰撞预警系统 性能要求和测试规程
GB/T 35782—2017	道路甩挂运输车辆技术条件
GB/T 36883—2018	液化天然气汽车技术条件
JT/T 230	汽车导静电橡胶拖地带
JT/T 389	厢式挂车技术条件
JT/T 475	挂车车轴
JT/T 719	营运货车燃料消耗量限值及测量方法
JT/T 794	道路运输车辆卫星定位系统 车载终端技术要求
JT/T 882—2014	道路甩挂运输货物装载与栓固技术要求
JT/T 883	营运车辆行驶危险预警系统 技术要求和试验方法
JT/T 884	营运车辆抗侧翻稳定性试验方法 稳态圆周试验
JT/T 1046	道路运输车辆油箱及液体燃料运输罐体阻隔防爆安全技术要求
JT/T 1094—2016	营运客车安全技术条件
JT/T 1178.1—2018	营运货车安全技术条件 第1部分:载货汽车
JT/T 1242—2019	营运车辆自动紧急制动系统性能要求和测试规程
QC/T 200	汽车和挂车气压制动装置用储气筒性能要求及试验方法

QC/T 480　　　　　　　　汽车操纵稳定性指标限值与评价方法

ISO 12357-1　　　　　　商用道路车辆　刚性牵引杆的连接器和挂环　第1部分：普通货物中置轴挂车强度试验（Commercial road vehicles-Drawbar couplings and eyes for rigid drawbars-Part 1：Strength tests for general cargo centre-axle trailers）

3　术语和定义

GB/T 3730.1、GB/T 3730.2、GB 4094、GB/T 6323、GB/T 15089、GB/T 26774 和 JT/T 1178.1 界定的以及下列术语和定义适用于本文件。

3.1

牵引车辆　towing vehicle

用于牵引挂车的汽车，包括半挂牵引车和牵引货车。

3.2

牵引货车　towing truck

具有特殊装置用于牵引牵引杆挂车、中置轴挂车的货车。

注：改写 JT/T 719—2016，定义 3.2。

3.3

中置轴挂车　centre-axle trailer

牵引装置不能垂直移动（相对于挂车），车轴位于紧靠挂车重心（当均匀载荷时）的挂车，其作用于牵引货车的垂直静载荷，不超过挂车最大设计总质量的10%或10 000N（两者取较小者）。

注：改写 GB/T 3730.1—2001，定义 2.2.3。

3.4

牵引杆挂车　draw bar trailer

全挂车

至少有两根轴的挂车，其中一根轴可转向，并通过角向移动的牵引杆与牵引货车连接；牵引杆可垂直移动，连接到车辆上不承受任何垂直力。

注：改写 GB/T 3730.1—2001，定义 2.2.1。

3.5

铰接列车　articulated vehicle

半挂汽车列车

半挂牵引车和半挂车的组合。

注:改写 GB 7258—2017,定义 3.4.3。

3.6

中置轴挂车列车　centre-axle trailer combination

牵引货车和中置轴挂车的组合。

注:改写 GB 7258—2017,定义 3.4.2.2。

3.7

牵引杆挂车列车　draw bar trailer combination

牵引货车和牵引杆挂车的组合。

注:改写 GB 7258—2017,定义 3.4.2.1。

3.8

轮胎气压监测系统　tire pressure monitoring system（TPMS）

胎压监测系统

由胎压监测模块、接收器模块及显示模块等组成,安装在车辆上能实时监测轮胎气压和温度等参数,并以视觉和听觉信号进行显示和报警的系统。

注:改写 GB 26149—2017,定义 3.1。

4　整车

4.1　牵引车辆与挂车在汽车列车状态下(纯电动汽车除外)的比功率应符合表1的要求。

比功率限值　　表1

最大允许总质量 G(kg)	$G \leqslant 18000$	$18000 < G \leqslant 43000$	$43000 < G \leqslant 49000$
比功率(kW/t)	$\geqslant 6.9$	$\geqslant (4.3 + 46000/G)$	$\geqslant 5.4$

4.2　牵引车辆与挂车(罐式车辆、车辆运输车除外)在汽车列车状态下(可利用模拟装置替代挂车或牵引车辆),按照 GB/T 14172 规定的试验方法进行侧倾稳定性台架试验,侧倾稳定角应符合以下要求:

a) 在空载、静态条件下向左侧和右侧倾斜的侧倾稳定角均应大于或等于35°；

b) 在满载、静态条件下向左侧和右侧倾斜的侧倾稳定角均应大于或等于23°，也可在企业规定的装载情况下参照 GB 28373—2012 第 6 章规定进行模拟计算。

4.3 牵引车辆在汽车列车(满足企业产品设计且不超过 GB 1589 规定的最大外廓尺寸，罐式车辆除外)状态下，按照 GB/T 6323—2014 第 10 章规定进行满载状态下的稳态回转试验，牵引车辆不足转向度应大于 $0°/(m/s^2)$ 且小于或等于 $1°/(m/s^2)$。

4.4 牵引货车和汽车列车(满足企业产品设计且不超过 GB 1589 规定的最大外廓尺寸，罐式车辆除外)分别按照 GB/T 6323—2014 第 5 章的规定进行满载状态下的蛇行试验，牵引货车(单车状态)、牵引车辆(列车状态)平均横摆角速度峰值均应小于 QC/T 480 对应标桩间距和基准车速的下限值。

4.5 牵引货车和汽车列车(满足企业产品设计且不超过 GB 1589 规定的最大外廓尺寸，罐式车辆除外)分别按照 JT/T 884 规定的试验方法进行满载状态下的抗侧翻稳定性试验，牵引货车(单车状态)、牵引车辆(列车状态)质心处的向心加速度达到 $0.4g$ 时牵引车辆与挂车均不发生侧翻或侧滑。

4.6 牵引车辆与挂车在汽车列车(满足企业产品设计且不超过 GB 1589 规定的最大外廓尺寸)空载状态下，在平坦、干燥的路面上以 30 km/h 的速度直线行驶 500 m 时，挂车后轴中心相对于牵引车辆前轴中心的最大摆动幅度，铰接列车、中置轴挂车列车应小于或等于 100 mm，牵引杆挂车列车应小于或等于 150 mm。

4.7 牵引车辆与挂车在汽车列车(满足企业产品设计且不超过 GB 1589 规定的最大外廓尺寸)满载状态下，按照 GB/T 25979 规定的单车道变换试验方法，以 80 km/h 的试验车速进行横向稳定性测试，其侧向加速度后部放大系数应小于或等于 1.5。

4.8 牵引车辆应安装电子稳定性控制系统(ESC)。ESC 的性能应符合 JT/T 1094—2016 附录 A 及相关标准的规定，电磁兼容性应符合 GB/T 18655 中第 3 级及 GB/T 17619 的规定。

4.9 最高车速大于或等于 90 km/h 的非双转向轴牵引车辆，所有转向轮应安装爆胎应急安全装置，并在驾驶室易见位置标示。在汽车列车状态下，爆胎应急安全装置的性能要求和试验方法应符合 JT/T 1178.1—2018 附录 A 的规定。

4.10 牵引车辆与挂车在汽车列车(满足企业产品设计且不超过 GB 1589 规定的最大外廓尺寸)空载状态下按照 JT/T 1178.1—2018 附录 B 规定的试验方法进行试验，

所测得的转弯通道最大宽度应小于或等于5900mm。

4.11 牵引车辆应安装具有行驶定位功能的道路运输车辆卫星定位系统车载终端，道路运输车辆卫星定位系统车载终端的性能应符合 JT/T 794 的规定。

4.12 用于冷藏运输的牵引货车与挂车均应安装温度监控装置，车辆及其温度监控装置、制冷设备的性能应满足 GB 29753 及相关标准要求。

4.13 牵引车辆所装视镜的数量、位置及视野要求应符合 GB 15084 的规定。

4.14 挂车应使用额定轴荷小于或等于 10t 的车轴，车轴性能应符合 JT/T 475 的规定。

4.15 牵引车辆和挂车机械连接装置的安装位置及尺寸参数，以及与其适配的车辆相关连接尺寸，应在产品标牌（或车辆易见部位上设置的其他能永久保持的标识）上清晰标示，铭牌示例参见附录A。

5 制动系统

5.1 牵引车辆与挂车的气压制动系统应安装具备保持压缩空气干燥、油水分离功能的装置。

5.2 牵引车辆与挂车所有的行车制动器应具备制动间隙自动调整功能。

5.3 牵引车辆与挂车的制动系统储气筒和制动气室应安装气压制动装置压力测试连接器。压力测试连接器的性能应符合 GB/T 5922 的规定。

5.4 牵引车辆应安装符合 GB/T 13594 规定的 1 类防抱制动系统，挂车应安装符合 GB/T 13594 规定的 A 类防抱制动系统。牵引车辆应安装防抱制动系统失效时（含挂车防抱制动系统失效）用于报警的信号装置。牵引车辆和挂车的防抱制动装置的电磁兼容性应符合 GB/T 18655 中第 3 级及 GB/T 17619 的规定。

5.5 最高车速大于或等于 90km/h 的牵引车辆与挂车均应安装电子制动系统（EBS），EBS 的性能应符合 GB 12676 和 GB/T 13594 的规定。

5.6 最高车速大于或等于 90km/h 的牵引车辆应安装自动紧急制动系统（AEBS），AEBS 的性能应符合 JT/T 1242—2019 的规定。

5.7 牵引车辆采用气压制动时，制动系统储气筒的额定工作气压应大于或等于 1000kPa。牵引车辆与挂车的储气筒均应符合 QC/T 200 的规定。制动系统储气筒额定工作气压数值应在产品标牌（或车辆易见部位上设置的其他能永久保持的标

5.8 采用气压制动的牵引车辆,按照 GB 12676 规定的方法进行测试时,从踩下制动踏板到最不利的制动气室响应时间(A)应小于或等于 0.6s,且牵引车辆从踩下制动踏板到牵引车辆和挂车之间气压控制管路接头延长管路末端的响应时间(B)还应小于或等于 0.4s;采用气压制动的挂车,按照 GB 12676 规定的方法进行测试时,从牵引车辆和挂车之间气压控制管路接头处到最不利的制动气室响应时间(C)应小于或等于 0.4s。A、B、C 的数值(取值到 0.01s,精确到 0.05s)应在产品标牌(或车辆易见部位上设置的其他能永久保持的标识)上清晰标示。

5.9 牵引车辆与挂车在汽车列车(满足企业产品设计且不超过 GB 1589 规定的最大外廓尺寸)满载状态下,在附着系数小于或等于 0.5、车道中心线半径 150m、宽 3.7m 的平坦圆弧车道上,以 50km/h 的初始车速进行全力制动的过程中,车辆应保持在车道内。

5.10 牵引车辆与挂车的鼓式制动蹄总成或盘式制动块总成的制动衬片性能应符合以下要求:

  a) 按 GB/T 22309 进行试验,鼓式制动蹄总成和盘式制动块总成的最小剪切强度大于或等于 2.5MPa;

  b) 按 GB/T 22311 进行试验,鼓式制动蹄总成常温压缩量小于或等于 2%,200℃时的压缩量小于或等于 4%;

  c) 按 GB/T 22311 进行试验,盘式制动块总成常温压缩量小于或等于 2%,400℃时的压缩量小于或等于 5%。

5.11 最高车速大于或等于 90km/h 的牵引车辆转向轴的所有转向车轮应安装盘式制动器。

5.12 牵引车辆应安装缓速器或其他辅助制动装置。缓速器或其他辅助制动装置的性能应符合 GB 12676 中 ⅡA 型试验规定的性能要求,缓速器的性能测试按照 GB/T 32692 的试验方法进行。

5.13 当挂车行车制动气室的初始气压为 0.67MPa 时,从行车制动阀开始启动时起,至每一个制动气室的气压降到 0.035MPa 的时间应小于或等于 0.65s。

6 安全防护

6.1 牵引货车与挂车应安装侧面防护和后下部防护装置,防护装置的性能应符合

GB 11567 的规定。

6.2 牵引车辆应安装前下部防护装置,防护装置的性能应符合 GB 26511 的规定。

6.3 起重尾板应安装防止尾板承载平台自动下落或自动打开的机械锁紧装置。

6.4 牵引车辆驾驶室应具有乘员保护功能,驾驶室的性能要求应符合 JT/T 1178.1—2018 中 6.4 的规定。

6.5 最高车速大于或等于 90km/h 的牵引车辆,使用单胎的车轮应安装轮胎气压监测系统(TPMS)或具有轮胎气压监测功能的装置。TPMS 或具有轮胎气压监测功能装置的性能应符合附录 B 的规定,其电磁兼容性应符合 GB/T 18655 中第 3 级及 GB/T 17619 的规定。

6.6 装备电涡流缓速器的牵引车辆,安装部位的上方应安装具有阻燃性的隔热装置,并应设置温度报警系统或自动灭火装置。

6.7 汽油牵引车辆油箱应采用阻隔防爆技术,阻隔防爆技术应符合 JT/T 1046 的规定。

6.8 气体燃料牵引车辆应安装汽车导静电橡胶拖地带,汽车导静电橡胶拖地带的性能应符合 JT/T 230 的规定。

6.9 气体燃料牵引车辆气瓶安装位置与强度应符合 GB 19239 的规定,使用液化天然气作为燃料的牵引车辆气瓶安装位置与强度应符合 GB/T 36883—2018 中 4.3.2 的规定。

6.10 牵引车辆燃料系统的安全防护应符合 GB 7258 的规定。

6.11 厢式挂车厢体的刚度和强度应符合 JT/T 389 的规定。

7 机械连接

7.1 半挂牵引车与半挂车

7.1.1 半挂牵引车应安装符合 GB/T 13880、GB/T 20069 和 GB/T 31879 规定的 50 号牵引座,半挂车应安装符合 GB/T 4606 和 GB/T 15088 规定的 50 号牵引销。

7.1.2 用于甩挂运输的半挂牵引车匹配尺寸应符合 GB/T 35782—2017 中 5.2 的规定。

7.1.3 用于甩挂运输的半挂车匹配尺寸应符合 GB/T 35782—2017 中 6.2 的规定。

7.1.4 半挂车支承装置的结构与性能应符合 GB/T 26777 的规定。

7.2 牵引货车与中置轴挂车

7.2.1 牵引货车应安装符合 GB/T 32860 和 ISO 12357-1 规定的 50mm 牵引杆连接器，中置轴挂车应安装符合 GB/T 4781 和 GB/T 15087 规定的 50mm 牵引杆挂环。

7.2.2 牵引杆连接器安装支架和牵引杆挂环刚性连接杆按照附录 C 的规定进行试验后，应无永久变形、断裂或目测可见的裂纹。

7.2.3 厢式中置轴挂车牵引杆挂环中心在水平面上的投影点距牵引货车最后端在水平面上投影的纵向距离(L_A)（图1）应符合表2的规定。

表2　L_A 参数表

L_A 的系列	L_A(mm)
1400	1400_{-100}^{0}
1600	1600_{-100}^{0}
1900	1900_{-100}^{0}

7.2.4 空载状态下，厢式中置轴挂车牵引杆绕牵引杆连接器上下摆动角度(α)（图1）均应大于或等于6°，且当上摆动角度最大时，牵引杆上平面与牵引货车下端的最小间隙应大于或等于125mm（图1）。满载状态下，厢式中置轴挂车牵引杆挂环中心距地面垂直距离为380mm±25mm（图1）。

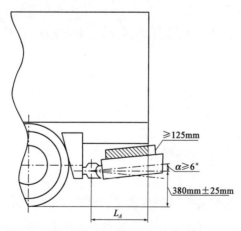

图1　牵引货车与中置轴挂车机械连接示意图

7.2.5 厢式中置轴挂车前回转半径(L)应大于或等于回转半径最小值(L_{Cmin})（图2），L_{Cmin} 的计算方法见式(1)：

$$L_{Cmin} = \sqrt{\left(\frac{W}{2}\right)^2 + L_A^2} + L_S \qquad (1)$$

式中：L_A——牵引杆挂环中心距牵引货车厢体最后端纵向距离（图2），单位为毫米（mm）；

W——牵引货车宽度，单位为毫米（mm）；

L_S——牵引货车回转安全距离，最小为250mm（图2）。

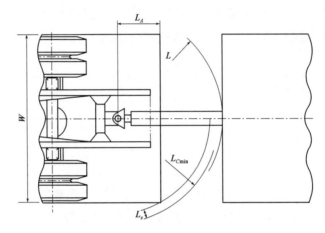

图2 牵引货车与中置轴挂车间隙半径计算示意图

7.2.6 中置轴挂车列车（满足企业产品设计且不超过 GB 1589 规定的最大外廓尺寸）的产品技术参数不满足 7.2.3 和 7.2.5 时，中置轴挂车列车应符合 GB 1589 规定的轴荷限值、通道圆和 4.10 的相关技术要求，且中置轴挂车列车行驶过程中不发生运动干涉。

8 气电连接

8.1 牵引车辆和挂车的电气连接器横向位置与布置顺序应符合 GB/T 32861 的规定。

8.2 牵引车辆与挂车间的防抱制动系统接口应符合 GB/T 20716.1 的规定。

8.3 牵引车辆与挂车间的气制动连接器应符合 GB/T 13881 的规定。

8.4 牵引车辆与挂车间的电连接器应满足以下要求之一：

    a) 使用符合 GB/T 20717 规定的 24V15 芯电连接器；

    b) 同时使用符合 GB/T 5053.1 规定的 24V7 芯标准型电连接器和符合

GB/T 25088 规定的 24V7 芯辅助型电连接器；

c) 仅使用满足 GB/T 5053.1 规定的 24V7 芯标准型电连接器时,应调整标准型电连接器的接线方式,2 号线应接位置灯、示廓灯和牌照灯,6 号线应接后雾灯,7 号线应接倒车灯,其余接线方式符合 GB/T 5053.1—2006 中 5.4 的规定。

9 载荷布置标识与系固点

9.1 牵引货车与挂车(罐式车辆、车辆运输车、自卸式车辆除外)应在车辆易见部位上设置能永久保持的载荷布置标识,标识的尺寸不应小于 160mm×100mm,牵引货车标识的绘制应考虑牵引杆连接器的载荷转移,绘制原则应符合 JT/T 1178.1—2018 中 7.2 的规定,绘制方法参见附录 D。

9.2 牵引货车(车辆运输车除外)货箱系固点的数量、安装位置与强度应符合 JT/T 1178.1—2018 中 7.3 的规定；挂车(罐式挂车、集装箱运输半挂车、车辆运输挂车、自卸式车辆除外)系固点的数量、安装位置与强度应符合 JT/T 882—2014 附录 C 的规定。

9.3 车辆运输车应随车配备运输车辆的布置、装载与栓固的技术资料,运输车辆的装载与固定器具选型应符合 GB/T 31083 的规定。

10 报警与提示

10.1 牵引车辆应具备车道偏离报警功能和车辆前向碰撞预警功能,车道偏离报警功能应符合 JT/T 883 的规定,车辆前向碰撞预警功能应符合 GB/T 33577 的规定。

10.2 气体燃料牵引车辆应安装气体泄漏报警装置,所有管路接头处均不应出现漏气现象。

10.3 中置轴挂车列车和牵引杆挂车列车后部醒目位置应安装不少于 1 块具有"长车"字样的矩形标志牌,标志牌长度为 500mm±10mm,宽度为 200^{+10}_{0} mm,底色为黄色,文字颜色为红色。标志牌的色度性能、光度性能应符合 GB 25990 的规定。字体应使用规范汉字,按从左至右或从上至下顺序排列,字高为 180mm±5mm,字宽和字高相等。

10.4 牵引车辆应安装车辆右转弯提示音装置。

10.5 牵引车辆和挂车制动器的衬片需要更换时,应采用声学或光学报警装置向驾驶员报警,报警装置应符合 GB 12676 的规定。

10.6 安装悬臂式或垂直升降式起重尾板的牵引货车与挂车,起重尾板背部应设置有警示旗,且警示旗应能摆动,警示旗上的反光标识应始终朝向车辆后侧。

10.7 牵引车辆与挂车的外部照明和光信号装置的数量、位置、光色、最小几何可见度应符合 GB 4785 的规定,照明和光信号装置的一般要求应符合 GB 7258—2017 中 8.3 的规定。

10.8 牵引车辆与挂车应安装车身反光标识和车辆尾部标志板(半挂牵引车除外),车身反光标识和车辆尾部标志板应符合 GB 7258—2017 中 8.4 的规定。

11 标准实施的过渡期

11.1 4.9、5.5、5.7、5.11、5.12、6.4、6.5、7.2.2、9.2 和 10.1 的规定自 2020 年 5 月 1 日起对新生产车型实施。

11.2 4.8 和 5.6 的规定自 2021 年 5 月 1 日起对新生产车型实施。

附　录　A

（资料性附录）
车辆互换性信息铭牌示例

A.1　半挂牵引车的互换性铭牌样式如图 A.1 所示。

```
车辆型号：_____；     匹配的牵引销规格：50 号；
前回转半径：_____ mm，与之匹配的半挂车前回转半径≤_____ mm；
后回转半径：_____ mm，与之匹配的半挂车间隙半径≥_____ mm；
牵引座承载面离地高度：_____ mm；   制动响应时间 A：_____ s，B：_____ s；
牵引座中心至半挂牵引车辆最前端的距离：_____ mm；
与之匹配的半挂车牵引销中心轴线到半挂车最后端水平距离≤_____ mm。
```

图 A.1　半挂牵引车的互换性铭牌样式

A.2　半挂车的互换性铭牌样式如图 A.2 所示。

```
车辆型号：_____；     匹配的牵引座规格：50 号；
前回转半径：_____ mm，与之匹配的半挂牵引车前回转半径≥_____ mm；
半挂车间隙半径：_____ mm，与之匹配的半挂牵引车后回转半径≤_____ mm；
牵引销座板离地高度：_____ mm；   制动响应时间 C：_____ s；
挂车满载最高设计车速：_____ km/h；  牵引销中心轴线到半挂车最后端水平距离_____ mm。
```

图 A.2　半挂车的互换性铭牌样式

A.3　牵引货车的互换性铭牌样式如图 A.3 所示。

```
车辆型号：_____；     牵引杆连接器型号：_____；
牵引杆挂环中心距牵引货车最后端水平距离：_____ mm；
与之匹配的中置轴挂车前回转半径≥_____ mm；
牵引杆连接器中心离地高度：_____ mm；   制动响应时间 A：_____ s，B：_____ s。
```

图 A.3　牵引货车的互换性铭牌样式

A.4　中置轴挂车的互换性铭牌样式如图 A.4 所示。

```
车辆型号：_____；牵引杆挂环中心孔直径：_____ mm；
中置轴挂车前回转半径：_____ mm；
与之匹配牵引车辆的牵引杆挂环中心距牵引货车最后端水平距离：____ mm ~ ____ mm；
牵引杆挂环中心离地高度：_____ mm；   制动响应时间 $C$：_____ s。
```

图 A.4　中置轴挂车的互换性铭牌样式

A.5　牵引杆挂车的互换性铭牌样式如图 A.5 所示。

```
车辆型号：_____；   牵引杆挂环中心孔直径：_____ mm；
牵引杆挂车前回转半径：_____ mm；
与之匹配牵引车辆的牵引杆挂环中心距牵引货车最后端水平距离：____ mm ~ ____ mm；
牵引杆挂环中心离地高度：_____ mm；   制动响应时间 $C$：_____ s。
```

图 A.5　牵引杆挂车的互换性铭牌样式

附 录 B

（规范性附录）

轮胎气压监测系统技术要求和试验方法

B.1 技术要求

B.1.1 信号装置

B.1.1.1 装备 TPMS 的车辆应配备具有轮胎欠压报警、轮胎过压报警和轮胎高温报警功能的信号装置,在轮胎欠压(小于或等于75%的轮胎推荐压力 P_{rec})、轮胎过压(大于或等于130%的轮胎推荐压力 P_{rec})、轮胎高温(大于或等于90℃)时,TPMS 系统应通过信号装置向驾驶员发出光学报警信号并指示出轮胎的具体位置。可附加文字说明或以声学等方式来辅助报警。

B.1.1.2 信号装置还应具有故障报警功能,当 TPMS 发生故障时应通过信号装置向驾驶员发出光学报警信号。可附加文字说明或以声学等方式来辅助报警。

B.1.1.3 如轮胎欠压、轮胎过压及轮胎高温报警和故障报警共用一个信号装置,则轮胎欠压、轮胎压力过高及轮胎高温报警和故障报警的表示方法应有明显的区分,且应在车辆用户手册中清晰说明。

B.1.1.4 信号装置应符合以下要求:
   a) 具有图 B.1 所示的报警指示灯图标。
   b) 具有图 B.2 所示的接近真实车辆外形的示意图,标示出报警轮胎位置,并能显示轮胎气压值及轮胎温度值。
   c) 信号装置标志处于驾驶员前方易于观察的位置,便于驾驶员在驾驶位置观察信号装置的状态。
   d) 信号装置标志点亮状态时颜色为黄色;此颜色要求不适用于位于共用空间的信号装置。
   e) 信号装置标志点亮后应明亮、醒目,驾驶员在适应环境道路照明条件后能清晰观察。

图 B.1　报警指示灯示意图

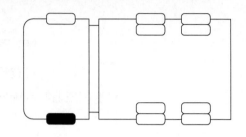

图 B.2　报警轮胎位置示意图

B.1.2　信号装置检查

当车辆点火运行或处于自检时,TPMS 的所有信号装置都应立即点亮;信号装置点亮后,应在 10s 内熄灭;位于共用空间的信号装置除外。

B.1.3　轮胎欠压报警

当车辆点火运行时,如果进行单个和多个轮胎欠压报警试验,TPMS 应在 10s 内点亮信号装置并应指示出欠压轮胎的具体位置。当轮胎气压恢复到 P_{rec} 时,信号装置应熄灭。

B.1.4　轮胎过压报警

当车辆点火运行时,如果进行单个和多个轮胎过压报警试验,TPMS 应在 10s 内点亮信号装置并应指示出过压轮胎的具体位置。当轮胎气压恢复到 P_{rec} 时,信号装置应熄灭。

B.1.5　轮胎高温报警

当车辆点火运行时,如果进行单个和多个轮胎高温报警试验,TPMS 应在 3min 内点亮信号装置并应指示出高温轮胎的具体位置。当轮胎温度恢复到 90℃ 时,信号装置应熄灭。

B.1.6　故障报警

当车辆点火运行时,如果进行故障报警试验,TPMS 应在 10min 内点亮信号装置。当故障排除时,信号装置应熄灭。

B.2 试验方法

B.2.1 试验条件及车辆准备

B.2.1.1 路面和环境

试验时,路面、环境和载荷条件应符合 GB/T 12534 的规定。

B.2.1.2 测试设备

试验中的测量设备误差应满足以下要求:
a) 试验中所用压力测量设备的最大允许误差应为 ±5kPa;
b) 温度测量设备的最大允许误差应为 ±0.5℃;
c) 高温箱的温度均匀度的最大允许误差应为 ±2℃。

B.2.1.3 车辆

试验分别在车辆静止、70km/h 和 100km/h(设计车速不超过 100km/h 的车辆,应以试验时能达到的最高车速)三种状态下进行,车速偏差不超过 ±2km/h。

B.2.2 信号装置检查试验

按以下步骤进行信号装置检查:
a) 在车辆静置至少 1h 后,将所有轮胎充气至 P_{rec};
b) 在车辆静止、点火开关处于"OFF"("LOCK")状态下,将点火开关状态转为"ON"("RUN")状态,记录车辆点火开关转为"ON"("RUN")状态至 TPMS 信号装置熄灭的时间。

B.2.3 轮胎欠压报警试验

按以下步骤进行单个和多个轮胎欠压报警试验:
a) 在车辆静置至少 1h 后,将所有轮胎充气至 P_{rec}。
b) 在车辆静止时,使车辆点火开关处于"OFF"("LOCK")状态,调整车辆任意一个和多个轮胎的气压至 $(75\% \times P_{rec} - 35)$ kPa。记录车辆点火开关转为"ON"("RUN")状态至欠压报警装置点亮的时间。
c) 启动车辆,按 B.2.1.3 规定的车速分别试验:行驶 20min 后,调整车辆任意一个轮胎和多个轮胎的气压(车辆停驶,单个测试轮胎气压调整时间应小于或等于 30s),记录轮胎气压达到($75\% \times P_{rec} - 35$)kPa 至 TPMS 报警信号装置点亮时的时间。

d) 在 b)、c)试验后,将点火开关转为"OFF"("LOCK")状态。5min 后,将点火开关转为"ON"("RUN")状态,观察信号装置状态。车辆静置 1h 后,将所有轮胎充气至 P_{rec},观察信号装置状态。

B.2.4 轮胎过压报警试验

按以下步骤进行单个和多个轮胎过压报警试验:

a) 在车辆静置至少 1h 后,将所有轮胎充气至 P_{rec}。

b) 在车辆静止时,使车辆点火开关处于"OFF"("LOCK")状态,调整车辆任意一个和多个的轮胎气压至($130\% \times P_{rec} + 35$)kPa。记录车辆点火开关转为"ON"("RUN")状态至过压报警装置点亮的时间。

c) 启动车辆,按 B.2.1.3 规定的车速分别试验:行驶 20min 后,调整车辆任意一个轮胎和多个轮胎的气压(车辆停驶,单个测试轮胎气压调整时间应小于或等于 30s),记录轮胎气压达到($130\% \times P_{rec} + 35$)kPa 至 TPMS 报警信号装置点亮时的时间。

d) 在 b)、c)试验后,若 TPMS 报警信号装置在 10s 内点亮且过压轮胎位置指示正确,将点火开关转为"OFF"("LOCK")状态。5min 后,将点火开关转为"ON"("RUN")状态,观察信号装置状态。车辆静置 1h 后,将所有轮胎放气至 P_{rec},观察信号装置状态。

B.2.5 轮胎高温报警试验

TPMS 应按以下步骤进行单个和多个轮胎高温报警试验:

a) 进行单个轮胎高温报警试验时,在温度可调的温度箱内部和外部分别放置一个胎压监测模块;进行多个轮胎高温报警试验时,在温度可调的温度箱内部放置两个或两个以上胎压监测模块,外部至少放置一个胎压监测模块;胎压监测模块静置至少 1h。

b) 将接收器模块和显示模块放置在温度箱外部,并模拟 TPMS 在整车上的工作状态。

c) 调整温度箱温度至 95℃。3min 后分别触发所有胎压监测模块,记录触发后至显示模块显示轮胎高温报警的时间。

d) 在c)试验后,关闭接收器模块工作电源。3min后,将接收器模块工作电源转为开启状态并分别触发所有胎压监测模块,记录触发后至显示模块显示轮胎高温报警的时间。调整温度箱内的温度至90℃以下,3min后触发胎压监测模块,观察信号装置状态。

B.2.6 故障报警试验

试验时可选择任意一种模拟故障类型,但在同一次故障报警试验中应只模拟单一故障:

a) 在车辆静置至少1h后,将车辆所有轮胎充气至P_{rec}。

b) 模拟TPMS故障(包括但不限于:断开TPMS任意元件的电源、断开TPMS任意部件间的电气连接或在车辆上安装与TPMS不兼容的轮胎);模拟TPMS故障时,故障报警信号装置的电气连接不应断开。

c) 启动车辆,若TPMS故障报警信号装置未点亮,则使车辆按B.2.1.3规定的车速分别试验,直至TPMS故障报警信号装置点亮,分别记录不同车速下车辆的行驶时间。

d) 在c)试验后,将点火开关转为"OFF"(或"LOCK")状态。5min后,将点火开关转为"ON"(或"RUN")状态,观察信号装置状态。将TPMS恢复至正常工作状态,观察信号装置状态。

附　录　C
（规范性附录）
中置轴挂车列车牵引杆连接器安装支架和牵引杆挂环刚性连接杆的强度试验方法

C.1 试验要求

C.1.1 本附录中的强度试验为动态台架试验。

C.1.2 牵引杆连接器安装支架和牵引杆挂环刚性连接杆可单独或组合试验。

C.1.3 试验前,牵引杆连接器安装支架与牵引杆连接器、牵引杆挂环刚性连接杆应正确匹配安装。

C.1.4 牵引杆连接器安装支架和牵引杆挂环刚性连接杆在台架上的布置应与安装到车辆上的布置相同,且与生产商的安装要求相一致。

C.1.5 试验载荷可采用图 C.1 结构的装置或可实现相同功能的装置进行加载。

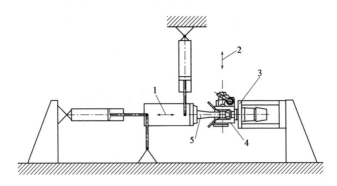

说明：
1——水平载荷；
2——垂直载荷；
3——牵引杆连接器安装支架；
4——牵引杆连接器；
5——牵引杆挂环刚性连接杆。

图 C.1 台架布置图例

C.2 牵引车辆和挂车之间产生的水平力、垂直力的理论参考值的确定

C.2.1 牵引车辆和挂车之间产生的水平力的理论参考值(D),由式(C.1)计算

得出:

$$D = g \times \frac{T \times C}{T + C} \qquad (C.1)$$

式中:D——牵引车辆和挂车之间产生的水平力的理论参考值,单位为千牛(kN);

T——装有牵引杆连接器的牵引车辆最大设计总质量,包括G_s(见C.3.1),单位为吨(t);

C——达到最大设计总质量的挂车车轴传递到地面的质量,单位为吨(t);

g——重力加速度,$g = 9.81 \mathrm{m/s^2}$。

C.2.2 中置轴挂车施加到连接器上垂直力的理论参考值(V),由式(C.2)计算得出:

$$V = a \times (L_x/L_L)^2 \times C \qquad (C.2)$$

式中:V——中置轴挂车施加到连接器上垂直力的理论参考值,单位为千牛(kN);

a——连接点的等效垂直加速度,取决于牵引车辆后轴的悬架类型:空气悬架(或具有等效阻尼特性)$a = 1.8 \mathrm{m/s^2}$;其他悬架 $a = 2.4 \mathrm{m/s^2}$;

L_x——挂车货厢(设计装货区域)长度,单位为米(m)(图C.2);

L_L——牵引杆的理论长度,为牵引杆挂环中心到车轴(轴组)中心的距离(图C.2),单位为米(m)。若$(L_x/L_L)^2$小于1,在计算时该数值取1。

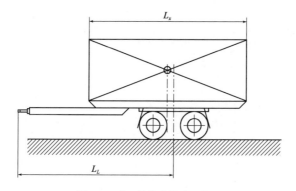

图C.2 中置轴挂车尺寸示意图

C.3 试验方法

C.3.1 在待测零件上施加动态试验载荷,动态试验载荷为符合表C.1规定的水平载荷和垂直载荷的合力,且应在图C.1所示或具有相似功能的台架上实现同步加载。水平载荷和垂直载荷均应为正弦载荷(图C.3),且应为异步,两者之间的频率差控制在1%~3%。试验载荷频率应不超过25Hz,且不应与系统固有频率重合。

动态试验载荷(单位为千牛) 表C.1

载荷类别	平均值	振幅
水平载荷	0	±0.6D
垂直载荷	$g \cdot G_S/1000$	±0.6V
注:G_S 为中置轴挂车最大设计总质量状态下,作用在连接器上的垂直静载荷,单位为千克(kg)。		

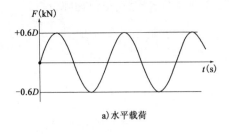
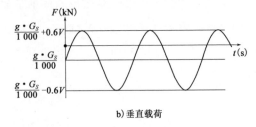

a) 水平载荷　　　　　　b) 垂直载荷

图C.3　动态试验载荷

C.3.2　待测零件为钢质材料时,动态试验循环次数为 2×10^6 次(以频率较低载荷计数)。待测零件为其他材料时,循环次数应由生产商和检测机构共同确定。

附 录 D

（资料性附录）
载荷布置标识曲线绘制及示例

D.1 载荷布置标识曲线构成

D.1.1 载荷布置标识曲线是以货物质心位置为变量（横坐标）计算最大允许装载质量（纵坐标）的曲线。

D.1.2 载荷布置标识曲线可由3条~5条线段构成。

D.1.3 载荷布置标识曲线下方区域即为实际装载质量与货物总质心位置应坐落的区域。

D.2 曲线计算

D.2.1 力与物理符号

本附录中计算曲线所用到的符号及对应的物理量和单位见表D.1，相关参数如图D.1、图D.7、图D.9、图D.11所示。

参数定义　　　　　　　　　　　　　　表D.1

符　号	含　义	单　位
m_F	车辆整备质量	kg
$VA_{载}$	车辆满载状态下，前轴轴荷	kg
$HA_{空}$	车辆空载状态下，后轴（组）轴荷	kg
$HA_{载}$	车辆满载状态下，后轴（组）轴荷	kg
R	前后轴间距离	m
l_1	车辆空载时，车辆质心位置	m
S	车辆前轴到货箱前壁内侧的距离	m
$F_{挂}$	牵引货车在牵引杆连接器上的垂直载荷	N
$l_{挂}$	牵引杆连接器距货箱设计装货区间最末端的距离	m
$l_{箱}$	货箱设计装货区间长度	m
S_{Lx}	为保证操纵稳定性，转向轴最低载荷（按百分比计算）	%

续上表

符 号	含 义	单 位
ST	为保证牵引力,驱动轴最低载荷(按百分比计算)	%
x	变量,载荷质心位置,以货箱前壁内侧为起始零点	m
m_{Lx}	在 x 位置,最大允许装载质量	kg
m_{Lxa}	在曲线"a"中 x 位置,最大允许装载质量	kg
m_{Lxb}	在曲线"b"中 x 位置,最大允许装载质量	kg
m_{Lxd}	在曲线"d"中 x 位置,最大允许装载质量	kg
m_{Lxe}	在曲线"e"中 x 位置,最大允许装载质量	kg

D.2.2 空载状态下车辆质心位置

图 D.1 中空载状态下的车辆质心位置(l_1)根据式(D.1)计算:

$$l_1 = \frac{HA_{空} \times R}{m_F} \tag{D.1}$$

注:空载状态下,不考虑牵引杆连接器的垂直载荷。

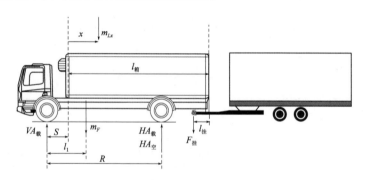

图 D.1 车辆相关参数示意图

D.2.3 前轴最大承载限值曲线"a"

图 D.2 中的前轴最大承载限值曲线"a"根据式(D.2)计算:

$$m_{Lxa} = \frac{VA_{载} \times R - m_F \times (R - l_1) + F_{挂} \times (l_{箱} + S - R - l_{挂})/g}{R - S - x} \tag{D.2}$$

注1:示例中的牵引货车货箱有效货物装载长度为7.25m,最大允许装载质量为10 000kg。

注2:曲线"a"~曲线"e"在绘制时,均需考虑牵引质量带来的载荷转移。

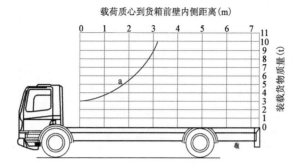

图 D.2 前轴最大承载限值曲线"a"示意图

D.2.4 后轴(组)最大承载限值曲线"b"

图 D.3 中的后轴(组)最大承载限值曲线"b"根据式(D.3)计算:

$$m_{Lxb} = \frac{HA_{载} \times R - m_F \times l_1 - F_{挂} \times (S + l_{箱} - l_{挂})/g}{S + x} \quad (D.3)$$

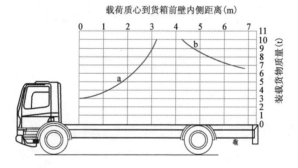

图 D.3 后轴(组)最大承载限值曲线"b"示意图

D.2.5 最大允许装载质量限值曲线"c"

图 D.4 中的最大允许装载质量限值曲线"c"为贯穿曲线"a"与曲线"b"的直线,其纵坐标值为车辆最大允许装载质量。

D.2.6 转向轴最小载荷曲线"d"

图 D.5 中的转向轴最小载荷曲线"d"根据式(D.4)计算:

$$m_{Lxd} = \frac{m_F \times (R - l_1 - S_{Lx} \times R) - F_{挂} \times (S_{Lx} \times R + l_{箱} + S - R - l_{挂})/g}{S_{Lx} \times R + S + x - R} \quad (D.4)$$

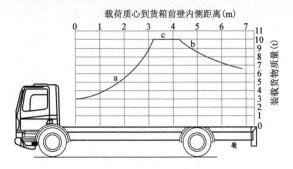

图 D.4　最大允许装载质量限值曲线"c"示意图

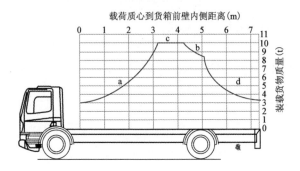

图 D.5　转向轴最小载荷曲线"d"示意图

D.2.7　驱动轴最小载荷曲线"e"

驱动轴最小载荷曲线"e"根据式(D.5)计算,示例车型的载荷布置标识如图 D.6 所示。

$$m_{Lxe} = \frac{m_F \times (ST \times R - l_1) + F_{挂} \times (ST \times R - S - l_{箱} + l_{挂})/g}{S + x - ST \times R} \quad (D.5)$$

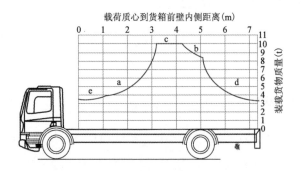

图 D.6　某车型的载荷布置标识示意图

D.3 部分常见车型的载荷布置标识曲线的计算与绘制示例

D.3.1 半挂车的载荷布置标识曲线的计算与绘制示例

D.3.1.1 计算参数标识

在相关曲线计算与绘制中,使用牵引销处的负荷代替载货汽车的前轴轴荷,使用牵引销处的最低负荷替代转向轴最低轴荷,挂车后轴(组)轴荷(并装轴时可简化计算,认定每轴载荷相同)代替驱动轴最低轴荷,空载时的质心位置由车辆生产企业进行提供,相关参数如图 D.7 所示。

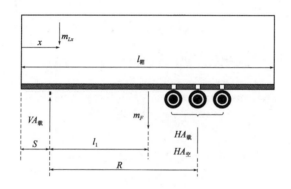

图 D.7 半挂车相关参数示意图

D.3.1.2 计算与绘制示例

D.3.1.2.1 按照力矩平衡的原则对各个曲线进行计算并绘制。

D.3.1.2.2 牵引销处最大承载限值曲线"a"根据式(D.6)计算:

$$m_{Lxa} = \frac{VA_{载} \times R - m_F \times (R - l_1)}{R + S - x} \tag{D.6}$$

D.3.1.2.3 后轴(组)最大承载限值曲线"b"根据式(D.7)计算:

$$m_{Lxb} = \frac{HA_{载} \times R - m_F \times l_1}{x - S} \tag{D.7}$$

D.3.1.2.4 最大允许装载质量限值曲线"c"为贯穿曲线"a"与曲线"b"的直线,其纵坐标值为车辆最大允许装载质量。

D.3.1.2.5 牵引销处最小载荷曲线"d"根据式(D.8)计算:

$$m_{Lxd} = \frac{m_F \times (R - l_1 - S_{Lx} \times R)}{S_{Lx} \times R - S - R + x} \qquad (D.8)$$

D.3.1.2.6 后轴(组)最小载荷曲线"e"根据式(D.9)计算:

$$m_{Lxe} = \frac{m_F \times (ST \times R - l_1)}{x - S - ST \times R} \qquad (D.9)$$

注:该式仅适用于双挂或多挂模式下,在挂车后部牵引其他挂车。

D.3.1.2.7 某型号半挂车的载荷布置标识如图 D.8 所示。

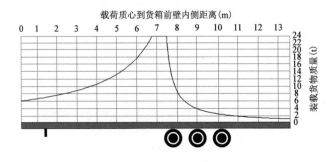

图 D.8 某型号半挂车的载荷布置标识示意图

D.3.2 中置轴挂车的载荷布置标识绘制示例

D.3.2.1 中置轴挂车相关参数如图 D.9 所示,$VA_{载}$需满足中置轴挂车的相关产品要求。

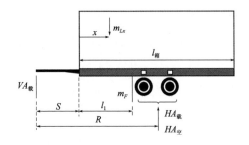

图 D.9 中置轴挂车相关参数示意图

D.3.2.2 某型号中置轴挂车的载荷布置标识如图 D.10 所示。

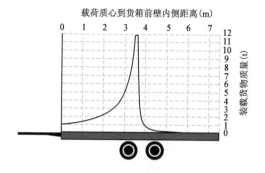

图 D.10 某型号中置轴挂车的载荷布置标识示意图

D.3.3 牵引杆挂车的载荷布置标识绘制示例

D.3.3.1 牵引杆挂车相关参数如图 D.11 所示。

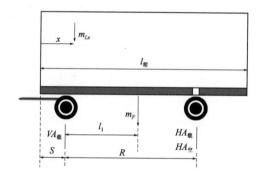

图 D.11 牵引杆挂车相关参数示意图

D.3.3.2 某型号牵引杆挂车的载荷布置标识如图 D.12 所示。

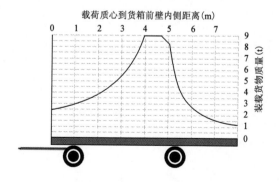

图 D.12 某型号牵引杆挂车的载荷布置标识示意图

参 考 文 献

[1] 全国汽车标准化技术委员会.N类和O类罐式车辆侧倾稳定性:GB 28373—2012[S].北京:中国标准出版社,2014.